プリント形式のリアル過去問で本番の臨場感！

静岡県公立高等学校

2025年春受験用

答

本書は，実物をなるべくそのままに，プリント形式で年度ごとに収録しています。
問題用紙を教科別に分けて使うことができるので，本番さながらの演習ができます。

■　収録内容

・解答集(この冊子です)

書籍ＩＤ番号，この問題集の使い方，最新年度実物データ，教科別入試データ解析，
解答例と解説，ご使用にあたってのお願い・ご注意，お問い合わせ

・2024(令和６)年度 ～ 2022(令和４)年度　学力検査問題

・リスニング問題音声《オンラインで聴く》　詳しくは次のページをご覧ください。

○は収録あり	年度	'24	'23	'22		
■ 問題(一般選抜)		○	○	○		
■ 解答用紙		○	○	○		
■ 配点		○	○	○		
■ 英語リスニング音声・原稿		○	○	○		

全教科に解説があります

☆問題文等の非掲載はありません

教英出版

■ 書籍ＩＤ番号

リスニング問題の音声は，教英出版ウェブサイトの「ご購入者様のページ」画面で，書籍ＩＤ番号を入力してご利用ください。

入試に役立つダウンロード付録や学校情報なども随時更新して掲載しています。

書籍ＩＤ番号　172318

（有効期限：2025年9月30日まで）

【入試に役立つダウンロード付録】
「ラストチェックテスト（標準／ハイレベル）」
「高校合格への道」

【リスニング問題音声】
オンラインで問題の音声を聴くことができます。
有効期限までは無料で何度でも聴くことができます。

■ この問題集の使い方

年度ごとにプリント形式で収録しています。針を外して教科ごとに分けて使用します。①片側，②中央のどちらかでとじてありますので，下図を参考に，問題用紙と解答用紙に分けて準備をしましょう（解答用紙がない場合もあります）。

針を外すときは，けがをしないように十分注意してください。また，針を外すと紛失しやすくなりますので気をつけましょう。

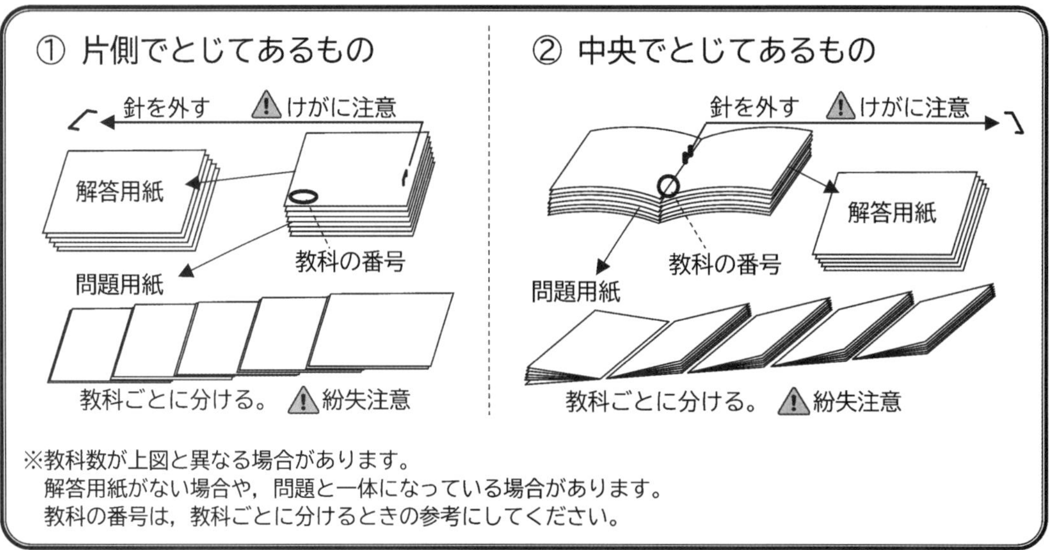

■ 最新年度 実物データ

実物をなるべくそのままに編集していますが，収録の都合上，実際の試験問題とは異なる場合があります。実物のサイズ，様式は右表で確認してください。

問題用紙	Ａ４冊子(二つ折り)
解答用紙	Ｂ４プリント

静岡県　公立高校入試データ解析

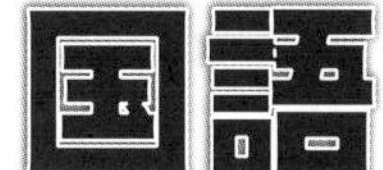

分野別データ			2024	2023	2022
大問の種類	長文	論説文・説明文・評論	○	○	○
		小説・物語	○	○	○
		随筆・紀行文			
	古文・漢文		○	○	○
	詩・短歌・俳句				
	その他の文章		○	○	○
	条件・課題作文		○	○	○
	聞き取り				
漢字・語句	漢字の読み書き		○	○	○
	熟語・熟語の構成		○	○	
	部首・筆順・画数・書体				
	四字熟語・慣用句・ことわざ				○
	類義語・対義語				
文法	品詞・用法・活用		○	○	○
	文節相互の関係・文の組み立て				○
	敬語・言葉づかい		○	○	○
文章の読解	長文	語句の意味・補充	○	○	
		接続語の用法・補充	○	○	○
		表現技法・表現の特徴	○		○
		段落・文の相互関係			
		文章内容の理解	○	○	○
		人物の心情の理解	○	○	○
	古文・漢文	歴史的仮名遣い	○	○	○
		文法・語句の意味・知識			
		動作主	○	○	○
		文章内容の理解	○	○	○
	詩・短歌・俳句				
	その他の文章		○	○	○

形式データ	2024	2023	2022
漢字の読み書き	6	6	6
記号選択	9	7	7
抜き出し	0	3	2
記述	10	9	10
作文・短文	1	1	1
その他			

2025年度入試に向けて

近年は，小説・論説文・原稿・古文・条件作文の５つの大問から出題されている。例年記述問題が多いため，読解力に加えて記述力をつけておきたい。40～60字程度で書く記述問題にも対応できるようにしておこう。原稿を修正する問題に対応できるように，日頃から文章を書いたり推こうしたりする練習をしておこう。表現の工夫を選ぶ問題，正しい敬語に直す問題，主述の整った文に直す問題がよく出ている。古文は，主語を押さえながら，現代語訳や注釈を手がかりにして，文章の内容を理解して答えられるようにしよう。条件作文については，条件を満たして，時間内に分かりやすくまとめられるように練習しておこう。全体的に，語句や文法に関する問題も幅広く出題されるので，国語全般の基礎的な力をつけておこう。

静岡県　公立高校入試データ解析　

分類		2024	2023	2022
式と計算	数と計算	○	○	○
	文字式	○	○	○
	平方根	○	○	○
	因数分解			
	1次方程式		○	
	連立方程式	○	○	○
	2次方程式	○	○	○
統計	データの活用	○	○	○
	確率	○	○	○
関数	比例・反比例	○		○
	1次関数	○	○	○
	2乗に比例する関数	○	○	○
	いろいろな関数			
	グラフの作成			
	座標平面上の図形	○	○	○
	動点，重なる図形			
図形	平面図形の性質	○	○	○
	空間図形の性質	○	○	○
	回転体			○
	立体の切断			
	円周角	○	○	○
	相似と比	○	○	○
	三平方の定理	○	○	○
	作図	○	○	○
	証明	○	○	○

分類	問題構成	2024	2023	2022
式と計算	小問	2(2)規則的に並べた偶数	2(2)正負の数	
	大問	1計算問題 3連立方程式の文章問題	1計算問題 4 1次(連立)方程式の文章問題	1計算問題 4連立方程式の文章問題
データの活用	小問			
	大問	5度数分布表，箱ひげ図	3箱ひげ図	3範囲，中央値，平均値
確率	小問	2(3)2つの袋と色玉	2(3)9枚のカード	2(3)6個の玉
	大問			
関数	小問			2(2)反比例
	大問	6座標平面 直線，曲線，放物線，三角形，四角形	6座標平面 直線と放物線，三角形	6座標平面 直線と放物線，三角形，四角形
図形	小問	2(1)作図	2(1)作図	2(1)作図
	大問	4空間図形 直方体，三角すい 7平面図形 円，三角形	5空間図形 円すい，投影図 7平面図形 円，三角形	5空間図形 三角柱，円すい 7平面図形 円，三角形

2025年度入試に向けて

連立方程式の文章問題と，空間図形，関数，平面図形の3つの大問の最後の問題は難問であることが多い。それら以外の問題は基本的な問題も多く含まれるので，確実に点を取れるようになろう。記述問題が多いのも静岡の特徴であり，求め方も含めて時間内にしっかり書けるように練習しよう。

静岡県 公立高校入試データ解析

分野別データ		2024	2023	2022
音声	発音・読み方			
	リスニング	○	○	○
文法	適語補充・選択	○	○	○
	語形変化	○	○	○
	その他			
英作文	語句の並べかえ	○	○	○
	補充作文	○	○	○
	自由作文			
	条件作文	○	○	○
読解	語句や文の補充	○	○	○
	代名詞などの指示内容			
	英文の並べかえ			
	日本語での記述	○	○	○
	英問英答	○	○	○
	絵・表・図を選択			
	内容真偽	○	○	○
	内容の要約	○	○	○
	その他			

形式データ			2024	2023	2022
リスニング	記号選択		4	4	4
	英語記述		4	4	4
	日本語記述				
文法・英作文・読解	読解	会話文	1	1	1
		長文	1	1	1
		絵・図・表			
	記号選択		12	10	10
	語句記述		2	3	3
	日本語記述		2	2	2
	英文記述		5	6	6

2025 年度入試に向けて

ここ数年，問題の構成に変化はないので，過去問を必ずやって慣れておくこと。文法問題は基本的な内容が多いが，会話文や長文の中での適語補充や語形変化の問題は，文法の力に加えて読解力が必要である。英作文の問題は点差がつきやすい。状況に応じて正確に英語で表現する力が求められる。読解問題は英問英答や日本語での説明など，英語・日本語の記述力が必要である。過去問だけでなく，予想問題なども使って地道に力をつけよう。

静岡県 公立高校入試データ解析 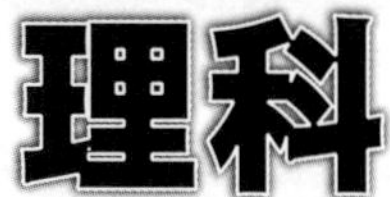

分野別データ		2024	2023	2022
物理	光・音・力による現象	○	○	○
	電流の性質とその利用	○	○	○
	運動とエネルギー	○	○	○
化学	物質のすがた	○	○	○
	化学変化と原子・分子	○	○	○
	化学変化とイオン	○	○	○
生物	植物の生活と種類		○	○
	動物の生活と種類	○		○
	生命の連続性と食物連鎖	○	○	○
地学	大地の変化	○	○	○
	気象のしくみとその変化	○	○	○
	地球と宇宙	○	○	○

形式データ	2024	2023	2022
記号選択	13	11	12
語句記述	3	7	6
文章記述	7	7	10
作図	2	2	2
数値	8	5	5
化学式・化学反応式	1	1	1

2025年度入試に向けて

上記のデータからもわかる通り，すべての分野からまんべんなく出題される。出題形式では，文章記述の割合が高いのも静岡県公立高校入試の特徴である。したがって，ただ単純に語句を暗記するだけでなく，実験や観察の目的や注意点，結果や考察などを一連の流れで理解し，それらを文章で説明できるようにしておく必要がある。

教科書では見たことがないような実験や観察に関する問題が出されることもあり，教科書で学習したどの内容と結びつけて考えればよいのかをその場で判断する必要がある。したがって，ふだんから様々な種類の問題にあたり，教科書で見たことがないような実験や観察にも対応できる力をつけておく必要がある。計算問題では，公式を覚え，比例の関係を用いた計算方法などを完璧に使いこなせるようにしておくとよい。また，間違えた問題は自分の力で正答にたどりつくまで何度でも解き直しをする習慣をつけて，計算問題に慣れておくことが重要である。

静岡県　公立高校入試データ解析

	分野別データ	2024	2023	2022	形式データ	2024	2023	2022
地理	世界のすがた	○	○	○	記号選択	7	6	7
	世界の諸地域 （アジア・ヨーロッパ・アフリカ）	○	○	○	語句記述	5	5	4
	世界の諸地域 （南北アメリカ・オセアニア）	○			文章記述	4	5	4
	日本のすがた	○	○	○	作図			
	日本の諸地域 （九州・中国・四国・近畿）			○	計算			1
	日本の諸地域 （中部・関東・東北・北海道）	○	○					
	身近な地域の調査	○	○	○				
歴史	原始・古代の日本	○	○	○	記号選択	5	3	4
	中世の日本	○	○	○	語句記述	3	4	4
	近世の日本	○	○	○	文章記述	4	4	4
	近代の日本	○	○	○	並べ替え	1	1	1
	現代の日本	○	○	○				
	世界史	○	○					
公民	わたしたちと現代社会		○		記号選択	2	3	2
	基本的人権		○		語句記述	3	1	3
	日本国憲法			○	文章記述	2	2	2
	民主政治	○	○	○				
	経済	○	○	○				
	国際社会・国際問題	○						

2025 年度入試に向けて

例年，地理と歴史の割合が高く，公民の割合が低い。地理は，日本と世界の２問が出題され，資料の読み取りを中心とした問題が多い。歴史は，古代から現代までの年表をもとに，語句や文章で答える問題が多い。地理と歴史の対策として，教科書や資料集にある写真や表のもつ意味をしっかりと理解することを提案する。公民は，政治経済など現代社会のさまざまな問題を取り上げている。70 字程度の記述問題は必出なので，複数の資料を読み取る練習をしたい。

2024 解答例 令和6年度　静岡県公立高等学校

《2024　国語　解答例》

一　問一．あはば　い察　問二．ウ　問三．名前のもとになった灯台が、地球のまん中にあると思ったから。
問四．ア　問五．イ　問六．出口のないトンネルにはいっていこうとしているみたいに感じていたが、島のひとたちが歓迎してくれている様子を見たから。

二　問一．あおお　い宇宙　うのうしゅく　え働　問二．ア，エ　問三．増える能力を持った物質が生命の元となっている点。　問四．ウ　問五．個体ごとに少しずつ遺伝子が違い、少しだけ能力にも違いがあって、子孫を残しやすい性質が集団内で増えていく現象。　問六．イ，ウ

三　問一．お客様によく質問されました　問二．ア　問三．来られた〔別解〕いらっしゃった　問四．3
問五．商品の種類が非常に多く、売り場面積もかなり広い

四　問一．かたわら　問二．イ，エ　問三．利休が気に入らない茶入れはつまらない。　問四．(利休は)割れて継目が合わないから興味深く感じており、そのままにしておくのがよい。

五　私は、Aのほうがより適切だと考える。私は、この俳句で、進学やクラス替えによって新たな友ができたことを詠みたい。進学やクラス替えの際は、私はいつも、期待と不安を抱いて登校していた。しかし、新しい環境に慣れて友だちができると、不安は消え、明るい気持ちで毎日学校に通い、友だちとのおしゃべりを楽しんでいた。Aの季語は、そんな明るく楽しい気持ちに合っていると思う。

《2024　数学　解答例》

1　(1)ア．－9　イ．3a－7b　ウ．$\frac{2x-11y}{15}$　エ．$8\sqrt{6}+9\sqrt{7}$　(2)12　(3)$x=3$，$x=7$

2　(1)右図　(2)8n－2　(3)$\frac{11}{18}$

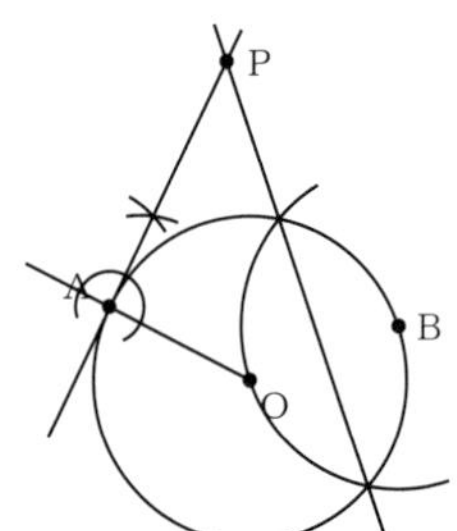

3　※方程式と計算の過程…用意されていたきゅうりをx本，なすをy本とすると，

$$\begin{cases} x+y=360 \\ 200\times\frac{x}{6}+140\times(\frac{y}{3}-5)+140\times(1-0.4)\times5=13000 \end{cases}$$

答　きゅうり…264　なす…96

4　(1)辺AE，辺EH　(2)$2\sqrt{6}$　(3)$\frac{64}{7}$

5　(1)0.78　(2)ア，イ

6　(1)$y=-\frac{18}{x}$　(2)ア．$\frac{1}{12}\leqq a\leqq\frac{9}{4}$　※イ．$\frac{15}{16}$

7　(1)仮定より，AB＝ADだから，三角形ABDは二等辺三角形なので，∠ABD＝∠ADB…①，
∠EFC＝∠ABC…②
対頂角は等しいから，∠CDF＝∠ADB…③
①，③より，∠ABD＝∠CDF…④
△DCFにおいて，三角形の外角の性質より，∠PCA＝∠EFC－∠CDF…⑤
②，④，⑤より，∠PCA＝∠ABC－∠ABD＝∠CBE…⑥
同じ弧に対する円周角は等しいから，∠CAE＝∠CBE…⑦
⑥，⑦より，∠PCA＝∠CAEだから，三角形PACは二等辺三角形である。
したがって，PA＝PC

(2)76

※の計算の過程や求める過程は解説を参照してください。

《2024　英語　解答例》

1　(1)A イ　B ウ　C エ　D イ　　(2)質問１…Japan　質問２…ⓐmovie　ⓑflowers　質問３…She will climb the mountains

2　(1)ⓐエ　ⓑウ　ⓒイ　　(2)A．ア　B．ウ　C．ア　　(3)ウ，オ，イ，エ，ア　　(4)She goes <u>shopping</u> only once a week.（下線部は <u>to the supermarket</u> でもよい）　　(5)①エ　②ア　　(6)We can pick up trash on the beach.　Trash in the ocean is one of the big environmental problems now.

3　I saw a pagoda in a temple <u>which</u> has a long history.　I was surprised to hear (that) the pagoda was built in 1426.（下線部は <u>that</u> でもよい）

4　(1)ⓐheld　ⓑolder　　(2)①For ten years.　②Because they were friendly and positive.　　(3)ウ　　(4)駅でピアノをとても上手に弾いている少年を見たこと。　　(5)エ　　(6)自分は何でもできると信じることは，新しいことを楽しむことと同じくらい大切であること。　　(7)ア

《2024　理科　解答例》

1　(1)対立形質　　(2)ウ　　(3)地下でゆっくり冷える。　　(4)0.5

2　(1)①胎生　②うろこでおおわれているか。　　(2)ウ，エ，カ

(3)①ａ．エ　ｂ．ビーカーの水の温度。　②ブドウ糖とアミノ酸は毛細血管に入り，脂肪はリンパ管に入る。　　(4)320

3　(1)①ア，エ　②B＞Y＞A＞Z＞C＞X

(2)①ウ→イ→ア　②金属光沢がある。　③$2CuO + C \rightarrow 2Cu + CO_2$

④ａ．2.2　ｂ．右グラフ

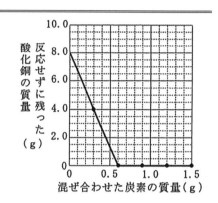

4　(1)①日周運動　②イ　　(2)エ

5　(1)①右図　②寒気が暖気を押し上げるから。　　(2)①イ　②ウ

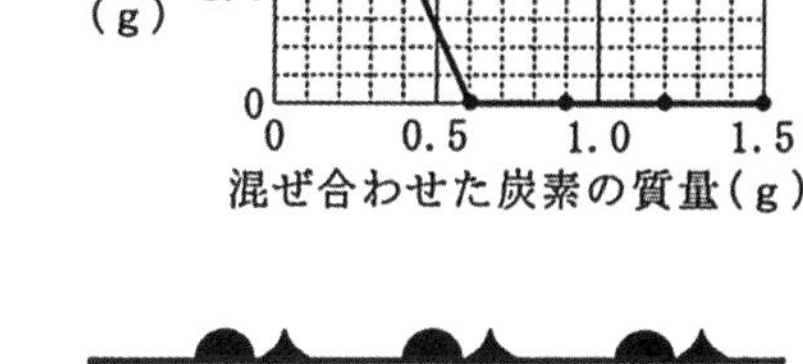

6　(1)①ア，ウ　②24　　(2)あ$\frac{1}{8}$　い８　う１

(3)①エ　②75　③区間…５　理由…斜面では速さの増え方が一定だが，速さの増え方が小さくなったから。

《2024　社会　解答例》

1　(1)名称…十七条の憲法　記号…イ　　(2)開墾が進み，課税対象となる田地が増えて租が増えるから。

(3)記号…エ　ⓐ源頼朝　　(4)座を廃止し，商工業者に自由な活動を認めるため。　　(5)ａ．ウ　ｂ．エ

(6)ａ．ウ→ア→イ　ｂ．治安維持法　　(7)記号…ウ　理由…ソ連は計画経済を採用しており，世界恐慌の影響を受けなかったから。　　(8)経済の支配を強めていた財閥を解体した。

2　(1)日本アルプス　　(2)ア　　(3)ウ，オ　　(4)記号…イ　県名…富山　　(5)ウ　　(6)ａ．米の国内消費量が減少しており，水稲の作付面積は減少している。　ｂ．①促成栽培　②動力光熱費の割合が高く，燃料の価格の変動の影響を受けやすい。

3　(1)ａ．イ　ｂ．オーストラリア　　(2)ａ．記号…C　国名…中国　ｂ．ア，ウ　　(3)ａ．永久凍土がとけないように，パイプラインを地面から離している。　ｂ．アンカレジはシカゴと東京を結ぶ最短経路の付近に位置し，航空機に積む燃料を減らせるから。

4　(1)ａ．利子／利息／金利 のうち１つ　ｂ．ア，エ　　(2)ａ．世界人権宣言　ｂ．動き…植民地だった地域が独立した。記号…イ　　(3)ａ．条例　ｂ．無投票となった市区町村は，議員報酬が少なく議員の平均年齢が高い傾向にあるため，議員が議会に参加しやすくして，兼業で議員に立候補する若い世代を増やそうとしている。

《2024　国語　解説》

一　問二　波線部とウは、「二字＋一字の接尾語」という構成。アは、「前の一字が後の二字を修飾する」構成。イは、「前の一字が後の二字を打ち消す」構成。エは、「一字＋一字＋一字」という構成。

問三　第２段落に「灯子（とうこ）の名前のもとになった灯台が、地球のまん中にあると思うのはわるくない気分だった」とある。

問四　転居するために島へ向かう船に乗っている今の灯子の不安な気持ちを表す言葉ではなく、以前の、島に「あそびにいくとき」の灯子の気持ちを表す言葉が入る。また、「小さい場所であることが、冒険心をくすぐった。冒険はもどるところがあるから楽しめる」とあることから、期待などで心がはずむ様子を表す、アの「わくわく」が適する。

問五　祖母の様子は「まえのほうにあつまっているひとびとのすこしうしろにいる。祖母は大柄だ。あいかわらず日焼けしたあさ黒い顔をして、背筋をしゃんとのばし堂々と立っている～あの祖母には『お年』も『心細い』もぜったいに似あわないではないか」と表現されている。父の様子は「祖母のさらに後方で、両手をズボンのポケットにいれ、肩をすくめるようにして、ひとりでぽつんと立っていた～片手をポケットからだして小さくふった」と表現されている。堂々とした祖母と控えめな父の様子を対照的に描いているため、イが適する。

問六　「島に近づくにつれて灯子が不安を募らせている心境をたとえた表現」は、二重傍線部Ⓥの次の段落の「近づいていくにつれて、出口のないトンネルにはいっていこうとしているみたいで、胸がおしつぶされそうになる」の下線部である。そのように不安を募らせていたが、灯子は島のひとたちが歓迎してくれている様子を見て、驚きとまどった後、感動で胸がいっぱいになった。

二　問二　アとエは、自立語で活用がなく主に連用修飾語になる「副詞」。イは、自立語で活用があり言い切りの形がウ段の音である「動詞」。ウは、自立語で活用がなく文や文節などをつなぐ「接続詞」。

問三　波線部オの前の段落に「生命の誕生の元は、自らを増やす能力を獲得した何かだったと考えられています～増える能力を持った物質が生命の元となっているのはほぼすべての仮説で共通するところです」と述べられている。

問四　「生物学的な進化」を「多様性を持つ集団が～現象」と言い換えているので、ウの「すなわち」が適する。

問五　最後から３段落目に「子孫を残しやすい性質が集団内で増えていく現象が『自然選択』と呼ばれます」とある。また、「能力の多様性」については、［　　］の次の段落に「生物は同じ種であっても個体ごとに少しずつ遺伝子が違っていて、その能力にも少しだけ違いがあること、つまり能力に多様性があることを前提とします」と述べられている。「このような多様性と自然選択を気の遠くなるような数だけ繰り返して」傍線部のような進化が起こったのである。

問六　ア．本文には「生命が生まれる前の原始地球の環境は、まだ大陸はなく、ほとんどが海で覆われているような状態だった」とあるため、一致しない。　イ．本文に「有機物質はそのうち地球上のどこかで濃縮されて『ダーウィンのスープ』と呼ばれる有機物質のごった煮のようなものが生まれました～どこでそれが起きたのかもわかっていません」とあるため、一致する。　ウ．最後から２段落目の内容と一致する。　エ．本文に「すべての生物は進化をします」「私たちの祖先は細菌のような単細胞生物だったと言われています」とあるため、一致しない。

三　問一　インタビューに答えている森さんが主語になるように、受け身の助動詞「れる」を使って表現する。

問二　放送委員は、直前で森さんが話した「大変だったこと」を聞いて、その話から言えること、つまり「準備として～覚えておくことが大切」だという解釈を示し、この話題のまとめとしている。よって、アが適する。

問三　「来る」の尊敬語は、「来られる」「いらっしゃる」などである。これらに過去を表す助動詞「た」を接続して、「来られた」「いらっしゃった」などとする。

問四　「相手の立場になって考え」、「思いやりを持って接する」店員の様子を森さんが具体的に話しているのは3の直前である。それを受けて「この店員の方のように」と続く。

問五　放送委員から「作業や接客をするときに大変だったこと」を質問されて、森さんは「商品名と商品の置いてある場所を覚えること」と答えた。「店長から聞いた、一般的なホームセンターの特徴」を記したメモの２つ目の「商品の種類が非常に多い」という内容と、３つ目の「売り場の面積にはかなりの広さが必要である」という内容をはじめに示しておくことで、以後のやりとりの前提となり、「大変さがより伝わる原稿となる」。

四　**問一**　古文で言葉の先頭にない「はひふへほ」は、「わいうえお」に直す。

問二　アの主語は「堺(さかひ)の人」。イとエの主語は「知音(ちいん)の人」。ウの主語は「利休」。

問三　直前に「休が気に入らぬ茶入れおもしろからずとて」とある。

問四　「この肩衝(かたつき)破(わ)れ候ひて、継目(つぎめ)も合はぬにてこそ利休もおもしろがり、名高くも聞(きこ)え侍(はべ)れ。かやうの物は、そのままにておくがよく候ふ」という小堀(こぼり)遠州の助言から、利休の評価を読み取る。

【古文の内容】

雲山(うんざん)という肩衝(茶入れ)を、堺(さかい)の人が所持していたが、利休などを招いて、はじめて茶の湯に出したところ、利休は、まったく気に入らない様子であった。亭主が、客が帰った後、今の世の中で、利休が気に入らない茶入れはつまらないと言って、五徳に投げつけ割ったのを、そばにいた知り合いの人がもらって帰り、自らつなぎ合わせて、茶会を開催し、ふたたび利休に見せたところ、これでこそ茶入れとしてすばらしいと言って、とりたててほめたたえた。だからこのことをもとの持ち主側に伝え、茶入れを大切にしまっておきなさいと返した。

その後、前述の肩衝は、丹後国(たんごのくに)の領主が、大金でお買い求めになりまして、むかしの継目がところどころ合わなかったので、つなぎ合わせ直しましょうかと小堀遠州に相談なさいましたところ、小堀遠州は、この肩衝は割れまして、継目も合わないからこそ利休も興味深く感じており、評判高く世間に知られています。このような物は、そのままにしておくのがよいのでございますと申し上げなさった。

《2024　数学　解説》

1　(1)ア　与式$=9+(-18)=9-18=\mathbf{-9}$

イ　与式$=21ab\div 7b-49b^2\div 7b=\mathbf{3a-7b}$

ウ　与式$=\dfrac{5(x-y)-3(x+2y)}{15}=\dfrac{5x-5y-3x-6y}{15}=\mathbf{\dfrac{2x-11y}{15}}$

エ　与式$=\sqrt{6}(8+\sqrt{6\times 7})+3\sqrt{7}=8\sqrt{6}+6\sqrt{7}+3\sqrt{7}=\mathbf{8\sqrt{6}+9\sqrt{7}}$

(2)　$(2a-3)^2-4a(a-5)=4a^2-12a+9-4a^2+20a=8a+9$

よって，$8a+9$に$a=\dfrac{3}{8}$を代入すると，求める式の値は$8\times\dfrac{3}{8}+9=3+9=12$である。

(3)　与式より，$x^2-9x+8=x-13$　　$x^2-9x-x+8+13=0$　　$x^2-10x+21=0$　　$(x-3)(x-7)=0$

$\mathbf{x=3,\ 7}$

2　(1)　Aを通る円Oの接線は，円の半径OAと垂直だから，まずはAを通るように直線OAの垂線を引く。次に，線分OBの垂直二等分線を引き，これらの直線の交点をPとすればよい。

(2)　**【解き方】上から３番目の数は，左から，６，14，22，…となり，１つ右にいくと８だけ増える。**

上から３番目で左からn番目の数は，６に$8(n-1)$を足した数だから，$6+8(n-1)=\mathbf{8n-2}$である。

⑶　**【解き方】袋Aの赤玉を赤$_1$，赤$_2$，赤$_3$，青玉を青$_1$，青$_2$，袋Bの青玉を青$_{①}$，青$_{②}$と区別し，樹形図をかいて考える。ただし，樹形図をすべてかくのは時間がかかるので，袋Aから赤$_1$，青$_1$，白をとった場合の樹形図をかく。**

すべての玉の取り出し方は6×3＝18(通り)ある。このうち，2つの玉の色が異なるのは，右の樹形図で○印をつけた組み合わせであり，袋Aから赤玉を取り出した場合の取り出し方は2×3＝6(通り)，青玉を取り出した場合の取り出し方は1×2＝2(通り)，白玉を取り出した場合の取り出し方は3通りある。よって，求める確率は，$\frac{6+2+3}{18}=\frac{11}{18}$

3　**【解き方】用意されていたきゅうりをx本，なすをy本とすると，閉店の1時間前までに売れたきゅうりは$\frac{x}{6}$袋，なすは$(\frac{y}{3}-5)$袋と表せる。本数の合計と，売上金額の合計から連立方程式を立式する。**

きゅうりとなすは合計360本用意されていたから，$x+y=360$…①

きゅうりの売上は$(200\times\frac{x}{6})$円，割引きせずに売ったなすの売上は$\{140\times(\frac{y}{3}-5)\}$円と表せる。4割引きした値段はもとの値段の$(1-0.4)$倍だから，4割引きで売ったなすの売上は，$\{140\times(1-0.4)\times5\}$円である。

したがって，売上金額について，$200\times\frac{x}{6}+140\times(\frac{y}{3}-5)+140\times(1-0.4)\times5=13000$…②

②を整理すると，$\frac{100}{3}x+\frac{140}{3}y-700+420=13000$　$\frac{100}{3}x+\frac{140}{3}y=13280$　$5x+7y=1992$…③

③－①×5でxを消去すると，$7y-5y=1992-1800$　$2y=192$　$y=96$

①に$y=96$を代入すると，$x+96=360$　$x=360-96=264$

よって，用意されていたきゅうりは**264本**，なすは**96本**である。

4　⑴　**【解き方】辺CDと同じ面上にある辺(図ⅰの×印の辺)は，辺CDと交わるか平行なので，ねじれの位置にはない。面BFGC上にある辺は，面BFGCと交わっているので，面BFGCと平行ではない。**

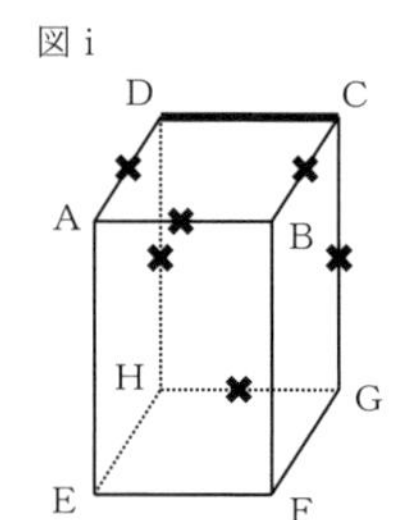

×印をつけていない辺AE，辺BF，辺EH，辺FG，辺EFのうち，辺CDと平行なのは，辺EFである。また，延長したときに辺CDと交わる辺はない。

よって，辺CDとねじれの位置にあるのは，辺AE，辺BF，辺EH，辺FGの4本であり，このうち，面BFGCと平行なのは，**辺AE，辺EH**の2本である。

⑵　**【解き方】図ⅱのように補助線を引き，三平方の定理を利用する。**

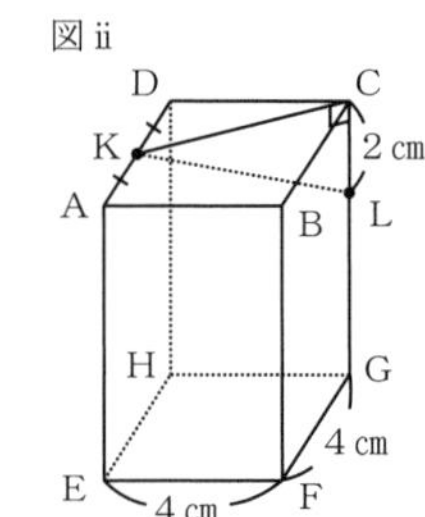

KはADの中点だから，DK＝4÷2＝2(cm)であり，△CDKにおいて，

三平方の定理より，$KC=\sqrt{2^2+4^2}=2\sqrt{5}$(cm)

∠LCK＝90°であり，△CKLにおいて，三平方の定理より，

$KL=\sqrt{2^2+(2\sqrt{5})^2}=\mathbf{2\sqrt{6}}$(cm)

⑶　**【解き方】三角すいTHRGは図ⅲの太線部のようになる。**

△TEF∽△TSD(EF//DCで，∠TEF＝∠TSD，∠FTE＝∠DTS)となることを利用して，三角すいTHRGで，底面を△HRGとしたときの高さを求める。

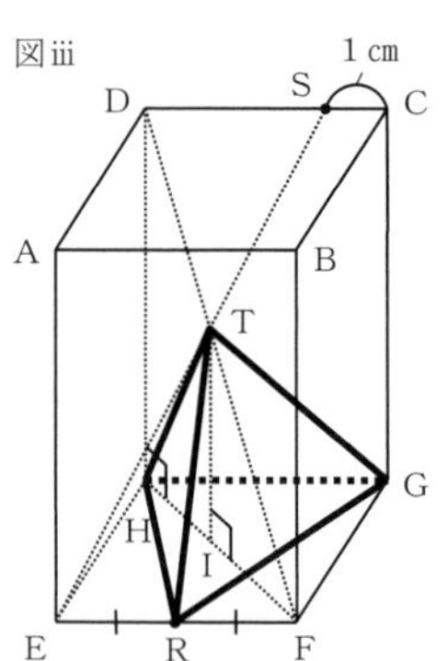

△HRGにおいて，底辺をHGとしたときの高さは4cmだから，

$△HRG=\frac{1}{2}\times4\times4=8$(cm²)である。

SD＝CD－CS＝4－1＝3(cm)だから，△TEFと△TSDの相似比は，

EF：SD＝4：3なので，TF：TD＝4：3である。

図ⅲで△ＤＨＦ∽△ＴＩＦで，相似比はＤＦ：ＴＦ＝（３＋４）：４＝７：４なので，

$ＴＩ=\frac{4}{7}ＤＨ=\frac{4}{7}\times 6=\frac{24}{7}$(㎝)

したがって，三角すいＴＨＲＧの体積は，$\frac{1}{3}\times 8\times\frac{24}{7}=\mathbf{\frac{64}{7}}$(㎤)

5 ⑴ **【解き方】度数と相対度数は比例するから，度数が最も多い階級は相対度数が最も大きい階級である。**

度数が最も多い階級は，15 時間以上 20 時間未満の階級だから，累積相対度数は，0.11＋0.18＋0.21＋0.28＝**0.78** である。

⑵ **【解き方】この中学校の２年１組から３組までの人数はすべて 35 人だから，中央値は，35÷２＝17.5 より，大きさ順に 18 番目の値である。また，第１四分位数は，17÷２＝8.5 より，小さい方から９番目，第３四分位数は大きい方から９番目の値である。**

ア．(範囲)＝(最大値)－(最小値)で求められる。１組の範囲は 28－０＝28(時間)，２組の範囲は 25－１＝24(時間)，３組の範囲は 29－４＝25(時間)だから，１組が最も大きいので，正しい。

イ．２組の第１四分位数は８時間だから，読書時間が８時間以下の生徒は９人以上いる。３組の第１四分位数は９時間だから，読書時間が８時間以下の生徒は８人以下である。よって，３組より２組の方が多いので，正しい。

ウ．１組の第３四分位数は 20 だから，１組には読書時間が 20 時間の生徒がいるとわかるが，２組と３組については，箱ひげ図から読み取ることはできない。よって，正しいとはいえない。

エ．箱ひげ図から平均値を求めることはできないので，正しいとはいえない。

以上より，正しいものは**ア**，**イ**である。

6 ⑴ 曲線①の式を$y=\frac{b}{x}$とすると，曲線①はＡ（－６，３）を通るから，Ａの座標を曲線の式に代入して，

$3=\frac{b}{-6}$　　b＝－18　　よって，曲線①の式は$\mathbf{y=-\frac{18}{x}}$である。

⑵ア **【解き方】ａ＞０だから，ａの値が大きいほど②のグラフの開き方が小さくなる。よって，ＰがＡと重なるとき，ａは最小値となり，ＰがＢと重なるとき，ａは最大値となる。**

放物線②がＡを通るとき，$y=ax^2$にＡの座標を代入すると，$3=a\times(-6)^2$　　$a=\frac{1}{12}$

放物線②がＢを通るとき，$y=ax^2$にＢの座標を代入すると，$9=a\times(-2)^2$　　$a=\frac{9}{4}$

よって，ａのとりうる値の範囲は，$\mathbf{\frac{1}{12}\leqq a\leqq\frac{9}{4}}$である。

イ **【解き方】四角形ＡＤＯＢの面積は，△ＡＤＢ＋△ＢＤＯで求める。直線ＢＣとy軸の交点をＥとすると，△ＢＯＣは，△ＯＥＢと△ＯＥＣに分けて考える。**

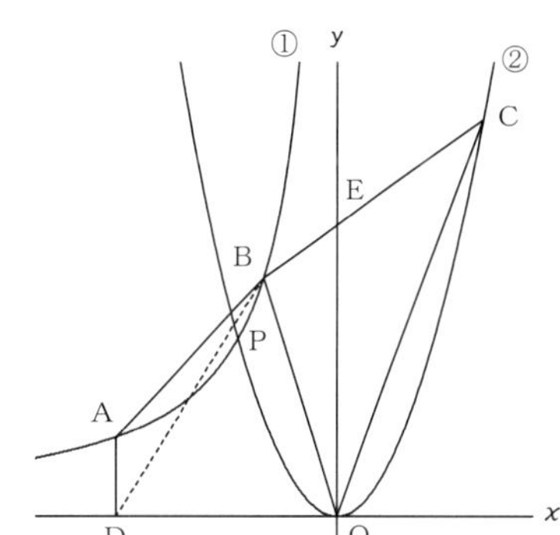

四角形ＡＤＯＢについて，

$△ＡＤＢ=\frac{1}{2}\times$(Ａのy座標)×(ＡとＢのx座標の差)＝

$\frac{1}{2}\times 3\times\{-2-(-6)\}=6$，

$△ＢＤＯ=\frac{1}{2}\times$(ＯとＤのx座標の差)×(Ｂのy座標)＝

$\frac{1}{2}\times\{0-(-6)\}\times 9=27$ だから，

(四角形ＡＤＯＢの面積)＝６＋27＝33 である。

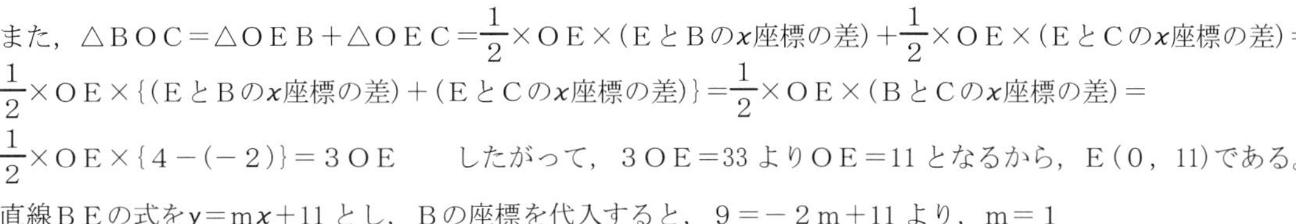

また，△ＢＯＣ＝△ＯＥＢ＋△ＯＥＣ＝$\frac{1}{2}\times$ＯＥ×(ＥとＢのx座標の差)＋$\frac{1}{2}\times$ＯＥ×(ＥとＣのx座標の差)＝

$\frac{1}{2}\times$ＯＥ×{(ＥとＢのx座標の差)＋(ＥとＣのx座標の差)}＝$\frac{1}{2}\times$ＯＥ×(ＢとＣのx座標の差)＝

$\frac{1}{2}\times$ＯＥ×{４－(－２)}＝３ＯＥ　　したがって，３ＯＥ＝33 よりＯＥ＝11 となるから，Ｅ（０，11）である。

直線ＢＥの式を$y=mx+11$とし，Ｂの座標を代入すると，$9=-2m+11$ より，m＝1

次に，Cのx座標は4であり，Cは放物線②上の点だから，Cのy座標は$y = a \times 4^2 = 16a$となり，C(4，16a)である。直線BEの式$y = x + 11$にCの座標を代入すると，$16a = 4 + 11$より，$a = \frac{15}{16}$

7　(1)　まず，問題文の仮定を図にかきこんで，証明のために必要な条件を探そう。条件が足りない場合は，問題の内容に応じて，図形の性質，平行線の同位角・錯角，円周角の定理などからわかることもかきこんでみよう。

(2)　**【解き方】円周角の大きさの比は，対応する弧の長さの比に等しいことを利用する。∠ABE＝xとおく。三角形の1つの外角は，これととなり合わない2つの内角の和に等しいことを利用する。**

$\overset{\frown}{BC} : \overset{\frown}{CE} = 4 : 5$より，∠BAC：∠CAE＝4：5だから，∠BAC＝4y，

∠CAE＝5yとおくと，右図のようになる。

対頂角は等しいから∠EFP＝49°であり，△EPFの内角の和より，

∠FEP＝180°－90°－49°＝41°

△ADEについて，三角形の外角の性質より，∠FDC＝5y+41°…㋐

△ABDはAB＝ADの二等辺三角形だから，∠ADB＝∠ABD＝xであり，

対頂角は等しいから，∠FDC＝∠ADB＝x…㋑

㋐，㋑より，x＝5y+41°…㋒

△ABDの内角の和より，4y+x+x＝180°　x＋2y＝90°となり，この式に㋒を代入すると，

5y+41°＋2y＝90°　整理して，y＝7°だから，∠BAD＝4×7°＝28°

したがって，∠ABD＝x＝(180°－28°)÷2＝**76°**

《2024　英語　解説》

1　(1) A　質問「加奈は土曜日の午前中，何をしましたか？」…加奈「こんにちは，マーク」→マーク「やあ，加奈。週末はどうだった？」→加奈「楽しかったよ。金曜日，私は夜空の美しい星を見たよ。土曜日の午前中に本屋に行って，星について勉強するための本を買ったの」→マーク「土曜日の午後に読んだの？」→加奈「ううん，土曜日の午後は部屋を掃除したよ」より，イが適切。　B　質問「マークが加奈に見せている写真はどれですか？」…マーク「これは昨日動物園で撮った写真だよ」→加奈「すごいわ。この写真にはパンダが2頭写っているね」→マーク「うん，最初は2頭とも寝てたよ。数分後，1頭が起きて，リンゴを食べ始めたんだ。僕はその時この写真を撮ったよ」→加奈「そうなんだ」より，ウが適切。　C　質問「加奈は家に帰ったあと何をしますか？」…マーク「放課後，数学を勉強しに図書館に行こう」→加奈「ごめん，行けないわ。頭が痛いの。すぐに家に帰らないと」→マーク「それは大変だ。医者に診てもらった方がいいよ」→加奈「ありがとう。でも，もう薬を飲んだの。だから家で寝るよ」→マーク「早く良くなるといいね」より，エが適切。　D　質問「マークはどのようにして家からスタジアムに行きますか？」…マーク「加奈，僕たちは明日，スタジアムでサッカーの試合を見るよ。どこで待ち合わせする？」→加奈「学校の近くの駅で待ち合わせするのはどう？」→マーク「駅で？スタジアムに電車で行けるの？」→加奈「いいえ。駅前からスタジアム行きのバスに乗ることができるよ」→マーク「わかった。駅で待ち合わせをしてバスに乗ろう。僕は家からそこまで歩いて行くよ」→加奈「私は自転車で行くよ」より，イが適切。

(2)　【放送文の要約】参照。**質問1**「加奈の叔父は今，ニュージーランドと日本のどちらの国に住んでいますか？」…加奈の叔父はニュージーランドに住んでいたが，今は日本に住んでいることを聞き取る。　**質問2**　「加奈の叔父は昨年，何を作りましたか？」…There are many kinds of <u>flowers</u> in the village／he made a short <u>movie</u> about them last year を聞き取る。　**質問３**　「次の夏，加奈は村で叔父と一緒に何をしますか？」…I'll climb the mountains in the village を聞き取る。忘れずに I'll を She will に変えよう。

【放送文の要約】

私は叔父について話します。

彼は若い頃，ニュージーランドに住んでいました。彼は映画会社で働いていました。ニュージーランドでは，自然の中での生活を楽しんでいました。

質問１ 2年前，彼は日本に帰ってきました。それ以来，彼は日本の小さな村に住んでいます。質問２ 村にはたくさんの種類の花が咲いていて，彼はそれらが大好きです。多くの人に花を紹介するために，質問２ 昨年彼はそれらについての短編映画を作りました。それを見た人が村を訪れるようになりました。

次の夏，私は叔父を訪ねます。質問３ 叔父と一緒に村の山に登ります。彼はいつも私に山はとても美しいと言っています。夏が待ちきれません。

2　【本文の要約】参照。

(1)ⓐ　直後の文で勇太が「スーパーに行く」と場所を答えているので，場所を尋ねるエ Where が適切。

ⓑ　直前の勇太の「暑い日は(多くの人が)冷たい豆腐を食べるかもしれない」より，同じような内容になるウ popular「人気がある」が適切。ア「悪い」，イ「お腹がすいた」，エ「深刻な」は不適切。　ⓒ　売れる量に関わらず毎日同じ量の豆腐を棚に置けば，be left「売れ残る」かもしれないという話の流れを読み取る。ア「食べられる」，ウ「選ばれる」，エ「捕まる」は不適切。

(3)　I think AI is helpful to solve the problem of food waste. : I think ～「～だと思う」の文では，that が省略でき，直後に〈主語＋動詞〉が続く。文末に of food waste「食品廃棄物の」とあるので，「AI が(食品廃棄物の)問題を解決するのに役立つ」となるように並べ替える。　「～するのに役立つ」＝be helpful to ～

(4)　「彼女は週に一度だけ買い物に行く」のように英語にしやすい日本語にして考えるとよい。

「週に一度だけ」＝only once a week　「買い物に行く」＝go shopping

(5)　日記の訳「今日，勇太と僕はスーパーに行った。勇太は①エその日の天気(＝the weather of the day)が人々が買う豆腐の量に影響を与えると言った。豆腐を用意するときに AI を使うスーパーもある。また，僕たちは豆腐の賞味期限や，どの豆腐を買うべきかについても話した。最後に，僕らは②アスーパーと客の両方(＝both supermarkets and customers)が環境のために良いことができるという結論に達した」　・both A and B「AとBの両方」

(6)　勇太「僕は環境を守るために小さなことから始めたいと思うんだ。僕たちは生活の中で何ができるかな？君のアイデアを教えてよ。それが環境に良い理由も知りたいな」→トム「いいよ。(例文)僕たちはビーチのごみを拾うことができるよ。海洋ごみは今や大きな環境問題だからね」

【本文の要約】

(勇太の家で)

トム：やあ，勇太。ⓐエどこに(＝Where)行くの？

勇太：スーパーに行くよ。お母さんにそこで豆腐を買ってきてくれと頼まれたんだ。今日の夕食では，冷ややっこという冷たい豆腐料理を食べるよ。

トム：僕は日本食とスーパーに興味があるよ。Aア君と一緒に行ってもいい？

勇太：いいよ。

（スーパーで）

トム：棚に豆腐がたくさんあるよ。たくさんの客が豆腐を買っているね。

勇太：今日はとても暑いから，冷たい豆腐を食べるのかもしれないね。

トム：暑い日には冷たい豆腐が ⓑウ人気（＝popular） なんだね。

勇太：そうだよ。テレビのニュースによると，一部のスーパーでは，豆腐を販売するためにAIを使い始めたそうだよ。

トム：AI？人工知能のこと？ Bウそれで何をするの？

勇太：天気の情報を確認し，その日販売するのに最適な豆腐の量を見つけるんだ。

トム：わあ，それは非常に環境に良いね。

勇太：どういうこと？

トム：スーパーが天気を確認せずに毎日同じ量の豆腐を用意すると，中には棚に ⓒイ売れ残る（＝be left） ものもあるよ。それじゃあ「もったいない」よね？

勇太：そんな風に考えたことがなかったよ。

トム：僕はAIが食品廃棄物の問題を解決するのに役立つと思うよ。スーパーは用意する豆腐の最適な量がわかったら，販売しやすくなるよ。

勇太：その通りだね。それに，豆腐は長期間とっておくことができないから，スーパーはすぐに売りたいんだね。

トム：客からしたら新鮮な豆腐を買いたいかもしれないしね？

勇太：うん。お母さんはいつも賞味期限をチェックしているよ。 彼女は週に一度しか買い物に行かないんだ。 だから一番新鮮な食品を買おうとするよ。さて，僕も賞味期限が一番長い豆腐を買おうかな。

トム：待ってよ，勇太。今日豆腐を食べるから，一番新鮮なものを買う必要はないよ。

勇太： Cアその通りだ。 今日はあまり賞味期限の心配をしなくてもいいね。

トム：そうだね。スーパーだけでなく客も食品を売り切るためにできることがあるよ。

3　「長い歴史を持つ寺」は〈関係代名詞（＝which）と語句（＝has a long history）〉で後ろから名詞（＝temple）を修飾して表す。temple with a long history でもよい。また，「1426年に建てられた」は〈be動詞＋過去分詞＋in …〉「…に～される」の受け身の文にする。be動詞は過去形の was を用いる。「～して驚く」＝be surprised to ～

「～ということを聞く」＝hear (that) ～

4　【本文の要約】参照。

⑴ⓐ　過去の出来事だから過去形にする。　ⓑ　直後の than より，比較の文と判断する。比較級の older が適切。

⑵①　「志保と健はどれくらいの間仲が良いですか？」…第1段落1行目より，For ten years.と答える。They have been friends for ten years.でもよい。　②　「なぜ志保は日曜日の朝，テニスチームのメンバーと練習を楽しんだのですか？」…第7段落2～3行目参照。the members of the tennis team を they にして答える。

⑶　Aには初回の練習でボールを上手く打ち返せなかったこと，Bには2回目の練習でボールを上手く打ち返せたことを入れる。

⑷　第5段落3～4行目より，健がキーボードの練習を始めようと決めたのは，駅でピアノをとても上手に弾いている少年を見たからである。

⑸　前後の内容から，志保はテニスをもっとやりたいことがわかる。wish の仮定法〈I wish＋主語＋could＋動詞の原形〉「～できたらなあ」でかなわない願望を伝えるエの文を入れる。

⑹　最終段落参照。志保が思ったことの1文目を日本語で答える。　・as ～ as ○○＝「○○と同じくらい～」

(7) ア○「健は志保が新しいことに挑戦するのを助けて，志保はテニスをすることに前向きになりました」…第3～5段落に，健の言葉によって志保がテニスをすることに前向きになっていく様子が描かれている。 イ「志保は最初はテニスを楽しんでいなかったので，×先生は彼女にいろいろな練習をするように言いました」 ウ×「健は1か月間，一生懸命キーボードを練習したので，少年のように速く弾くことができました」…本文にない内容。 エ×「志保と健は新たにやってみたいことを発見し，お互いに助け合って行動を起こしました」…本文にない内容。

【本文の要約】

健と私はクラスメイトです。(2)①彼は私の家の近くに住んでいて，私たちは 10 年来の友人です。彼はテニスが上手です。

ある日，体育の授業でテニスをしました。私は初めてテニスをしました。まず，先生と健がボールの打ち方を教えてくれました。その後，私たちは手にラケットⓐを持って(＝held)練習を始めました。私は健と練習しました。彼は私にゆっくりとボールを打ちましたが，私はボールを打ち返すことができませんでした。何度も挑戦してベストを尽くしましたが，彼にボールを打ち返すのは私にとって困難でした。

体育の授業が終わると，私は健に「ごめん。(3)Aウ私が上手にテニスができなかったから今日は十分な練習ができなかったね」と言いました。彼は「そんなことは心配しなくていいよ。誰もが最初は初心者だからね。新しいことに挑戦することを楽しもう！」と言いました。(7)ア彼の言葉から，私はもう一度テニスに挑戦する力をもらいました。

(7)ア次の体育の時間に，私は前向きになることに決めました。健と他のクラスの友達に，なぜボールをうまく打ち返せないのかを聞き，一緒にいろいろな練習に取り組みました。授業の最後に，ついに(3)Bウ私はボールを打ち返すことができました。ボールが健に届いたのです。彼はそれを私に打ち返し，私は再びそれを打ち返しました。私はわくわくしました。

翌朝，私が教室に着いたとき，健はとてもゆっくりとキーボードを弾いていました。私は「わあ。キーボードを練習しているの？」と言いました。彼は「そうだよ。駅にあるピアノを知ってる？(4)先月，そこでとても上手にピアノを弾いている少年を見て，キーボードの練習をすることにしたんだ」と言いました。私は「あなたはキーボードの弾き方を習ったことがないから，難しいんじゃない？」と言いました。健は「そうだね。僕はあの少年のように指を速く動かせないけど，新しいことへの挑戦を楽しんでいるよ」と言いました。(7)ア私は体育の時間の健の言葉を思い出しました。

1か月後，体育の授業の後に，私は健と話しました。私は彼に「体育の時間にテニスをするのはとても楽しかったけど，終わっちゃったね。(5)エもっとテニスができたらなぁ」と言いました。彼は「それなら，町内のテニスチームに入るといいよ。僕の祖父は毎週日曜日にそのチームでテニスをするよ。メンバーはみんなⓑ君より年上(＝older than you)で親切だよ」と言いました。私は「面白そうね。チームに参加したいな」と言いました。

次の日曜日の朝，私はテニスチームの練習に参加するために公園に行きました。チームには中学生はいませんでした。(2)②しかしテニスチームのメンバーは親しみやすく前向きだったので，私は彼らと一緒にテニスを楽しむことができました。彼らはボールを上手く打ち返すことができなくても，悲しそうではありませんでした。健の祖父は私に「私は，次はきっとボールを打ち返せると思っているよ。自分を信じているんだ」と言いました。

練習の後，私は「(6)自分は何でもできると信じることは，新しいことを楽しむことと同じくらい大切だ。新しいことを始めて上手くできないときは，そのことを思い出そう」と思いました。

《2024　理科　解説》

1 (1) 対立形質をもつ純系どうしをかけ合わせたときに子に現れる形質を顕性形質，子に現れない形質を潜性形質という。

(2) 図1で，原子核の外にある㊀は電子である。陽子と電子の数が等しいため，原子は電気的に中性になっている。原子が電子を失うと陽イオン，電子を受けとると陰イオンになる。

(3)　深成岩は，大きな結晶が組み合わさってできた等粒状組織をもつ火成岩である。マグマが地下でゆっくり冷やされることで，大きな結晶になる。

(4)　図２では，ＸとＹが並列つなぎになっている。このとき，ＸとＹにはそれぞれ電源装置の電圧と同じ６Ｖの電圧がかかり，Ｐ点に流れる電流の大きさはＸとＹ（Ｑ点）に流れる電流の和と等しい。よって，〔電流（Ａ）＝$\frac{電圧(V)}{抵抗(\Omega)}$〕より，Ｘを流れる電流は$\frac{6}{3}$＝２（Ａ）だから，Ｑ点に流れる電流は2.5－２＝0.5（Ａ）である。

2　(1)①　ネズミなどの哺乳類の子のうまれ方は胎生である。なお，魚類，両生類，は虫類，鳥類は卵生である。

②　トカゲ（は虫類）とフナ（魚類）の体表はうろこでおおわれている。なお，フクロウ（鳥類）は羽毛，カエル（両生類）はしめった皮ふでおおわれている。

(2)　消費者は生産者が光合成によってつくり出した有機物を直接，または間接的にとり込んでいる。また，分解者は，生産者や消費者の死がいや排出物などの有機物を無機物に分解している。なお，アは光合成，イとオとキは呼吸による無機物（二酸化炭素）に含まれる炭素の流れである。

(3)①ａ　ヨウ素液はデンプンに反応して青紫色に変化する。また，デンプンが分解されてできた麦芽糖などにベネジクト液を加えて加熱すると赤褐色の沈殿が生じる。Ａではだ液に含まれる消化酵素（アミラーゼ）により麦芽糖などができ，Ｂではデンプンが分解されずにそのまま残る。よって，デンプンがあるＢでは青紫色，麦芽糖があるＣでは赤褐色になる。　ｂ　この実験では，水の温度を約40℃にしているので，40℃よりも低い温度や高い温度の水を用意して同様の実験を行うことで，水の温度が実験の結果に与える影響について調べることができる。

(4)　脳で１日に消費されるエネルギーは2400×0.2＝480（kcal）である。ご飯100ｇから150kcalのエネルギーを得られるから，100×$\frac{480}{150}$＝320（ｇ）が正答となる。

3　(1)①　化合物は２種類以上の元素からなる物質である。アはH_2O，イはMg，ウはH_2，エはNaClだから，化合物はアとエである。なお，イとウのように，１種類の元素からなる物質を単体という。　②　液体よりも密度が小さいプラスチックはその液体に浮き，液体よりも密度が大きいプラスチックはその液体に沈む。表２より，ＡはＸとＺよりも密度が大きく，ＢはＸ～Ｚよりも密度が大きく，ＣはＸよりも密度が大きいことがわかるから，密度が大きい順に並べると，Ｂ＞Ｙ＞Ａ＞Ｚ＞Ｃ＞Ｘとなる。

(2)①　火を消すと，試験管Ａ内の気圧が下がり，ガラス管の先にあるものを吸い込む。このとき，ガラス管の先が石灰水の中にあると，石灰水が逆流して試験管Ａの加熱部にふれることで，試験管Ａが割れるおそれがある。このため，ウ→イの順に操作する。その後，試験管内に空気が入って銅が再び酸化するのを防ぐため，アの操作を行う。

③　酸化銅には酸素を失う反応（還元）が起こり，炭素には酸素と結びつく反応（酸化）が起こる。炭素と銅では，炭素の方が酸素と結びつきやすいため，このような反応が起こる。　④ａ　質量保存の法則より，酸化銅と炭素の質量の和から，反応後の試験管の中の固体の質量を引くと，発生した二酸化炭素の質量を求めることができる。よって，8.0＋1.5－7.3＝2.2（ｇ）となる。　ｂ　ａ解説と同様に発生した二酸化炭素の質量を求めると，Ａでは1.1ｇ，Ｂ～Ｄでは2.2ｇとなる。この結果より，炭素0.6ｇと酸化銅8.0ｇが過不足なく反応することがわかるから，混ぜ合わせた炭素の質量が０ｇのときに反応せずに残った酸化銅の質量が8.0ｇで，そこから混ぜ合わせた炭素の質量が0.6ｇになるまでは反応せずに残った酸化銅の質量が一定の割合で減少し，混ぜ合わせた炭素の質量が0.6ｇ以上になると反応せずに残った酸化銅の質量が０ｇで一定になるグラフをかけばよい。

4　(1)②　西側のふちとの交点であるＱが日の入りの位置を表している。表４より，太陽は透明半球上を１時間→60分で24㎜移動するから，55㎜移動するのにかかる時間は60×$\frac{55}{24}$＝137.5（分）→２時間17.5分である。よって，この日の日の入りは，14時20分の２時間17.5分後の16時37.5分だから，イが最も近い。

(2)　同じ日の南緯35度の地点では，日の出・日の入りの位置は北緯35度の地点と同様に真東・真西よりも南寄りになり，太陽の高度は北の空で最も高くなる。

5　(1)②　寒冷前線付近では，寒気が暖気を押し上げることで，激しい上昇気流が生じ，積乱雲が発達しやすい。

(2)①　長野市よりも低気圧の中心に近い等圧線上にあるイが正答となる。　②　山頂とふもとでは，山頂の方が気圧が低い。よって，山頂で密閉したペットボトルの中には気圧が低い山頂の空気が入っているので，これを山頂よりも気圧が高いふもとに持ってくると，ペットボトルはへこむ。

6　(1)②　〔仕事(Ｊ)＝力(N)×力の向きに動かした距離(m)〕，３kg→30Ｎ，80cm→0.8ｍより，30×0.8＝24(Ｊ)となる。

(2)　図12より，動滑車を用いることで，荷物を持ち上げるのに必要な力が荷物にはたらく重力の$\frac{1}{2}$倍になっていることがわかる。よって，図13の装置では動滑車を３つ用いているので，荷物を引き上げるのに必要な力は図11のときの$\frac{1}{2}\times\frac{1}{2}\times\frac{1}{2}=\frac{1}{8}$(倍)になる。ただし，仕事の原理より，同じ荷物を同じ高さまで持ち上げるのに必要な仕事の大きさは図11のときと同じ(１倍)だから，手が糸ａを引く距離は図11のときの８倍になる。

(3)①　斜面を下っている台車にはたらく力は，重力と斜面からの垂直抗力であり，これらの合力の向き(斜面に沿って下向き)に台車は動く。　②　１秒間に50回打点する記録タイマーを用いて，５打点ごとに区間１～８と区切ったから，１区間の運動にかかる時間は$1\times\frac{5}{50}=0.1$(秒)である。よって，ａ点を打ってからｂ点を打つまでの時間は３区画分→0.3秒だから，この３区間における台車の平均の速さは$\frac{22.5}{0.3}=75$(cm/ｓ)である。　③　区間２～４では，前の区間と比べてテープの長さが３cmずつ長くなっているから，一定の割合で速さが増えている。つまり，この区間では常に斜面を下る運動をしている。台車が水平な床に到達したのは，テープの長さの増え方がはじめて３cmより小さくなった(速さの増え方がはじめて小さくなった)区間５を運動しているときである。水平な床では台車が等速直線運動をするため，少しでも水平な床を運動した場合には，常に斜面を下る運動をしているときと比べてテープの長さの増え方が小さくなる。

《2024　社会　解説》

1　(1)　十七条の憲法／イ　聖徳太子は，身分や家柄にとらわれず，能力に応じて役人に取り立てる冠位十二階を制度化し，役人となる豪族に役人の心構えを示した十七条の憲法を定めた。飛鳥時代は６世紀後半から８世紀初頭だから，イがあてはまる。シャカが仏教を開いたのは紀元前６世紀頃である。また，シャカが仏教を開いた時期を知らなくても，６世紀に日本に仏教が公伝したことからも導くことができる。アは 11 世紀末，ウは 13 世紀後半，エは 16 世紀前半。

(2)　調や庸は17～65歳の男子に課されたが，租は人ではなく田に対して課されていることに着目する。墾田永年私財法によって，新たに開墾された田の私有は認められたが，その私有地に対しても租は有効であった。

(3)　エ／源頼朝　奥州藤原氏は，藤原清衡・基衡・秀衡・泰衡の４代にわたって東北地方を支配した一族である。源義経をかくまっている泰衡に対して，源頼朝は後白河法皇に源義経追討の院宣を送らせた。頼朝の圧力に屈した泰衡は，義経の居城を襲い，義経は家族もろとも自害した。その後，源頼朝は義経をかくまったことを理由として，奥州藤原氏討伐の兵を送り，家臣に裏切られた泰衡が命を落としたことで，奥州藤原氏は滅んだ。

(4)　座の特権を廃止し，商業を活発化させることが書けていればよい。織田信長によるこの政策を楽市・楽座という。

(5)ａ　ウ　外国との窓口は，対馬藩が朝鮮，薩摩藩が琉球王国，松前藩が蝦夷地，長崎がオランダと中国とそれぞれ対応した。朝鮮との外交では，江戸幕府の将軍の代替わりごとに，朝鮮通信使が江戸を訪れた。

ｂ　エ　異国船打払令によってモリソン号が砲撃されると，高野長英は『戊戌夢物語』，渡辺崋山は『慎機論』

の中で，幕府を批判した。その結果，２人が処罰された事件を蛮社の獄という。

⑹ａ　ウ→ア→イ　　ウ(大戦景気の始まり・1915年)→ア(米騒動・1918年)→イ(金融恐慌・1927年)

ｂ　治安維持法　　1925年，普通選挙法で満25歳以上のすべての男子に選挙権が与えられるようになり，有権者の数は全人口の約20%になった。日本とソ連の国交が樹立したことや，普通選挙法が制定されることによって今後活発化する可能性がある共産主義者の活動をとりしまるために，普通選挙法制定に前もって治安維持法が制定された。

⑺　ウ　　1929年から始まった世界恐慌の影響を受けて，資本主義諸国が鉄鋼生産量を落とすなか，スターリンによる五か年計画によって，ソ連は着実に経済を発達させていった。

⑻　ＧＨＱによる日本の民主化は，「婦人の解放」「労働組合の結成」「教育の自由主義化」「圧政的諸制度の撤廃」「経済の民主化」の五大改革を柱とした。経済の民主化については，日本経済の後進性を象徴する財閥・寄生地主制が軍国主義の温床となったとして，三井・三菱・住友などの財閥が解体された。

2　⑴　日本アルプス　　飛騨山脈を北アルプス，木曽山脈を中央アルプス，赤石山脈を南アルプス，３つ合わせて日本アルプスという。

⑵　ア　　太平洋側に位置するⓒは，夏に降水量が多くなる太平洋側の気候である。日本海に面するⓐは，冬に降水量が多くなる日本海側の気候のイである。内陸に位置するⓑは，１年を通して降水量が少なく，冬に冷え込む内陸の気候のウである。

⑶　ウ，オ　　ア．誤り。一般的な地形図は，上側が北を示すので，岡谷ＩＣから見て南側(西南西)に位置する。イ．誤り。西側が山間部になっているので，Ｘの付近の方が老人ホーム(⌂)の付近より標高は高い。エ．誤り。Ｘの付近には広葉樹林(Ｑ)ではなく針葉樹林(Λ)が広がっている。

⑷　イ／富山　　富山県を流れる神通川流域でカドミウムを原因としたイタイイタイ病が発生した。四大公害病については右表を参照。

公害病	原因	発生地域
水俣病	水質汚濁 (メチル水銀)	八代海沿岸 (熊本県・鹿児島県)
新潟水俣病	水質汚濁 (メチル水銀)	阿賀野川流域 (新潟県)
イタイイタイ病	水質汚濁 (カドミウム)	神通川流域 (富山県)
四日市ぜんそく	大気汚染 (硫黄酸化物など)	四日市市 (三重県)

⑸　ウ　　Ａの新潟県は，米の生産量が全国１位であり，食料品の工業出荷額が多いと判断する。アはＢの長野県，イはＤの岐阜県，エはＣの富山県。

⑹ａ　収穫量が減っていても自給率が100%に近いことから，国内で生産された米でまかなえていることがわかる。米だけでなくパンや麺類も食べるようになったことで米の消費量が減り，米が余るようになったため，政府は1970年頃に減反政策を開始し，水田を他の農地に転用する転作を奨励した。　ｂ①　促成栽培　　ビニールハウスなどを利用して，成長を早める促成栽培は，高知県や宮崎県などで盛んに行われている。　②　施設園芸では，ヒーターなどを使って，温度を一定に保つ必要があるため，動力光熱費が高くなる傾向にある。

3　⑴ａ　イ　　赤道は，南アメリカ大陸のアマゾン川河口を通る。

ｂ　オーストラリア　　シカゴからの距離と方位が正しい地図で，左(西)に進むとオーストラリア大陸に到達する(右図参照)。

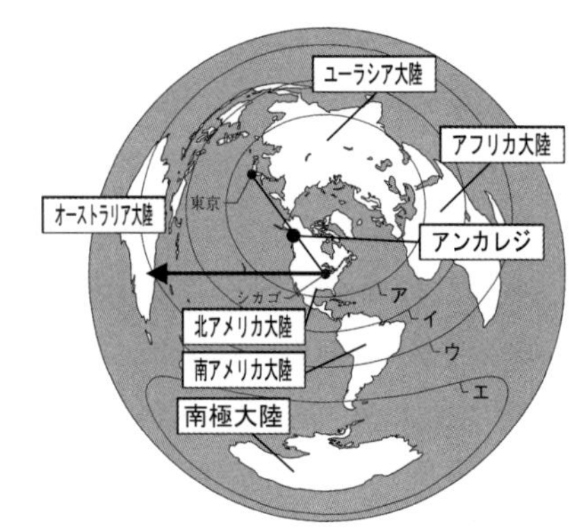

⑵ａ　Ｃ／中国　　表４を見ると，2000年以降，急速に１人当たりの国内総生産が増えていることから，2000年代に経済的に急成長したＢＲＩＣＳの１つと考える。ＡからＤの中では，中国とインドがＢＲＩＣＳであり，インドと中国の人口はほぼ同じで，中国の方が経済的に発展していることから，㋐をＢのインド，㋑をＣの中国

と判断する。㋒はAのフランス，㋓はDのアメリカ。

b　ア，ウ　　(人口密度)×(総面積)で総人口を求め，(１人当たりの国内総生産)×(総人口)で国内総生産が求まる。

(3) a　永久凍土の広がるシベリアなどの家庭で，建物から出る排熱で永久凍土がとけて建物が傾かないように，建物が高床になっていることと同様の対策である。　b　「貨物や燃料などの重量を合計した総重量の最大値が設定されている」ことに着目して，「貨物の重量を増やす」＝「燃料の重量を減らす」と関連させる。地図３上で，シカゴと東京を結ぶ直線が，シカゴ－東京間の最短ルートとなる。最短ルートの途中にあるアンカレジで給油をすることで，シカゴ－アンカレジ間，アンカレジ－東京間を直行ルートの半分の燃料で輸送することができる。

4　(1) a　銀行は，預金金利より貸出金利の利率を高くしていて，その差額を利益としている。

b　ア，エ　　日本銀行には，「政府の銀行」「銀行の銀行」「発券銀行」の３つの機能がある。

(2) a　世界人権宣言　　世界人権宣言の内容をもとにして，具体的な法的拘束力をもたせた条約が国際人権規約であることも覚えておきたい。　b　第二次世界大戦前のアジアやアフリカは欧米諸国の植民地であり，戦後に各地で独立運動が起こり，次々と独立していった。特に 1960 年にアフリカで多くの国が独立したことから，1960 年は「アフリカの年」と呼ばれる。したがって，1955 年から 1965 年の間に急激に数を増やしたアがアフリカである。次に加盟国数を伸ばしているイがアジアであり，ウはヨーロッパ，エはオセアニアである。

(3) b　グラフ７から，議員報酬が少ない市区町村ほど，無投票となった市区町村が多いことを読み取る。グラフ８から，議員の高齢化が進んでいる市区町村ほど，無投票となった市区町村が多いことを読み取る。働いている若い世代の立候補を増やし，会社員などと兼業する議員が参加しやすくなる議会運営の取り組みを表５から読み取る。

《2023　国語　解答例》

一　問一．㋐ごうか　㋑胸　㋒ひそ　　問二．ウ　　問三．俳句とはな　　問四．自分と同じように言葉に助けられた人がいたことがうれしかったから。　　問五．ア　　問六．いまの自分の気持ちや、体験を盛るために俳句をやっており、「そら」に友人の名前を掛けて隠した。

二　問一．㋐暮　㋑観客　㋒どうりょう　　問二．エ　　問三．相当な知識と想像力　　問四．イ　　問五．さまざまな要因が複雑に絡まっているため、わからないものにわからないまま的確に対応する術を磨くこと。　　問六．エ

三　問一．ウ　　問二．教えていただき　　問三．長距離の部　　問四．(見学会の)集合時間　　問五．仲間と互いに競い合い、励まし合う陸上部員の姿勢

四　問一．かまえて　　問二．イ　　問三．きらびやかなよそおいの武具から黒色のよろいで古いもの(に変化したから)。　　問四．着飾ることに金銭をついやすと家が貧しくなり、良い家来を召し抱えられなくなるという考え。

五　(例文)

グラフからは、敬語の使い方に関心がある人が多いことがわかる。私は、学校の先生と話をしていた時に、敬語の使い方を間違えていると指摘されたことがある。敬語を使う機会が少ないので、敬語のことで困ったことはほとんどないが、正しく使えているという自信もない。社会に出れば敬語を使う機会が増えるので、今のうちから正しく使えるように努力していきたいと考えた。

《2023　数学　解答例》

1　(1)ア．-11　イ．$27a$　ウ．$\frac{11x-8y}{21}$　エ．$5\sqrt{5}$　　(2)81　　(3)$x=-8$，$x=3$

2　(1)右図　　(2)逆…a＋bが正の数ならば，aもbも正の数である。　反例…$a=-1$，$b=2$　　(3)$\frac{7}{20}$

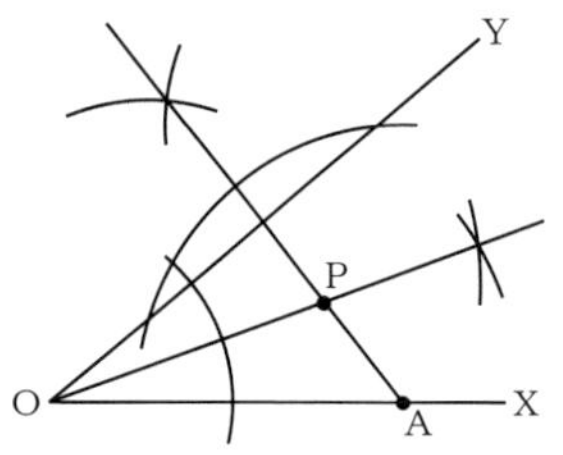

3　(1)㋐24　四分位範囲…17　　(2)32，33，34

4　※方程式と計算の過程…集めたボールペンの本数をx本とすると，

$$2x\times\frac{80}{100}-18=2x\times\left(1-\frac{80}{100}\right)+\left(1-\frac{4}{100}\right)x$$

答　鉛筆…150　ボールペン…75

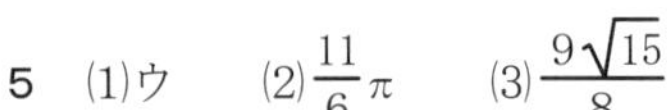

5　(1)ウ　　(2)$\frac{11}{6}\pi$　　(3)$\frac{9\sqrt{15}}{8}$

6　(1)$-\frac{1}{4}$　　(2)ア，エ　　※(3)$\frac{3}{10}$

7　(1)△ＢＣＧと△ＥＣＦにおいて，

同じ弧に対する円周角は等しいから，∠ＧＢＣ＝∠ＤＡＣ…①

平行線の同位角は等しく，ＡＤ//ＥＦだから，∠ＤＡＣ＝∠ＦＥＣ…②

①，②より，∠ＧＢＣ＝∠ＦＥＣ…③

△ＡＢＣはＢＡ＝ＢＣの二等辺三角形だから，∠ＢＣＡ＝∠ＢＡＣ…④

同じ弧に対する円周角は等しいから，∠ＢＡＣ＝∠ＢＤＣ…⑤

△ＧＣＤはＧＣ＝ＧＤの二等辺三角形だから，∠ＧＣＤ＝∠ＧＤＣ…⑥

④，⑤，⑥より，∠ＢＣＡ＝∠ＧＣＤ…⑦

∠ＢＣＧ＝∠ＢＣＡ－∠ＧＣＡ，∠ＥＣＦ＝∠ＧＣＤ－∠ＧＣＡだから，⑦より，∠ＢＣＧ＝∠ＥＣＦ…⑧

③，⑧より，２組の角がそれぞれ等しいから，△ＢＣＧ∽△ＥＣＦ

(2) $\frac{13}{4}$

※の計算の過程や求める過程は解説を参照してください。

《2023　英語　解答例》

1　(1) A エ　B ウ　C ウ　D イ　(2)質問１…brother　質問２…ⓐbirds　ⓑtrains　質問３…He drinks green tea

2　(1)A．イ　B．ウ　C．ア　(2)エ，ア，オ，ウ，イ　(3)ⓐア　ⓑエ　ⓒイ　(4)everyone asks me where I found it.
(5)can be used　(6)D．Why don't you ask my mother and grandmother?　E．They will tell you more about my red *kimono*.

3　Your speech was very good because I could learn about festivals in your country.　We must respect the local cultures.

4　(1)ⓐfelt　ⓑwritten　(2)①They wanted to decide what kind of music to use for their dance.　②He was (just) listening to them.　(3)イ　(4)エ　(5)自分の意見をもち，ダンスをよりよくするために，意見を言うことをおそれなかったようす。　(6)あなたたちの助けなしに自分ができることは限られているということ。　(7)ウ

《2023　理科　解答例》

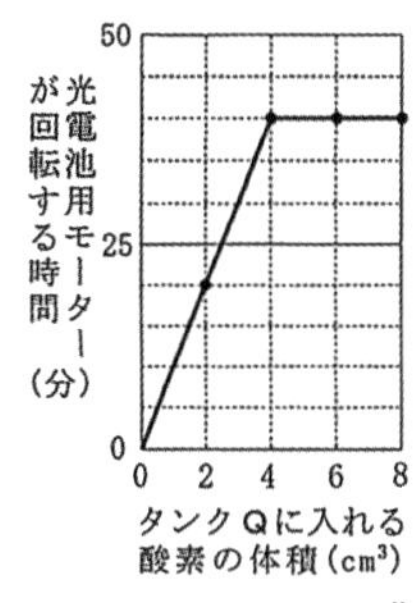

1　(1)衛星　(2)ア　(3)受精によって両方の親からそれぞれの染色体を受け継ぐから。　(4)6

2　(1)①ａ．ウ　ｂ．葉緑体　②ア，エ　③ａ．0.5　ｂ．ウ　(2)①単細胞生物
②水中の酸素が不足するから。〔別解〕分解に大量の酸素を使うから。

3　(1)①電離　②ａ．$Zn \rightarrow Zn^{2+} + 2e^-$　ｂ．イ　③金属板の面積も変えたから。
(2)①エ　②右グラフ　(3)12

4　(1)右図　(2)①ウ　②下降気流が生じるから。　(3)16

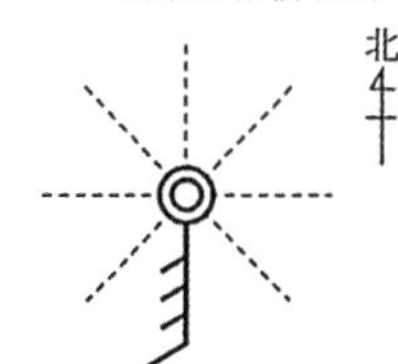

5　(1)①風化　②記号…ウ　理由…粒が最も小さいから。　(2)イ

6　(1)①(ばねを)引く力　②ａ．重力の斜面に平行な分力の大きさが大きくなるから。　ｂ．オ
(2)①力学的エネルギー　②運動エネルギーが大きいため，移動距離は大きくなる。
(3)①ア　②0.4

《2023　社会　解答例》

1　(1)イ　(2)風土記　(3)平清盛　(4)ａ．ウ　ｂ．東アジアと東南アジアの間に位置し，万国のかけ橋となった。
(5)分国法　(6)ａ．ア　ｂ．イギリスと対立していたフランスが，植民地側で参戦したから。　(7)ａ．徴兵令
ｂ．地租の税率を引き下げて，農民の不満をおさえるため。　(8)イ→ア→ウ　(9)ａ．沖縄が日本に返還された。
ｂ．15～64 歳の就業者の割合が減少し，就業者数は増加しているので，65 歳以上の就業者数は増加している。

2　(1)ａ．青森　ｂ．気温が上昇しており，ももの方が高い気温でも栽培できるから。　(2)ａ．エ　ｂ．ウ
(3)ａ．２つの海流がぶつかる場所だから。　ｂ．養殖漁業　(4)ａ．冬に多く降る雪が，積もりにくいから。
ｂ．理由…阿武隈川より X の付近の方が標高が高いから。　土地の利用…ア　ｃ．イ→ウ→ア

3　(1)ａ．本初子午線　ｂ．太平洋　(2)ⓑ　(3) C　(4)ａ．レアメタル〔別解〕希少金属　ｂ．多くの民族がおり，共通の言語が必要だから。　ｃ．ウガンダは海に面していないが，港を利用しやすくなる。

4　(1)ａ．イ　ｂ．輸入品の価格が高くなり，国内の産業が保護される。　(2)ａ．カ　ｂ．三権分立〔別解〕権力分立
ｃ．エ　(3)日本の企業のうちほとんどを占める中小企業において，年次有給休暇の取得率が大企業に比べて低いので，中小企業での年次有給休暇の取得を促進するため。

《2023　国語　解説》

一　問二　「詩集」とウの「花束」は、上の漢字が下の漢字を修飾している。アの「軽重」は、反対の意味の漢字の組み合わせ。イの「読書」は、「(下の漢字)を(上の漢字)する」の形になっている。エの「日没」は、上の漢字が主語で下の漢字が述語の形になっている。

問三　ハセオに、「俳句は伝統文化」という発言を取り消してほしいと言われた校長先生は、「俳句とはなにか、詩とはなにか。生徒から問われた気がした」。そこで、校長先生は、発言の取り消しはしないが、「宿題」として「俳句とはなにか、詩とはなにか」を考えておくと返事をし、「ハセオは、それでいちおう、満足した様子だった」。

問四　後の方に「この学校に、自分と同じように言葉に助けられた人がいたということがうれしくて、最終的にこの句(＝雪がふるそらのことばを受け止める)を選んだのだった」とある。

問五　直後の「形がなくて、すぐに消えてしまう。まさに、雪のように」より考える。こうした「言葉」のもつ特徴に合うのは、アの「頼りない」である。

問六　まず、「かけがえのない友人への挨拶を、どのように隠したと読み取っているか」については、最後の段落の「ユミは隠された意図をそこに読み取っていた。これは挨拶なんだ。ハセオから、ソラへの。『そら』には、かけがえのない友人の名前を、掛けてあるのだ」という部分から読み取れる。「ハセオが俳句を作る目的」については、校長先生に「直談判(じかだんぱん)を求め」た時の「いまの自分の気持ちや、体験を盛るための器として、自分は俳句をやっている」という言葉から読み取れる。

二　問二　動詞の活用の種類を見分けるときは、助動詞の「ない」をつけて判断する。エの「求め」は、「求めない」となり、「ない」の直前がエ段の音になるので、下一段活用の動詞だとわかる。エ以外の動詞は、「ない」の直前がア段の音になるので、五段活用の動詞だとわかる。よって、エが適する。

問三　２段落目の内容から読み取る。「新聞やテレビの報道で知」る「さまざまな出来事について」は、「それらが自分の毎日の生活とどうつながっているのかは、相当な知識と想像力がなければ理解できません」とある。

問四　前の段落に書かれている内容について、［　　］の後で「政治」という具体例を挙げて説明している。よって、後に具体例がくることを表す、イの「たとえば」が入る。

問五　設問にある「傍線(――)部のような世界における重要なこと」とは、最後の段落の「すぐにはわからない問題を手持ちのわかっている図式や枠に当てはめてわかった気にならないこと」や「わかっていることよりもわかっていないことをきちんと知ること、わからないけれどこれは大事ということを知ること」である。設問では、「そのうえでさらに、どのようなことが必要であると述べているか」を問われているので、最後の段落の「そしてそのうえで」の後に述べられている「わからないものにわからないまま的確に対応する術を磨いてゆかなければなりません」の部分を用いて答える。また、設問にある「傍線(――)部のような世界の仕組みが、見抜きづらい理由」は、４段落目の「そのような世界の仕組みは、さまざまな要因が複雑に絡まっていて、容易に見通せるものではありません」よりまとめる。

問六　芸術については、最後から２段落目で述べられている。この段落に「ここでは～曖昧な感情を曖昧なまま正確に表現することが求められている」とあるが、エの「曖昧なまま表現された作品が意外性にあふれたものとなる」という内容は読み取れない。よって、エが正解。

三　問一　このような場面で話をする時は、なるべく聞き手の方を見て話す方がよい。よって、ウが正解。

問二　「もらう」は、部員の側の動作なので、謙譲語に直す。

問三　部員の人数についての情報は、「練習内容」とはほとんど関係ないので、「長距離の部員は～女子三人です」

の一文を削除すればよい。

問四　この原稿の内容から、見学会を行う場所はわかるが、集合時間がわからない。

問五　合言葉が「切磋琢磨(せっさたくま)」であることは、原稿の最初の方で説明しているが、傍線部３を読むころにはそのことを忘れている新入生もいると思われる。また、「切磋琢磨」という言葉の意味を知らない新入生がいるかもしれない。傍線部３では、「切磋琢磨」の意味も交えながら説明すると、より伝わりやすくなる。

四　**問一**　古文で言葉の先頭にない「はひふへほ」は、「わいうえお」に直す。

問二　イの主語は頼義、他の主語は九郎である。

問三　このとき九郎は、「綺麗(きれい)をつくしたるもののぐ(＝きらびやかな武具)」を着るのをやめて、「黒革縅(くろかわおどし)の古き(＝黒色のよろいで古いもの)」を着ていた。

問四　【古文の内容】を参照。最後の一文に頼義の考えが書かれている。

【古文の内容】

頼義の家来に、近江の国の住人の、日置の九郎というものがいた。馬、武具のよそおいがきらびやかだ。頼義は(その様子を)見て機嫌を悪くし、感心しない様子で、お前は、かならず命を落とすだろう、早く売り払ってしまいなさい、それも味方の陣には売ってはならない、敵方へ売りなさい(と言った)。九郎は恐縮して、後日の戦いで、また以前に劣らないきらびやかな武具を着ていた。前の武具の代品だと言う。頼義は、やはり命を落とす格好である、売り払ってしまいなさい、絶対に着てはならないと(言った)。(九郎は)次の日には、黒色のよろいで古いものを着ていた。頼義より、これこそ喜ばしく結構であるとのお言葉があった。着飾ることに金銭を費やせば、家が貧しくなって、よい家来を召し抱えることができる力がなくなり、それゆえ、敵に相対して命を落としやすいとの、お言葉があったのだ。

《2023　数学　解説》

1　(1)ア　与式$=-8-3=$**-11**

イ　与式$=\dfrac{36a^2\times 9b}{12ab}=$**$27a$**

ウ　与式$=\dfrac{7(2x+y)-3(x+5y)}{21}=\dfrac{14x+7y-3x-15y}{21}=$**$\dfrac{11x-8y}{21}$**

エ　与式$=3\sqrt{5}+\dfrac{10\sqrt{5}}{5}=3\sqrt{5}+2\sqrt{5}=$**$5\sqrt{5}$**

(2)　与式$=a^2-(5b)^2=(a+5b)(a-5b)=(41+5\times 8)(41-5\times 8)=81\times 1=$**$81$**

(3)　与式より，$x^2+5x-24=0$　　$(x+8)(x-3)=0$　　**$x=-8,\ 3$**

2　(1)　２辺ＯＸ，ＯＹから等しい距離にある点の集まりが∠ＸＯＹの二等分線なので，Ａから辺ＯＹに引いた垂線と∠ＸＯＹの二等分線との交点をＰとすればよい。

(2)　「ａもｂも正の数ならば，ａ＋ｂは正の数である。」の下線部の内容を入れかえると，逆になる。

反例は，ａ＋ｂが正の数になるように，ａとｂの一方を正の数，もう一方を負の数にすればよい。

(3)　袋Ⅰからの取り出し方が４通りあり，その１通りごとに袋Ⅱからの取り出し方が５通りあるから，取り出し方は全部で，$4\times 5=20$(通り)ある。そのうちⅡの数がⅠの数の倍数である取り出し方は，(Ⅰの数，Ⅱの数)＝(２，６)(２，８)(２，10)(３，６)(３，９)(４，８)(５，10)の７通りである。よって，求める確率は，**$\dfrac{7}{20}$**

3　(1)　**【解き方】箱ひげ図からは，右図のようなことがわかる。半分にしたデータ(記録)のうち，小さい方のデータの中央値が第１四分位数で，大きい方のデータの中央値が第３四分位数となる(データ数が奇数の場合，**

中央値を除いて半分にする)。㋐の値は中央値である。

10 人のデータを小さい順に並べると，7，10，12，16，23，25，26，29，32，34 となるから，真ん中の２つの値は，23 と 25 である。よって，㋐＝(23＋25)÷２＝**24**

四分位範囲は，(第３四分位数)－(第１四分位数)＝29－12＝**17**(m)

⑵　**【解き方】11 人のデータを小さい方から順に①～⑪とすると，①～⑤が真ん中より小さい方のデータ，⑥が中央値，⑦～⑪が真ん中より大きい方のデータである。したがって，③が第１四分位数，⑨が第３四分位数である。**

図３と図４を比べると，中央値と第３四分位数が変わったことがわかる。⑨が 32，⑪が 34 で，Ｋの記録を加える前 32 以上はＪの 32 とＥの 34 だけだから，ＪとＥとＫの記録が⑨，⑩，⑪である。よって，32≦ａ≦34 だから，ａがとりうる値は，**32**，**33**，**34** である。いずれの値でも⑥がＧの 25 となるので，図４と合う。

4　**【解き方】集めたボールペンの本数をx本とすると，鉛筆の本数は２x本と表せる。団体Ｓ，Ｔそれぞれに送った本数の合計をxで表して，xの１次方程式を立てて解く。**

団体Ｓに送った鉛筆の本数は，$(2x\times\frac{80}{100})$本である。団体Ｔには，鉛筆を$\{2x\times(1-\frac{80}{100})\}$本，ボールペンを$(1-\frac{4}{100})x$本送った。したがって，$2x\times\frac{80}{100}-18=2x\times(1-\frac{80}{100})+(1-\frac{4}{100})x$が成り立つ。

これを整理すると，$\frac{8}{5}x-18=\frac{2}{5}x+\frac{24}{25}x$　両辺に$\frac{25}{2}$をかけて，$20x-225=5x+12x$　$3x=225$　$x=75$

よって，集めた鉛筆の本数は２×75＝**150**(本)，ボールペンの本数は **75** 本である。

5　⑴　**【解き方】投影図において，立面図は正面から見た図，平面図は真上から見た図である。**

円すいを正面から見ると三角形に，真上から見ると円に見えるから，正しい投影図は**ウ**である。

⑵　**【解き方】おうぎ形ＯＢＣの弧の長さを求めればよい。**

おうぎ形ＯＢＣの半径は３㎝，中心角は 110°だから，$\overset{\frown}{BC}=2\pi\times3\times\frac{110°}{360°}=\mathbf{\frac{11}{6}}\pi$(㎝)

⑶　**【解き方】△ＯＤＦの３辺の長さをそれぞれ求め，△ＯＤＦがどのような三角形かを考える。また，右の図①のように３辺の長さの比が１：２：$\sqrt{3}$の直角三角形を利用する。３辺の長さの比がすべてわからなくても，直角三角形で２辺の長さの比があてはまれば，この直角三角形であることが確認できる。**

図①

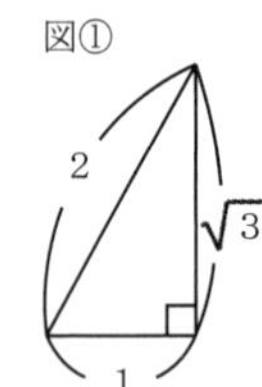

ＯＦは底面の半径だから，ＯＦ＝３㎝である。

ＡＯ//ＤＥだから，ＯＥ：ＥＢ＝ＡＤ：ＤＢ＝１：１

△ＤＯＥと△ＤＢＥにおいて，ＤＥ＝ＤＥ，ＯＥ＝ＢＥ，

∠ＤＥＯ＝∠ＤＥＢだから，△ＤＯＥ≡△ＤＢＥ

これより，$OD=BD=\frac{1}{2}AB=\frac{1}{2}\times6=3$(㎝)

△ＤＯＥにおいて，∠ＤＥＯ＝90°，$OE:OD=\frac{3}{2}:3=1:2$だから，

△ＤＯＥは$1:2:\sqrt{3}$の直角三角形なので，$DE=\sqrt{3}OE=\frac{3\sqrt{3}}{2}$(㎝)

図②

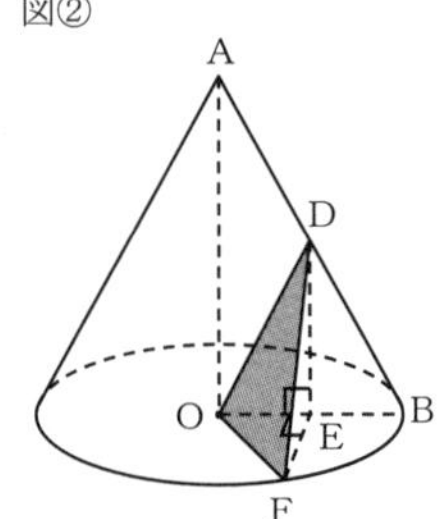

△ＦＯＥも同様に$1:2:\sqrt{3}$の直角三角形なので，$FE=\sqrt{3}OE=\frac{3\sqrt{3}}{2}$(㎝)

△ＥＤＦは直角二等辺三角形だから，$DF=\sqrt{2}DE=\sqrt{2}\times\frac{3\sqrt{3}}{2}=\frac{3\sqrt{6}}{2}$(㎝)

したがって，△ＯＤＦは図③のような二等辺三角形である。

$DH=\frac{1}{2}DF=\frac{1}{2}\times\frac{3\sqrt{6}}{2}=\frac{3\sqrt{6}}{4}$(㎝)だから，

三平方の定理より，$OH=\sqrt{3^2-(\frac{3\sqrt{6}}{4})^2}=\sqrt{\frac{45}{8}}=\frac{3\sqrt{5}}{2\sqrt{2}}$(㎝)

図③

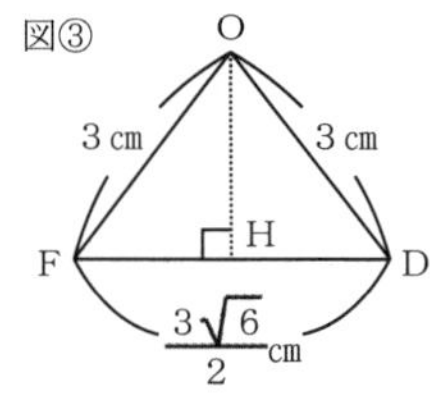

よって，△ODF$=\frac{1}{2}\times\frac{3\sqrt{6}}{2}\times\frac{3\sqrt{5}}{2\sqrt{2}}=\frac{9\sqrt{15}}{8}$(cm²)

6　(1)　②はCを通るから，$y=bx^2$に$x=4$，$y=-4$を代入すると，$-4=b\times4^2$より，$16b=-4$　　$b=-\frac{1}{4}$

これは$b<0$を満たすから条件に合う。

(2)　**ア**．放物線の比例定数を大きくするとグラフの開き方は小さくなるので，正しい。

イ．Aのy座標は，$y=a\times(-3)^2=9a$，Bのy座標は，$y=a\times2^2=4a$と表せるから，Aのy座標からBのy座標を引いた値は，$9a-4a=5a$と表せる。aの値を小さくすると$5a$の値は小さくなるので，正しくない。

ウ．E(0，−4)だから，△OBEの面積は，$\frac{1}{2}\times$OE×(Bのx座標)$=\frac{1}{2}\times4\times2=4$となり一定である。よって，正しくない。

エ．B(2，4a)と表せるから，直線OBの傾きは，$\frac{4a}{2}=2a$となるので，aの値を小さくすると直線OBの傾きは小さくなる。よって，正しい。

オ．Fのx座標は4だからy座標は，$y=a\times4^2=16a$となるので，CF＝(Fのy座標)−(Cのy座標)＝$16a-(-4)=16a+4$と表せる。aの値を大きくすると$16a+4$は大きくなるので，正しくない。

(3)　**【解き方】3点D，G，Fが一直線上にあるとき，直線DGの傾きと直線GFの傾きが等しくなる。直線DGの傾きと直線GFの傾きをaの式で表して，aの方程式を立てる。**

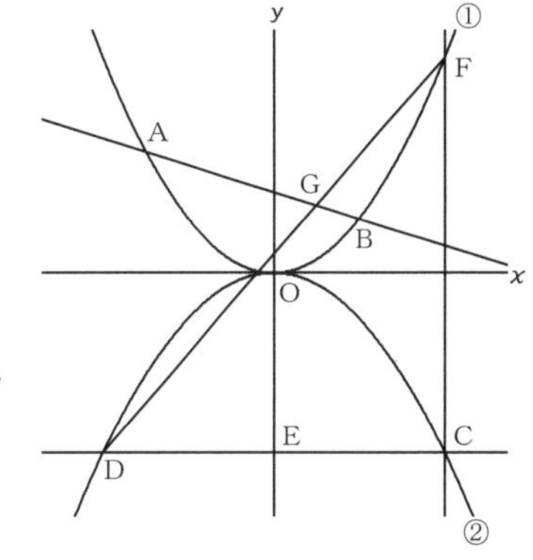

DはCとy軸について対称だから，D(−4，−4)である。(2)より，F(4，16a)と表せる。

Gについては直線ABの傾きから考える。A(−3，9a)，B(2，4a)だから，直線ABの傾きは，$\frac{(y\text{の増加量})}{(x\text{の増加量})}=\frac{4a-9a}{2-(-3)}=-a$と表せる。

したがって，AからGまでx座標が$1-(-3)=4$増加すると，y座標は$-a\times4=-4a$増加するので，Gのy座標は，$9a-4a=5a$と表せる。

つまり，G(1，5a)である。

したがって，直線DGの傾きは，$\frac{5a-(-4)}{1-(-4)}=\frac{5a+4}{5}$，直線GFの傾きは，$\frac{16a-5a}{4-1}=\frac{11a}{3}$と表せるから，$\frac{5a+4}{5}=\frac{11a}{3}$を解くと，$a=\frac{3}{10}$となる。

7　(1)　まず，問題文の仮定を図にかきこんで，証明のために必要な条件を探そう。条件が足りない場合は，問題の内容に応じて，図形の性質，平行線の同位角・錯角，円周角の定理などからわかることもかきこんでみよう。

(2)　**【解き方】(1)の△BCG∽△ECFだけではなく，それ以外にも相似な三角形を見つけて，相似関係を利用する。**

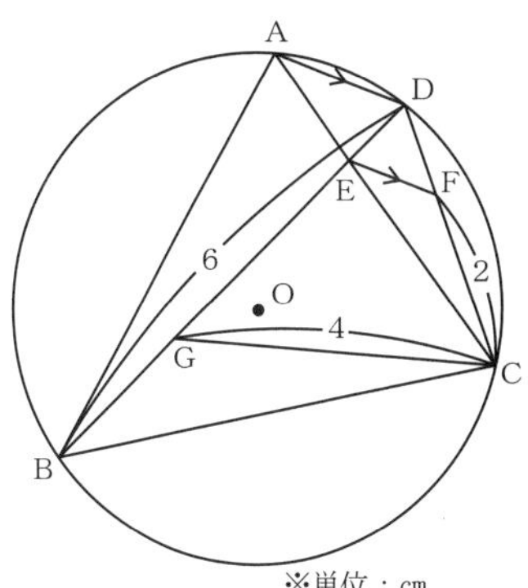

GD＝GC＝4cmだから，BG＝6−4＝2(cm)

△BCGと△ECFの相似比は，GC：FC＝4：2＝2：1だから，

EF$=\frac{1}{2}$BG$=\frac{1}{2}\times2=1$(cm)

△BCG∽△ECFより，∠BGC＝∠EFCだから，∠DGC＝∠DFEである。したがって，△DGC∽△DFEである。

△DGCと△DFEの相似比は，GC：FE＝4：1だから，

DF$=\frac{1}{4}$DG$=\frac{1}{4}\times4=1$(cm)，DE$=\frac{1}{4}$DC$=\frac{1}{4}(1+2)=\frac{3}{4}$(cm)

よって，GE$=4-\frac{3}{4}=\frac{13}{4}$(cm)

《2023 英語 解説》

1 ⑴A 質問「リサの好きな映画のキャラクターはどれですか？」…リサ「こんにちは，健。この写真を見て。これは私が好きな映画のキャラクターよ」→健「ああ，彼女は手に長い鉛筆を持っているよ。なんで持っているの？」→リサ「彼女は勉強が大好きだからよ。彼女は植物も好きで，もう片方の手に花を３本持っているよ」→健「そうなんだ」より，エが適切。 B 質問「健は科学館に何を持って行きますか？」…健「明日，科学館に行くよ。本当に楽しみだよ」→リサ「私もよ。帽子，お弁当，飲み物を忘れないでね」→健「わかったよ，でもバスで行くから帽子は必要ないよ」→リサ「そのとおりね。あ，カメラがあれば持ってきてくれない？」→健「いいよ。いいのがあるんだ」より，ウが適切。 C 質問「リサは次に何をしますか？」…健「リサ，テニスの練習は終わったの？」→リサ「ええ，大変だったわ」→健「クッキーを食べない？昨日作ったんだ」→リサ「わぁ，あなたのクッキーはおいしそうね。この大きいのを今食べてもいい？」→健「もちろん，でも待って。食べる前に手を洗って」→リサ「もうやったわ」→健「そっか，じゃあどうぞ」より，ウが適切。 D 質問「健とリサはどのようなテレビのニュースを見ましたか？」…リサ「おはよう，健。どうして傘を持っているの？今は曇っているけど，静岡は午後は晴れるわ」→健「東京にいる祖母に会いに行くんだ。今朝のテレビのニュースによると『東京は昨日から雨が降っている』んだって」→リサ「あ，私もそれを見たよ。そこは明日まで雨が止むことはないんだよね？」→健「そうだよ。今日，東京が晴れていたらいいのに」より，イが適切。

⑵ 【放送文の要約】参照。**質問１**「毎朝，健と一緒に歩いているのは誰ですか？」…walk in my town with my brother を聞き取る。 **質問２** 「健は朝，何を見て楽しみますか？」…it's fun for me to watch some white birds／some colorful trains stay there. I enjoy watching them を聞き取る。 **質問３** 「健は歩いた後に何をしますか？」…my father makes green tea for me, and I drink it.を聞き取る。

【放送文の要約】

みなさんはいつも何時に起きますか？毎朝，私は５時半に起きて，質問１兄と一緒に町を歩いています。

歩いている間，私たちはたくさん話をします。それは私たちにとってすばらしい時間です。さらに私は２つのことを楽しんでいます。まず，質問２白い鳥を見るのが楽しみです。朝の空を飛んでいる彼らは美しいです。２つ目は，家の近くに駅があって，質問２そこにカラフルな電車がとまっています。それらを見るのが好きで，時々写真を撮ります。

家に帰ってから，質問３父が緑茶を淹(い)れてくれて，それを飲みます。父と兄はコーヒーを飲みます。それは朝の一番幸せなひとときです。

2 【本文の要約】参照。⑵ Actually, this is the kimono my grandmother bought for my mother thirty years ago. : kimonoの後ろに関係代名詞(＝which/that)が省略されている。語句(＝my grandmother bought for my mother thirty years ago)が後ろから名詞(＝kimono)を修飾する形にする。

⑷ 「どこでそれを見つけたか」は間接疑問文を使う。疑問詞 where の後ろは I found it と肯定文の語順にする。また，everyone「みんな」は単数扱いなので，動詞は asks にする。

⑸ 日記「奈々が今日，写真を見せてくれた。写真で彼女は赤い着物を着ていた。赤い着物は奈々の家族にとって大切なものだが，彼女の母は今は着ていない。奈々は特別な日にそれを着るつもりで，つまりその着物は奈々によって再び着てもらえる(＝can be used)のだ。それはいい考えだと思う」…奈々の８回目の発言より，can be used を抜き出す。

⑹ ケイト「着物についてもっと知りたいよ。どうすればいい？」→奈々「D私の母と祖母に聞いてみたら？(＝Why don't you ask my mother and grandmother?)」→ケイト「わかったわ。その利点は何？」→奈々「E彼女たちが

私の赤い着物についてもっと教えてくれるわ(＝They will tell you more about my red kimono.)」→ケイト「協力してくれてありがとう」

【本文の要約】

(奈々はケイトに家で写真を見せています。)

ケイト：あなたはこの写真で赤い着物を着ているわね。Aイ何て素敵なの！

奈々　：ありがとう。母が叔父の結婚式で撮ってくれたの。

ケイト：着物の花柄が素敵ね。

奈々　：そうなの。家族の大切な着物よ。

ケイト：なぜ大切な着物なの？

奈々　：実は，30 年前に祖母が母に買った着物なの。

ケイト：お母さんの着物を着たのね。

奈々　：そうよ，でも去年，母が私にくれたの。だからその着物はⓐア私のもの(＝mine)よ。

ケイト：どうしてお母さんはあなたにあげたの？

奈々　：この赤い着物はそでが長いの。母はこういう着物は若者向けだと思っているから，今は着ないよ。

ケイト：私はⓑエ同じような(＝similar)経験があるよ。母はクローゼットの中に素敵なドレスを持っているけど，着てないの。私は誕生日会に行くときはいつもそれを着るよ。

奈々　：あなたの友達はきっとそのドレスを気に入っているわね。

ケイト：ありがとう。私がそれを着るとき，みんなが私にどこでそれを見つけたのかときくよ。

奈々　：古着は新品とデザインが違うよね？

ケイト：そうなの！古着を着るのは楽しいよね。ⓒイでも(＝However)，サイズのせいで他人の服を着るのは簡単ではないよ。実は，母のドレスは私には大きかったので，直してくれたの。あなたの着物は誰が直したの？

奈々　：Bウ誰もやってないよ。着物はシンプルな形だから，別の人にも簡単に着てもらえるの。

ケイト：興味深いわ。着物は美しいだけでなく機能的なのね。

奈々　：そうね，だから着物が大好きよ。赤い着物に新しい命を授けることができてうれしいよ。

ケイト：Cアどういう意味？

奈々　：私が赤い着物を着たら，あなたのお母さんのドレスのようにクローゼットから出る機会が増えるってことよ。

ケイト：また着物を着るのはいい考えね。

奈々　：特別な日に着るよ！

3　最初の文は接続詞 because を使って２文をつなぐ。「アレックスの国の祭り」は「アレックスの」を your に置き換えて festivals in your country とする。２文目は「尊重する」＝respect，「地域の文化」＝local cultures を正しく使う。

4　【本文の要約】参照。⑴ⓐ　過去の出来事だから過去形にする。　ⓑ　〈過去分詞＋語句〉で名詞を修飾し，「～された○○」の形にする。

⑵①　「ダンスリーダーは最初の会議で何を決めたかったのですか？」…第２段落１～２行目より，ダンスに使う音楽を決めたかったことがわかる。our を their にすること。　②　「正太と亜希が話すのをやめる前，良は何をしていましたか？」…第３段落２行目より，良はただ話を聞いていたことがわかる。us を them にすること。

⑶　Aには日本の有名な曲の特徴，Bにはアメリカのロック音楽を使う目的が入る。

⑷　正太と亜希が望んでいることが入る。　・want＋人＋to～「(人)に～してほしい」

⑸　第６段落２～３行目の内容を日本語にする。　・be afraid to ～「～することをおそれる」　・improve「よりよくする」

⑹　最終段落の最後から２行目のI realized that「私は～に気付きました」以下の内容を日本語にする。

・without ～「～なしに」　・be limited「限られている」

⑺　ア「亜希，良，正太は初めて会議をしたとき，×クラスメイト全員に参加するように言いました」　イ「×良は正太に，日本の人気曲はいつもダンスパフォーマンスで使われていると言いました」　ウ○「亜希と正太は最初は意見が異なっていましたが，良は彼らがより良い考え方をするように協力しました」…第４段落の内容と一致。エ×「正太のクラスは，英語の歌が嫌いな生徒がいたため，日本語の歌を２曲選びました」…本文にない内容。

【本文の要約】

毎年５月に，私の学校では運動会があります。各クラスはその日にダンスパフォーマンスを披露します。クラスのダンスリーダーのひとりになったとき，私はⓐわくわくしていました（＝felt excited）。亜希と良もリーダーになりました。

４月のある日，亜希と良と私は教室で初めて会議をしました。⑵①私たちのダンスにどんな音楽を使うか決めたいと思っていました。まず，亜希は私たちに「日本の有名な歌を選ぶべきね。Aイたくさんの生徒がすでに知っている（＝many students already know）曲を使えば，クラスメイトが簡単に踊れるわ。また，有名なメロディーを聞けば，観客はより楽しめるよ」と言いました。私は彼女に賛成しませんでした。私は亜希に「日本の人気曲を使えば，僕たちのダンスは他のクラスと同じになるかもしれないよ。Bイ僕らのダンスをユニークにする（＝make our dance unique）ために，古いアメリカのロック音楽を使いたいな。観客は興味を持ってくれると思うよ」と言いました。亜希は「英語でⓑ書かれた（＝written）歌を使うということ？それじゃあダメよ。私は古いアメリカのロック音楽が好きだけど，昨年の公演ではどのクラスも使わなかったよ」と言いました。

会議の間，亜希は自分の意見を変えることはなく，私も自分の意見を変えることはありませんでした。⑵②良はただ私たちの話を聞いていました。ついに亜希と私は話をやめ，教室は静かになりました。

数分後，良が話し始めました。「そうだね，使いたい音楽は違うけど，亜希と正太は同じことをしたいんだね」私は驚いて，「同じこと？」と言いました。良は「うん。２人ともダンスを見ている人に楽しんでほしいと思っているよね，僕も同じ意見だよ。君たちの意見は素晴らしいから，まとめてみよう。２曲使うのはどう？」と答えました。亜希と私は顔を見合わせました。

そして，亜希は「それはいい考えね！私たちのダンスはアメリカの古いロック音楽から始めよう。観客はきっと驚くよ」と言いました。私は「いいね！観客が驚いた後に，日本の人気曲を使ってみよう。彼らは僕たちのダンスを一緒に楽しむことができるね」と言いました。良は「いいね。じゃあ，クラスメイトに計画を伝える方法について話そう」と言いました。

会議の後，私は「良，いいチームにしてくれたね」と言いました。良は笑顔で「いや，君と亜希がやったんだ。⑸２人とも自分の考えをもっていて，ダンスをよりよくするために意見を言うことをおそれなかった。それが僕に影響を与えたんだよ」と言いました。

次の日，私はクラスメイトに私たちの計画を伝えましたが，生徒の中にはその計画が気に入らない人もいました。彼らは「古いアメリカのロック音楽はかっこよくない」と言いました。そこで亜希はクラスメイトに古いアメリカのロック音楽のＣＤを見せました。一緒に聴いて，良が踊りました。彼らのサポートのおかげで，クラスメイト全員が私たちに同意し，私たちは古いアメリカのロック音楽と日本の人気曲を１曲ずつ選びました。私は亜希と良に「⑹君たちの助けなしに自分ができることは限られているということに気付いたよ。一緒に素敵なダンスパフォーマンスを作ろう」と言いました。

《2023　理科　解説》

1　(2)　同じ種類の電気が帯電しているものを近づけると退け合い，異なる種類の電気が帯電しているものを近づけると引き合う。同じ材質でできているＡとＢは同じ種類の電気が帯電するので，ＡとＢを近づけると退け合い，こすったティッシュペーパーとストローは異なる種類の電気が帯電するので，引き合う。

(4)　20％の硝酸カリウム水溶液 250ｇに溶けている硝酸カリウムは 250×0.2＝50(ｇ)であり，溶かしている水は250－50＝200(ｇ)である。表１より，10℃の水 200ｇに硝酸カリウムは $22\times\frac{200}{100}$＝44(ｇ)溶けるので，50－44＝6(ｇ)が結晶となって出てくる。

2　(1)①　㋐レボルバーに取り付けるレンズは対物レンズである。　㋑倍率を上げると，観察する範囲が狭くなるので，観察する範囲内にある光の量が少なくなって，視野全体が暗くなる。　②　イは被子植物の単子葉類，ウは裸子植物の特徴である。　③ａ　ワセリンを塗った部分からは蒸散が起こらない。蒸散する部分と水の質量の減少量をまとめると表ⅰのようになる。③－①より，葉の表からの蒸散量は6.8－6.0＝0.8(ｇ)だから，②より，茎からの蒸散量は 1.3－0.8＝0.5(ｇ)となる。　ｂ　表２より，ツバキとアサガオはともに葉の表よりも裏の方が気孔が多いことがわかる。ツバキとアサガオそれぞれにおいて，すべての葉の表にワセリンを塗った場合と，すべての葉の裏にワセリンを塗った場合を比べると，ツバキの方が蒸散量の差が大きいことから，ツバキの方が葉の全体にある気孔の数に対する葉の裏側にある気孔の数の割合が大きい，つまり葉の全体にある気孔の数に対する葉の表側にある気孔の数の割合が小さいことがわかる。

表ⅰ

	蒸散する部分	ツバキの水の減少量(ｇ)
①すべての葉の表にワセリンを塗る	葉の裏＋茎	6.0
②すべての葉の裏にワセリンを塗る	葉の表　＋茎	1.3
③何も塗らない	葉の表＋葉の裏＋茎	6.8

(2)②　微生物は水中の酸素を使って植物プランクトンを分解し，二酸化炭素を発生させる。微生物が大量の植物プランクトンを分解すると，水中の酸素が大量に使われて不足するので，海底に生息する生物の酸素が不足して，死ぬことがある。

3　(1)②ａ　亜鉛と銅では亜鉛の方がイオンになりやすいので，亜鉛がイオンになって水溶液中に溶け出すときに電子を放出する〔$Zn \rightarrow Zn^{2+} + 2e^{-}$〕。　ｂ　亜鉛板から放出された電子は，導線を通って銅板に移動するから，電流の向きはその反対の，銅板から亜鉛板の向きになる。よって，銅板が＋極，亜鉛板が－極となる。　③　ある条件について調べたいときは，その条件だけを変えた複数の実験結果を比べる。下線部ⓑでは，金属板の種類の他に金属板の大きさも変えたので，実験結果がどの条件を変えたことによって起こったものかわからない。

(2)①　水素は水の電気分解の他に，塩酸にアルミニウム，鉄などの金属を入れても発生させることができる。なお，アでは酸化銀が分解されて酸素が発生し，イでは酸化銅が還元されて二酸化炭素が発生し，ウでは硫酸と水酸化バリウム水溶液が中和して硫酸バリウムと水ができる。　②　反応する水素と酸素の体積比は２：１だから，Ｐに入れる水素の体積が８㎤のとき，ちょうど反応する酸素の体積は４㎤である。水素１㎤が反応するのにかかる時間は５分だから，水素８㎤がすべて反応するのにかかる時間は５×８＝40(分)である。よって，Ｑに入れる酸素の体積が４㎤までは光電池用モーターが回転する時間はＱに入れる酸素の体積に比例し，４㎤以上になると，光電池用モーターが回転する時間が40分で一定になる。

(3)　反応した酸素の体積をx㎤とすると，反応した水素の体積は$2x$㎤，窒素の体積は$4x$㎤，空気の体積は$x+4x=5x$(㎤)，最初にポリエチレンの袋に入れた水素と空気の体積は同じだから，残っている水素の体積は$5x-2x=3x$(㎤)となる。ポリエチレンの袋の中に残っている気体28㎤に含まれるのは水素と窒素だから，$3x+4x=28$より，$x=4$(㎤)となる。よって，残っている水素の体積は$3\times4=12$(㎤)となる。

4　(1)　天気図記号は表ⅱ参照。

表ⅱ

快晴 (雲量0〜1)	晴れ (雲量2〜8)	くもり (雲量9〜10)	雨	雪
○	◐	◎	●	⊗

(2)①　前線Aは温暖前線である。温暖前線では乱層雲が発達し，広い範囲におだやかな雨が降る。前線の通過後は風向が南寄りに変わり，気温が上がる。表4より，14時から15時の間に風向が南寄りに変わり，気温が急に上がっていることがわかる。

(3)　資料2より，1㎥あたり$\frac{120}{50}=2.4$(g)の水蒸気量が増加し，湿度が$50-35=15$(%)上がったことがわかるので，〔湿度(%)$=\frac{\text{空気中に含まれる水蒸気量(g/m}^3)}{\text{その気温での飽和水蒸気量(g/m}^3)}\times100$〕より，飽和水蒸気量は$\frac{2.4}{0.15}=16$(g/㎥)となる。

5　(1)②　れき(直径2㎜以上)，砂(直径0.06㎜〜2㎜)，泥(直径0.06㎜以下)は粒の大きさで区別する。粒が小さいほど沖合の深い海まで運ばれて堆積するので，河口から最も遠くまで運ばれるのは泥である。

(2)　図11で，マグマのねばりけが強いほど白っぽいので，花こう岩は白っぽい岩石である。また，花こう岩は深成岩で，深成岩は等粒状組織をもつので，イが正答となる。

6　(1)②a　糸が斜面と平行になるようにばねばかりを引いたとき，ばねには金属球の重力の斜面に平行な分力と同じ大きさの力がかかる。斜面に平行な分力は重力の矢印を対角線とする長方形の一辺の長さで表すことができ，図13のように，斜面の角度が90°に近づくほど，重力の大きさ(1.2N)に近づく。　b　金属球の重力は$\frac{60}{100}=0.6$(N)である。ばねばかりの値は重力の$\frac{0.45}{0.6}=\frac{3}{4}$(倍)になったので，重力が1.2Nの金属球を斜面に平行に引いたときのばねばかりの値が$1.2\times\frac{3}{4}=0.9$(N)のときと同じ角度である。よって，図13より斜面の角度は約50°である。

(2)①　位置エネルギーと運動エネルギーの和を力学的エネルギーという。摩擦や空気の抵抗を考えなければ，物体がもつ力学的エネルギーは一定になる。　②　物体がもつ位置エネルギーは物体の質量と基準面からの高さに比例するので，質量が大きいほど位置エネルギーから移り変わった運動エネルギーも大きくなる。

(3)①　図16より，Pは斜面上で速さが一定の割合で増加する運動をしているので，速さが増加するほど一定時間での移動距離が長くなることから，AB間の中点に達するまでの時間はAB間を移動する1.6秒の半分の0.8秒より長い時間である。　②　Rの速さはBで2に達し，1.2秒でCに達する。図16でPが動き始めてからBに達するまでの時間は，Bに達してからCに達するまでの時間の2倍であり，Rも同様である。よって，図16にRがCに達するまでの時間とRの速さの関係のグラフをかき加えると図ⅰのようになる。このグラフから，Rの速さが，Pが図15の装置でCに達したときの金属球の速さ1と同じになるのは，Rが動き始めてから0.4秒後だとわかる。

図ⅰ

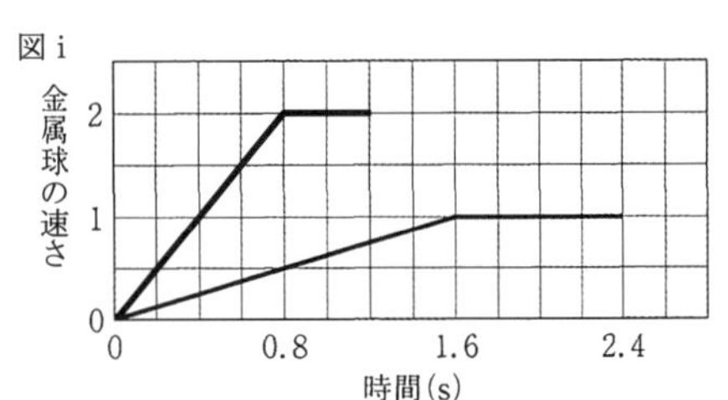

《2023　社会　解説》

1　(1)　小野妹子は遣隋使として，隋の皇帝煬帝(ようだい)にあてた国書をもって派遣された。「日出づる処(ところ)の天子(てんし)，書を日没する処の天子に致す。つつがなきや……」で始まる国書には，隋と対等な国交を目指した聖徳太子の意気ごみが表れている。

⑵　常陸・出雲・播磨・豊後・肥前の５か国の『風土記』が現存している。律令制のもと，同時期につくられた歴史書である『古事記』『日本書紀』と合わせて覚えておこう。

⑶　平清盛は娘の徳子を高倉天皇のきさきとし，天皇との結びつきを強めて権力を握った。

⑷ a　アは津軽半島にあり，中世に蝦夷地と日本海海運の結び目として発達した港である。イは韓国の首都，ウは元の都(現在の北京)。

b　東アジアと東南アジアを結ぶ海路の中間点にあったことを必ず盛り込み，異国の産物をそれぞれの地に運ぶ「万国のかけ橋」となっていたこととつなげる。

⑸　分国法は，その戦国大名が治める領国内でのみ適用された。代表的なものに，喧嘩両成敗を定めた甲斐の武田氏の『甲州法度之次第』がある。

⑹ a　イは江戸時代の元禄文化，ウは安土桃山時代の桃山文化，エは鎌倉時代の鎌倉文化。

⑺ a　徴兵令が出された当初は免除規定が多く，実際に徴兵されたのは農家の次男・三男などが大半であった。

b　地租改正は，土地の所有者に税の負担義務を負わせて地券を交付し，課税の対象を収穫高から地価の３%に変更して現金で税を納めさせた，税収を安定させるための政策である。地価をもとにしているので，米の豊作・不作に関わらず，一定の税を納めなければならず，江戸時代の年貢と変わらず重い負担だったため，各地で地租改正反対一揆が起こり，1877 年に政府は税率を 2.5%に引き下げた。1877 年に引き下げた理由は，九州で起きた西南戦争と反対一揆を結びつけないためであった。

⑻　イ　満州事変(1931 年)→ア　日中戦争中(1937 年)→ウ　ＡＢＣＤ包囲網(1941 年)

⑼ a　太平洋戦争が終結し，日本がサンフランシスコ平和条約で独立を回復した後も，沖縄はアメリカによって占領されたままになっていた。沖縄が返還されたのは 1972 年のことである。

b　近年，高齢化に対応するため，年金受給開始年齢が段階的に引き上げられていることなどから，働く高齢者が増えている。2021 年に高齢者雇用安定法が改正され，65 歳までの雇用確保の義務に加え，70 歳までの就業機会の確保が企業の努力義務とされた。

2　⑴　Ａの青森県では涼しい気候をいかしたりんごの栽培が盛んに行われてきたが，近年の温暖化の影響により，りんごに比べて，高い気温が必要なももの栽培も行われるようになっている。

⑵ a　Ｃは岩手県。アはＤの宮城県についての記述。

b　それぞれの県の特長をとらえよう。岩手県は畜産が盛んなこと，宮城県は東北の地方中枢都市である仙台市があって人口が多いこと，福島県は果実の生産が盛んで，工業が発達していること，秋田県は米の生産が盛んなことから，アは宮城県，イは福島県，ウは岩手県，エは秋田県である。

⑶ a　三陸海岸沖には，寒流の千島海流(親潮)と暖流の日本海流(黒潮)がぶつかり，好漁場となる潮目(潮境)が形成される。海面上の境界を潮目，境界面全体を潮境という。

b　三陸海岸は，土地が沈降することで山地の谷であった部分に海水が入りこんでできたリアス海岸で，波が穏やかであるため，養殖に適している。

⑷ a　信号機は一般的に，より見やすいとされた横向きに設置されていることが多いが，雪が多く降る地域では，横向きの信号機に雪が積もって見えにくくなってしまったり，雪の重さによって信号機が折れてしまったりすることを防ぐために，縦向きに設置されていることが多い。

b　[X]の付近の標高が 265m，阿武隈川の付近の標高が 230m程度で，[X]の付近の標高のほうが高くなっていることが読み取れる。水は標高が高いところから低い所に流れるので，阿武隈川から水を引いてくるのは困難であるとわかる。X の付近には田(Ⅱ)が見られる。

c　2020 年現在，日本の発電方法は火力が最も多いので，ⓐが火力。日本で原子力発電の導入が進んだのは 1970 年代に入ってからであり，1960 年はまだ原子力発電が行われていなかったので，発電方法が２種類しかないイが 1960年であり，ⓑが水力，残ったⓒが原子力となる。2011年の東日本大震災における福島第一原子力発電所の事故が起こる前は，原子力発電を増やしていっていたので，ウ→アで原子力発電が増えていることから，ウが1980年，アが2000年であると判断する。

3　(1) a　本初子午線はイギリスの首都ロンドン郊外にある，旧グリニッジ天文台を通る。

b　地球の中心を通り，反対に位置する地点を対せき点という。対せき点を求めるには，緯度は北緯と南緯を入れ替え，数値はそのままで，経度は東経と西経を入れ替え，数値は180から引く。よって，北緯40度あたりであるⓐの対せき点は，経度180度，緯度は南緯40度あたりだと考えられるので，三大洋である太平洋・大西洋・インド洋のうち，太平洋と判断する。

(2)　グラフ３より，雨季と乾季があり，気温は１年を通して一定して温暖であるが，６～８月に気温が下がっているので，南半球にある，標高が高く，低緯度な地域で，サバナ気候に属する都市であると判断できる。

(3)　A はケニア，B はサウジアラビア，C はインドネシア，D はブラジル。A ～ D のうち，㋐は石炭の輸出が多いので，C のインドネシアである。㋑はサウジアラビア，㋒はケニア，㋓はブラジル。

(4) b　ケニアは，50 あまりの部族が集まってできた他民族国家であるが，イギリスの植民地だったことがあり，公用語として英語が使われるようになった。

4　(1) a　2022 年２月と，2022 年４月を比べると，１ドルに値する円の金額が多くなっている(＝円の価値が下がっている)ので，円安となっているといえる。2022 年２月では 115.2 円あれば１ドルと交換できるが，2022 年４月になると，115.2 円をドルに交換しようとすると，115.2÷126.1＝0.913…より，１ドルに満たなくなってしまう。

b　関税をかけると，輸入品が日本で売られる際の商品価格が上がるので，安い外国産ばかりが売れ，日本の商品が売れなくなることを防ぎ，自国の産業を守ることができる。

(2) b　三権分立の考えはフランスのモンテスキューが専制政治を防ぐために著書の『法の精神』で説いた。

c　アは参政権，イは新しい人権，ウは社会権に当たる。

(3)　働き方改革関連法(正式名称は「働き方改革を推進するための関係法律の整備に関する法律」)が 2019 年４月より順次施行され，労働時間・休暇・賃金などの見直しが行われている。常用労働者の人数が少ない中小企業では，労働者が休むことによって人手不足になりやすく，年次有給休暇の取得率が低い傾向にある。資料５の１つ目は働き方改革推進支援助成金，２つ目は働き方改革推進支援センターについてである。

静岡県公立高等学校

《2022　国語　解答例》

一　問一．㋐おくびょう　㋑のど　㋒遊　　問二．ア　　問三．ノートに突　　問四．おそらく一秒にも満たないくらいの時間だったが、永遠のように感じていた。　　問五．自分が悪いと認識し、ハセに謝らなければいけないが、謝ることができないでいたから。　　問六．エ

二　問一．㋐予備　㋑豊　㋒いまし　　問二．ア，ウ　　問三．イ　　問四．ウ　　問五．実際にもの
問六．自分が感じたことを絶対と信じ、その絶対に安易によりかかることで、独断と偏見におちいってしまう危険性。

三　問一．実　　問二．おっしゃって〔別解〕言われて　　問三．本を　　問四．[2]　　問五．貸出冊数の増加

四　問一．たまい　　問二．エ　　問三．船頭をやめても安心して生活できるくらいの金銭となる価値。　　問四．同じ所にあると、思いがけない出来事ですべて失ってしまうことがあるので、知り合いごとに一枚ずつ五十枚をすべて与えた。

五　（例文）私は、Aがより適切と考える。なぜならAは、海に流れ出たプラスチック製品が細かくなってマイクロプラスチックができる様子を視覚的に理解できるからだ。また、Aに書かれているメッセージからは、マイクロプラスチックが海洋生物に悪い影響を与えることや、海洋生物の命を守るためには、私たち人間がこの問題について考え、行動を改めるべきだということが、よく伝わってくるからだ。

《2022　数学　解答例》

1　(1)ア．－18　イ．2a＋9b　ウ．$\frac{3x+7y}{10}$　エ．$9\sqrt{7}-10\sqrt{3}$　(2)26　(3)$x=-2$，$x=6$

2　(1)右図　(2)$y=\frac{4000}{x}$　(3)$\frac{4}{15}$

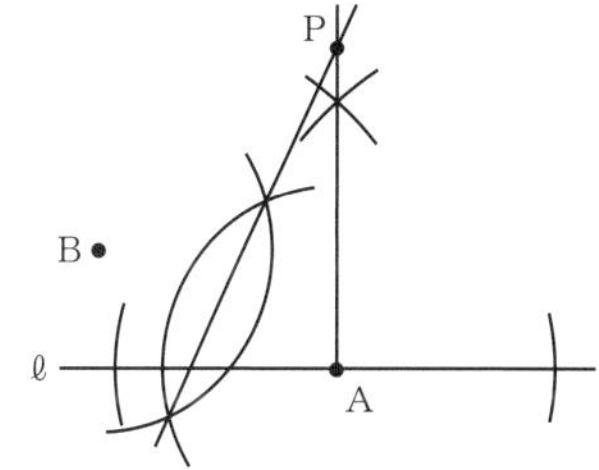

3　(1)11　(2)2010年…4　2020年…7

4　※方程式と計算の過程…移す前の水槽Aのメダカの数をx匹，移す前の水槽Bのメダカの数をy匹とすると，$\begin{cases} x+y=86 \\ \frac{1}{5}x+\frac{1}{3}y=(1-\frac{1}{5})x-4 \end{cases}$

答…24

5　(1)8　(2)48π　(3)$\sqrt{61}$

6　(1)$0\leqq y\leqq 9a$　(2)$y=-3x-9$　※(3)$\frac{3}{4}$

7　(1)△AGDと△ECBにおいて，

仮定より，∠ABD＝∠CBE…①

同じ弧に対する円周角は等しいから，∠ABD＝∠AFD…②

△AFDはAF＝ADの二等辺三角形なので，∠AFD＝∠GDA…③

①，②，③より，∠GDA＝∠CBE…④

△BDGの外角より，∠AGD＝∠GBD＋∠GDB…⑤

同じ弧に対する円周角は等しいから，∠ECB＝∠ADB＝∠GDA＋∠FDB…⑥

②，③，⑤，⑥より，∠ＡＧＤ＝∠ＥＣＢ…⑦

④，⑦より，２組の角がそれぞれ等しいから，△ＡＧＤ∽△ＥＣＢ

⑵36

※の計算の過程や求める過程は解説を参照してください。

《2022　英語　解答例》

1　⑴Ａエ　Ｂエ　Ｃイ　Ｄウ　⑵質問１…７〔別解〕seven　質問２…ⓐcleaned　ⓑhouse
質問３…made a cake for them

2　⑴Ａ．ア　Ｂ．ウ　Ｃ．ア　⑵ⓐイ　ⓑエ　ⓒウ　⑶イ，ア，オ，ウ，エ　⑷Are you free next Sunday?
⑸understand Japanese culture

3　⑴riding a bike is good for our health.　⑵we don't need to worry about the weather.

4　I am going to sing English songs for the children who study English next month.　Will you come to my room and play the piano (for us)?

5　⑴ⓐtook　ⓑrunning　⑵①She was planting sunflowers (with some people in the park).　②Six.〔別解〕There were six students.　⑶イ　⑷ア　⑸町の多くの若者が，将来，大都市に住みたいと思っていること。　⑹何かを変えるためには，他の人と話すことが必要であること。　⑺エ

《2022　理科　解答例》

1　⑴子房　⑵イ　⑶$2Mg + O_2 \rightarrow 2MgO$　⑷海上と比べて陸上の方が気圧が低く，海から陸に向かって風が吹く。

2　⑴①イ，ウ　②㋐中枢　㋑末しょう　③トカゲの卵には殻があり，乾燥に強いから。　④増加…ⓑの生物を食物とするⓒの生物が減少したから。　減少…ⓑの生物の食物となるⓐの生物が不足するから。
⑵記号…Ａ　理由…微生物がデンプンを分解したから。　⑶動物は有機物をとり入れることが必要であるが，有機物をつくることができるのは生産者だけだから。

電熱線P

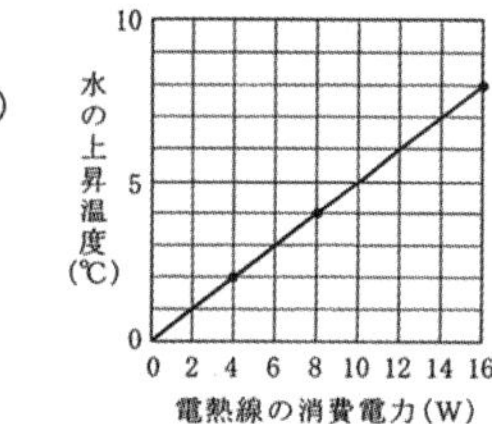

3　⑴①不導体〔別解〕絶縁体　②ア　⑵①ア，ウ　②㋐イ　㋑エ
⑶①右図　②右グラフ　③12.5

4　⑴示準化石　⑵①エ　②流水によって運ばれたから。　③1.4

5　⑴①イ　②地球の影に入る　⑵①ⓑ→ⓒ→ⓐ　②ウ

6　⑴①イ　②ａ．試験管Ｐの中にあった空気が含まれているから。　ｂ．空気よりも密度が大きいから。　ｃ．ア
⑵①1.5　②中和　③$\frac{3}{4}n$　④24

《2022　社会　解答例》

1　⑴ａ．中大兄皇子　ｂ．イ　⑵枕草子　⑶ａ．エ　ｂ．領地が細分化し，幕府に緊急事態があったときに対応できなくなるから。　ｃ．建武の新政　⑷ａ．南蛮貿易　ｂ．プロテスタントが広まったが，カトリックを信仰していたから。〔別解〕宗教改革に対抗し，カトリックを守ろうとしたから。　⑸イ→ア→ウ　⑹ａ．綿糸の国内生産量が増え，原料としての綿花の需要が高まったから。　ｂ．ア　⑺ａ．ウ　ｂ．投票権は平等に１票を与えられており，全加盟国に占める南北アメリカの割合が下がっているから。

2　⑴ａ．広島　ｂ．三角州〔別解〕デルタ　⑵エ　⑶ウ　⑷果実の国内生産量…イ　果実の輸入量…ウ
⑸ａ．太平洋ベルト　ｂ．原油の多くを輸入しており，海外から船で運び入れるのに便利であるから。
⑹記号…ウ　理由…日照時間が長いから。〔別解〕降水日数が少ないから。

3　⑴ア　⑵ａ．イ　ｂ．８／２／午後６　⑶ａ．ＡＳＥＡＮ　ｂ．東南アジアの人口や１人当たりの国民総所得が増加しており，市場の拡大が期待できるから。　⑷記号…ウ　理由…バイオ燃料として使われる量が増えているから。

4　⑴ａ．比例代表　ｂ．ウ　ｃ．国事行為　⑵ａ．ク　ｂ．名称…公共料金　理由…国民の生活に大きな影響を与えるから。　⑶(例文)所得税の割合を減らし住民税の割合を増やすことで，地方自治体の自主財源を増やし，地方自治体が自らの判断や責任に基づいて地方政治を行いやすくするため。

←解答例は前ページにありますので，そちらをご覧ください。

《2022　国語　解説》

一　問二　直前に「休み時間にひとりぼっちであるという情けない状況から」とあるので、さびしくてみじめな自分自身の気持ちを他に向けるための行動だったことが分かる。よってアが適する。「気をまぎらわす」とは、いやな思いをなくすように、関心を他に向けるという意味の慣用句。

問三　「急に」と「突然」は類義語である。「僕」がキャラクターの絵を描いていた「ノートに突然人影が落ちて、声がした」というのは、急に「ハセ」が近づいてきて、「僕」に話しかけたということである。

問四　傍線部２の１～２行後に「落下はおそらく一秒にも満たないくらいの時間だったが、僕には永遠にも感じられた」とある。

問五　「植木鉢が割れた原因に対しての『僕』の認識」は、「どう考えても僕が悪い」である。「『僕』が考える『僕』のとるべき行動」は、「とにかく謝らなければいけない」である。しかし、ⓐの２～３行後に「謝るという簡単なことが、どうして僕にはできないんだ」とあるように、まだ謝ることができないでいるため、「もじもじして」いたのだ。第１段落にあるように、小三のころの「僕」は、「いまよりもっとうじうじしていて」「消極的だし、臆病」な性格だったのである。

問六　「僕」は、「ハセ」は「本当は怒っているに違いない」と思っていた。しかし、逆に「僕」に謝罪してくれて、その上「無邪気に笑っていた」。その「素直で悪意のない表情」を見て、「僕」はまた涙をこぼしたのだ。よってエが適する。　ア．「『近くで見ていた女子』に、『ハセ』を突き飛ばしたことを先生に言われそうになった」のは事実だが、それが理由ではない。　イ．「せめて謝らなければ」「どう考えても僕が悪いのだ」「とにかく謝らなければいけないと思った」などから、謝るべきなのは自分であることを「僕」は自覚している。よって「まだ許す気持ちにはなれなかったから」は適さない。　ウ．最後の段落に「このときからずっと、いつだってハセは僕が躊躇（ちゅうちょ）してできないことを簡単にこなして、僕の前を歩いていく」とあるので、このとき(小三のころ)の涙の理由としては適さない。

二　問二　ア．自立語で活用があり、言い切りの形が「い」となるので、形容詞。　イ．自立語で活用がなく、用言を修飾する語なので、副詞。　ウ．自立語で活用があり、言い切りの形が「い」となるので、形容詞。「ぬ」に置き換えることができないので、助動詞の「ない」ではない。　エ．自立語で活用があり、言い切りの形が「う」段の音となるので、動詞。　オ．自立語で活用があり、言い切りの形が「だ」となるので、形容動詞。　よってアとウが適する。

問三　まず、「見テ　知リソ　知リテ　ナ見ソ」という柳宗悦（やなぎむねよし）の言葉について、「見てから知るべきである、知ったのちに見ようとしないほうがいい」という一般的な意味を紹介し、「実はもっと深い意味があるような気がする」以降で筆者自身の解釈を述べて、読者に提示している。よってイが適する。

問四　直前の「これまでの知識をいったん横へ置いておき～それと照らしあわせる～そうできれば、私たちの得る感動というものは～より遠近感を持った、ゆたかなものになることはまちがいありません」に対して、直後で「実はこれはなかなかできないことです」と述べている。直前に書いた理想を受けて、直後で現実にはなかなかできないと述べているので、逆接の接続詞であるウが適する。

問五　最後から４段落目に「こんなことができれば素晴らしいことです」とあることに着目する。「こんな」が指しているのは、「実際にものを見たり接したりするときには～それと照らしあわせる」という過程である。つまり、これができれば理想的であると述べられている。

問六　傍線部２は、「知識にがんじがらめにされてしまって自由で柔軟な感覚を失う」という危険性を指している。最後から２段落目では、逆に「その絶対(＝自分が感じたこと)に安易によりかかってしまうと人間は単なる独断と偏見におちいってしまう」という危険性について述べている。

三　**問一**　「実を結ぶ」とは、努力や苦労の末によい結果が現れるという意味の慣用句。

問二　「言う」の尊敬語は「おっしゃる」なので、「言って」を「おっしゃって」に改める。また、動詞の未然形に助動詞の「れる」(「られる」の場合もある)をつけて敬意を表すこともあるので、「言われて」も正解。

問三　「本の紹介する活動」を、「本を紹介する活動」に直せば文意が通る。文節とは、文を意味のわかる範囲で区切った場合の、最も小さい一区切りの言葉。切れ目には、ネ・サなどを入れることができる。

問四　抜けている一文の「それら」が指しているものを考える。「あらすじやおすすめポイントなどを図書委員がまとめ」とあるので、「それら」が指しているのは、図書委員が選ぶ「候補の本」である。よって［2］が適する。

問五　原稿の第３段落に「本の貸出冊数はそれほど増えてはいませんでした」「図書委員会では、これを課題と考えています」とある。よって、「本の人気投票を実施」する目的の説明として、「本の面白さや魅力を感じてもらい、貸出冊数の増加につなげたい」ということを付け加える。

四　**問一**　古文で言葉の先頭にない「はひふへほ」は、「わいうえお」に直す。

問二　ア～ウの主語は「宗祇(そうぎ)(法師)」で、エの主語は「(小倉山(おぐらやま)の)色紙」である。よってエが適する。

問三　宗祇は船頭に、「小倉山の色紙」一枚の価値を、「水主(かこ)をやめて世を安くおくる程の料(しろ)となるものなり」と伝えている。【古文の内容】を参照。

問四　「小倉山の色紙」を「一人だけで所有するとおこりうる問題」は、「一所(ひとところ)にありては、不慮の変にて皆うすなるべし」の部分から読み取ることができる。また、それを防ぐために宗祇がとった行動は、「知れる人毎(ごと)に一枚づつ、五十枚を皆くれたり」から読み取ることができる。【古文の内容】を参照。

【古文の内容】

　東下野守(とうしもつけかみ)は、和歌の道に深く通じ、古今伝授(こきんでんじゅ)の人であるが、宗祇法師が、はるばる東国にくだって、東下野守にお会いして古今の伝授を受けた。さて、下野守は、小倉山の色紙を、百枚お持ちになっていらっしゃって、宗祇の思いを感じて五十枚をお与えになる。宗祇は、京都へ帰る時、どこの誰かもわからない船頭に、その色紙を一枚くれてやって、これはこの国の大切な宝なので、お前は、船頭をやめても安心して生活できるくらいの金銭となるものであると言い聞かせる。船頭へ与えてやるほどのことなので、知り合いごとに一枚ずつ、五十枚をみなくれてやった。現在、世の中に残っているのは、宗祇によって散らされた色紙である。野州(やしゅう)の方にあった五十枚は、野州が領地を奪われた時、焼失して一字も残らないこととなった。宗祇の考えは、この国の大切な宝なので、一人だけで所有するべきではない、あちこちに散らしておけば、時がうつり世の中が変わっても少しは残るだろう、同じ所にあっては、思いがけない出来事でみな失ってしまうだろうと思ってのことである。

　本当に宗祇の考えは、立派なことである。

《2022　数学　解説》

1　(1)**ア**　与式$=6-24=-18$

イ　与式$=\dfrac{8a^2b}{4ab}+\dfrac{36ab^2}{4ab}=2a+9b$

ウ　与式$=\frac{2(4x+y)-5(x-y)}{10}=\frac{8x+2y-5x+5y}{10}=\frac{3x+7y}{10}$

エ　与式$=9\sqrt{7}-7\sqrt{3}-3\sqrt{3}=9\sqrt{7}-10\sqrt{3}$

⑵　与式$=a^2-11a+30-a^2-3a=-14a+30$

ここで，$a=\frac{2}{7}$を代入すると，$-14\times\frac{2}{7}+30=-4+30=26$

⑶　与式より，$x-2=\pm4$　　$x=2\pm4$　　$x=2-4=-2$，$x=2+4=6$

2　⑴　２点A，Bから等しい距離にある点は，ABの垂直二等分線上の点である。

よって，ABの垂直二等分線と，Aを通る直線ℓの垂線との交点がPとなる。

⑵　x時間で水が４L＝4000mL減るから，１時間で水が$\frac{4000}{x}$mL減る。よって，求める式は，$y=\frac{4000}{x}$

⑶　**【解き方】樹形図にまとめて考える。**

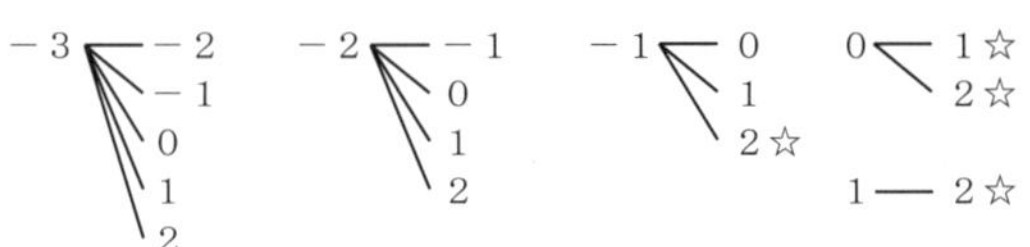

取り出し方は，右樹形図のように15通りある。

そのうち，和が正の数となるのは，樹形図の☆印の４通りだから，求める確率は，$\frac{4}{15}$

3　⑴　(範囲)＝(最大値)−(最小値)＝12−１＝11(日)

⑵　**【解き方】(合計)＝(平均値)×(年数)であること，中央値は，10÷２＝５より，大きさ順で５番目と６番目の日数であることを利用する。**

2011～2020年の10年間の合計は，2010～2019年の10年間の合計よりも0.3×10＝３(日)大きいから，2020年の方が2010年よりも３日大きい。

2010～2019年の10年間で見えた日数は，小さい順で５番目と６番目の日数が４日と６日である。2010年の日数を2020年の日数に変えることで，小さい順で５番目と６番目の日数が６日と７日(中央値が6.5日)になるのだから，見えた日数は，2010年が４日，2020年が４＋３＝７(日)だとわかる。

4　**【解き方】メダカを移す前の水槽A，Bのメダカの数をもとにした値がいくつかあるので，移す前の水槽Aのメダカの数をx匹，水槽Bのメダカの数をy匹として考えるとよい。**

水槽A，Bで合わせて86匹のメダカを飼育していたので，$x+y=86$…①

水槽Cには，水槽Aのメダカの$\frac{1}{5}$と水槽Bのメダカの$\frac{1}{3}$がいるので，$(\frac{1}{5}x+\frac{1}{3}y)$匹いる。

移した後の水槽Aのメダカの数は，$(1-\frac{1}{5})x$匹

移した後のメダカの数は，水槽Cの方が水槽Aより４匹少なかったので，$\frac{1}{5}x+\frac{1}{3}y=(1-\frac{1}{5})x-4$…②

②を整理すると，$\frac{1}{5}x+\frac{1}{3}y=\frac{4}{5}x-4$　　$3x+5y=12x-60$　　$9x-5y=60$…③

①×５＋③でyを消去すると，$5x+9x=430+60$　　$14x=490$　　$x=35$

①に$x=35$を代入すると，$35+y=86$　　$y=51$

移す前の水槽A，Bのメダカはそれぞれ35匹，51匹なので，水槽Cに移したメダカは，$\frac{1}{5}\times35+\frac{1}{3}\times51=24$(匹)

5　⑴　△ADPは底辺をDPとすると，高さがAD＝３cmだから，面積が６cm²のとき，$\frac{1}{2}\times$DP$\times3=6$より，DP＝４cmである。よって，EP＝12−４＝８(cm)だから，求める時間は，８÷１＝８(秒後)

⑵　**【解き方】14秒後，PはDA上にあり，DP＝14−12＝２(cm)である。**

△APEを，APを軸として１回転させると，右図のようになる。

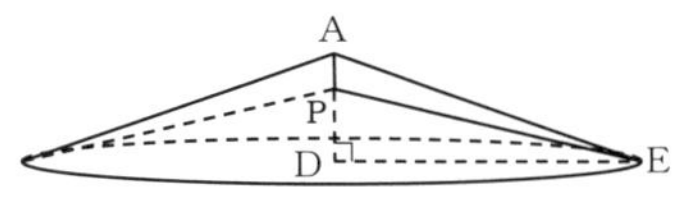

底面の半径がDE＝12cmで高さがDA＝３cmの円すいの体積から，

底面の半径が12cmで高さがDP＝２cmの円すいの体積をひけばよいので，

$\frac{1}{3}\times12^2\pi\times3-\frac{1}{3}\times12^2\pi\times2=\frac{1}{3}\times12^2\pi\times(3-2)=48\pi$(cm³)

⑶　**【解き方】ＣＰ＋ＰＤが最小となるのは，面ＡＢＣ，ＡＤＥＢの展開図上で右図のようにＰがＣＤ上にあるときである。三平方の定理を利用して，ＣＰ→ＰＦ，の順に長さを求める。**

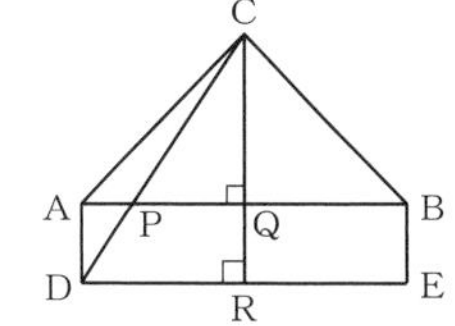

△ＡＣＱ≡△ＢＣＱだから，ＡＱ＝ＢＱ＝$\frac{1}{2}$ＡＢ＝６(cm)，ＣＱ＝ＡＱ＝６cm

ＤＲ＝$\frac{1}{2}$ＤＥ＝６(cm)で，△ＣＰＱ∽△ＣＤＲだから，ＰＱ：ＤＲ＝ＣＱ：ＣＲ＝６：(６＋３)＝２：３より，

ＰＱ＝$\frac{2}{3}$ＤＲ＝$\frac{2}{3}$×６＝４(cm)　　△ＣＰＱについて，三平方の定理より，$CP^2=CQ^2+PQ^2=6^2+4^2=52$

△ＣＰＦについて，三平方の定理より，ＰＦ＝$\sqrt{CP^2+CF^2}=\sqrt{52+3^2}=\sqrt{61}$(cm)

6　⑴　ａ＞０より，$y=ax^2$のグラフは上に開いた放物線だから，xの絶対値が大きいほどyの値は大きくなる。したがって，$-3\leqq x\leqq 2$でのyの最大値は，$x=-3$のときの$y=a\times(-3)^2=9a$，yの最小値は，$x=0$のときの$y=0$である。よって，yの変域は，$0\leqq y\leqq 9a$

⑵　平行な直線の傾きは等しいので，求める式は，$y=-3x+b$と表せる(ｂは定数)。

Ｃ(－２，－３)を通るので，$-3=-3\times(-2)+b$より，$b=-9$だから，求める式は，$y=-3x-9$

⑶　**【解き方】△ＥＡＤと△ＤＣＯは，底辺をそれぞれＤＥ，ＤＯとすると，底辺の長さと高さが等しいので面積が等しい。したがって，四角形ＡＣＯＤと△ＤＣＦの面積を比べる。この２つは△ＤＣＯが重なっているので，△ＤＣＯと△ＤＦＯの面積比を考える。**

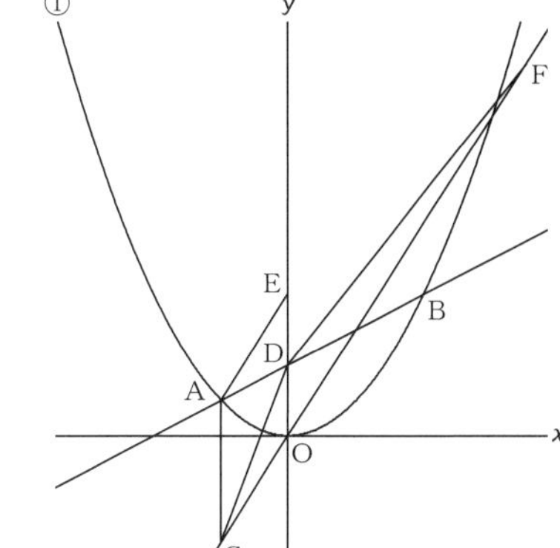

△ＤＣＯと△ＤＦＯは，底辺をそれぞれＣＯ，ＯＦとしたときの高さが等しいから，面積比はＣＯ：ＯＦと等しい。

３点Ｃ，Ｏ，Ｆは同一直線上の点だから，

ＣＯ：ＯＦ＝(ＣとＯのy座標の差)：(ＯとＦのy座標の差)＝

{０－(－３)}：(９－０)＝１：３

したがって，△ＤＣＯ：△ＤＦＯ＝１：３だから，△ＤＣＯの面積をＳ，△ＤＦＯの面積を３Ｓとする。

四角形ＡＣＯＤの面積は，△ＤＣＦ×$\frac{1}{2}$＝(Ｓ＋３Ｓ)×$\frac{1}{2}$＝２Ｓだから，△ＡＣＤ＝２Ｓ－△ＤＣＯ＝２Ｓ－Ｓ＝Ｓ

つまり，△ＡＣＤ＝△ＤＣＯなので，ＡＣ＝ＤＯである。

ＡとＢはともに放物線$y=ax^2$上の点で，x座標がそれぞれ－２，４だから，Ａのy座標は$y=a\times(-2)^2=4a$，

Ｂのy座標は$y=a\times4^2=16a$　　直線ＡＢの傾きは，$\frac{(y\text{の増加量})}{(x\text{の増加量})}=\frac{16a-4a}{4-(-2)}=2a$だから，Ａ(－２，４ａ)

からx座標が２進むと，y座標は$2a\times2=4a$進むので，Ｄのy座標は，$y=4a+4a=8a$

よって，ＡＣ＝ＤＯより，(ＡとＣのy座標の差)＝(ＤとＯのy座標の差)　　$4a-(-3)=8a$　　$a=\frac{3}{4}$

7　⑴　解答例以外に以下のような証明などが考えられる。

△ＡＤＢと△ＥＣＢにおいて，

仮定より，∠ＡＢＤ＝∠ＥＢＣ…①　　同じ弧に対する円周角は等しいから，∠ＡＤＢ＝∠ＥＣＢ…②

①，②より，２組の角がそれぞれ等しいから，△ＡＤＢ∽△ＥＣＢ…③

△ＡＧＤと△ＥＣＢにおいて，③より，∠ＧＡＤ＝∠ＣＥＢ…④

同じ弧に対する円周角は等しいから，∠ＡＢＤ＝∠ＡＦＤ…⑤

△ＡＦＤはＡＦ＝ＡＤの二等辺三角形だから，∠ＡＦＤ＝∠ＧＤＡ…⑥

①，⑤，⑥より，∠ＧＤＡ＝∠ＣＢＥ…⑦　　④，⑦より，２組の角がそれぞれ等しいから，△ＡＧＤ∽△ＥＣＢ

⑵　**【解き方】円周角の大きさの比は，弧の長さの比に等しい。**

⑴の証明をふまえて，同じ大きさの角に同じ記号をつけて考える。

右図のように記号がおける。$\overset{\frown}{AF}:\overset{\frown}{FB}=5:3$ より，

∠ADF：∠ECB＝∠EBC：∠ECB＝5：(5＋3)＝5：8

∠EBC＝$5x$°，∠ECB＝$8x$° とすると，△EBCの内角の和より，

$5x+8x+76=180$　　$13x=104$　　$x=8$

よって，∠ABC＝$5x$°×2＝80°，∠ACB＝$8x$°＝64° だから，

△ABCの内角の和より，∠BAC＝180°－80°－64°＝36°

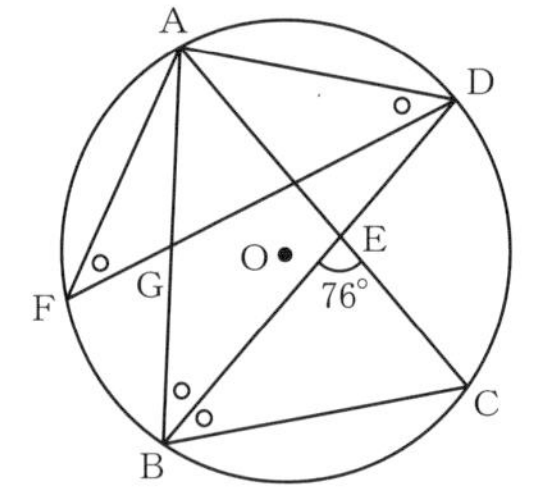

《2022　英語　解説》

1　⑴A　質問「メアリーは昨日何時に寝ましたか？」…健太「疲れているようだね，メアリー。 昨日何時に寝たの？」→メアリー「11 時半よ」→健太「ああ，それは遅いね。僕はいつも 10 時から 11 時の間に寝るよ」→メアリー「私は普段 10 時半に寝るけど，昨日はやることがたくさんあったの」より，エが適切。

B　質問「メアリーは今日の午後，最初に何をしますか？」…メアリー「来週，和食についてのプレゼンテーションをするわ。何をするべきかな？」→健太「まず，図書館に行かなければならないね。それから，和食レストランに行って質問してみたら？それから，君の家で和食を作ることができるよ」→メアリー「ありがとう，でも昨日図書館に行ったの。 だから，まず和食レストランを見つけるために，今日の午後はコンピュータ室でインターネットを利用するわ」→健太「それはいい考えだね」より，エが適切。　　C　質問「健太の辞書はどこにありますか？」…健太「僕の辞書を見なかった？」→メアリー「窓際のテーブルで辞書を見かけたわ」→健太「それは君のだろ。 かばんも調べたけど，見つからなかったんだ」→メアリー「うーん。見て！机の下に辞書があるわ」→健太「僕のかばんのそばの机？」→メアリー「いいえ，ドアの近くの机よ。机の上には鉛筆が数本あるわ」→健太「ああ，それが僕のだ」より，イが適切。　　D　質問「メアリーのクラスはどれですか？」…健太「君のクラスでは，家でする最も人気のあることは何，メアリー？」→メアリー「この紙を見て。私のクラスではテレビを見るのが一番人気よ」→健太「本当に？僕のクラスでは，テレビを見るよりも音楽を聴く方が人気があるよ。読書は人気がないんだ」→メアリー「私のクラスでは，読書は音楽を聴くことと同じくらい人気があるわ」より，ウが適切。

⑵　【放送文の要約】参照。質問１「健太の両親はどれくらいの間長野に滞在しましたか？」…for seven days を聞き取る。　質問２「健太は朝食前に姉と何をしましたか？」…we cleaned the house together before breakfast を聞き取る。質問３「健太の両親は帰宅したとき，なぜ驚いたのですか？」…because I made a cake for them を聞き取る。

【放送文の要約】

僕は父，母，姉と一緒に暮らしています。両親と姉は毎日一生懸命働いています。

去年の夏，両親は友達に会うために長野に行き，質問１そこに７日間滞在しました。姉と僕は彼らと一緒に行きませんでした。両親が長野に滞在していたとき，僕たちは家でさまざまなことをしました。僕は朝食と夕食を作りました。姉は皿洗いをしました。しかし，質問２僕たちは朝食前に一緒に家を掃除しました。両親のいない生活は大変でしたが楽しかったです。

両親は帰宅したとき驚きました。質問３僕が彼らのためにケーキを作ったからです。彼らはケーキを食べ，とてもおいしかったと言ってくれました。僕はそれがうれしかったです。

今では，僕は時々家族のために夕食を作っています。

2　【本文の要約】参照。

⑵ⓐ　・a variety of ～「様々な～」　ⓑ　ア borrow「借りる」，イ lose「失う」，ウ finish「終える」は不適切。

ⓒ　仮定法過去〈If＋主語＋動詞の過去形，主語＋would/could＋動詞の原形〉「もし～だったら，…」は現実では起こり得ないようなことを言うときに用いる。

⑶　It was fun to think about how I could create a great *nengajo*.：文中に疑問詞を含む間接疑問の文では，疑問詞のうしろは how I could create...のように肯定文の語順になる。　・it is…to～「～するのは…だ」

⑷　「日曜日は都合がよいか？」→「日曜日は空いている？」と考え，Are you free next Sunday?とする。How about this Sunday?「今度の日曜日はどう？」などでもよい。

⑸　日記「冬休みに，京子が和紙でできた年賀状を送ってくれ，私はそれについての動画を見た。それで私は和紙が美しく大切なものであることがわかった。今日私が動画について話したので，彼女は和紙に長い歴史があることがわかった。年賀状は私たちが日本文化を理解する（＝understand Japanese culture）のにとても役立ったと思う。また，彼女は私に特別なものを送りたかったらしい。彼女は素晴らしい！」…・help＋人＋動詞の原形「（人）が～するのを助ける」

【本文の要約】

冬休みのあと，ジュディと京子は学校で話をしています。

ジュディ：年賀状をありがとう。とても素敵だったからホストファミリー全員に見せたわ。

京子　：Aアそれを聞いてうれしいわ。それは和紙と呼ばれる日本の伝統的な紙で作られているわ。

ジュディ：私は和紙が気に入ったわ。そしてホストファミリーは私にそれについての面白い動画を見せてくれたの。

京子　：動画？Bウそれについてもっと教えて。

ジュディ：動画は正倉院の古い紙の文書についてのものだったわ。その紙の文書は約1300年前の和紙から作られているの。それ以来，人々はずっと和紙を使っているわ。

京子　：とても長い歴史があるのね！それは知らなかったわ。

ジュディ：和紙に書かれたⓐイ様々な（＝a variety of）情報を読むと，過去の生活についてのことがわかるわ。

京子　：なるほどね。日本の長い歴史ⓑエを学ぶ（＝learn）ことができるから，和紙は重要ね。私はそんなことを考えたことがなかったわ。日本文化をさらに理解できてうれしいわ。

ジュディ：ところで，あの美しいはがきはどこで手に入れたの？

京子　：歴史博物館で作ったわ。

ジュディ：自分で和紙を作ったってこと？

京子　：Cアその通りよ。私は小さいサイズの和紙を作って，はがきとして使ってみたの。

ジュディ：すごい！でも，和紙を作るのは簡単ではないわ。ⓒウもし（＝If）私があなただったら，お店ではがきを買うわ。

京子　：そうね…。あなたは日本の伝統的なものが大好きだから，私はあなたのために和紙を使って特別なものを作ったのよ。どうやってすごい年賀状を作ろうかと考えるのは楽しかったわ。

ジュディ：あなたの年賀状は素晴らしかったわ！私は年賀状から日本文化の興味深い部分を知る機会を得たの。和紙は美しいだけでなく，あなたたちの文化において重要であることもわかったわ。

京子　：あなたが和紙について新しいことを教えてくれ，それについて話せて楽しかったわ。よかったら，博物館に行こうよ。今度の日曜日は都合がいい？（＝Are you free next Sunday?）

ジュディ：ええ，もちろんよ！

3 ⑴ 自転車で行く理由を答える。７語以上の条件を守ること。「自転車に乗ると健康にいいから」＝(because) riding a bike is good for our health.などが考えられる。

⑵ 電車で行く理由を「もし電車で行くなら，」に続く形で答える。７語以上の条件を守ること。「(もし電車で行くなら，) 天候を心配する必要はないよ」＝ (If we use a train,) we don't need to worry about the weather.などが考えられる。

4 「英語を勉強している子供たち」＝the children who study English 「英語の歌」＝English songs 「～してくれませんか」＝will you ～? 「私の部屋に来る」＝come to my room 「ピアノを弾く」＝play the piano

5 【本文の要約】参照。

⑴ⓐ 過去形が適切。 ⓑ ・stop ～ing「～するのをやめる」 なお，stop to ～は「～するために立ち止まる」という意味。

⑵① 「土曜日の朝に直人が公園の近くを歩いていたとき，祖母は何をしていましたか？」…第２段落２行目の内容を答える。代名詞の She を使って答えること。 ② 「土曜日，バスケットボールの練習には何人の生徒がいましたか？」…第３段落１～２行目より，チームに８人の部員がいて２人休んでいたことがわかるので，６人である。

⑸ 祖母が悲しいと感じていることは第２段落６行目に書かれている。

⑹ 直人が分かったことは第５段落１～２行目に書かれている。

⑺ ア「直人は学校でポスターを見たとき，×ボランティアグループの一員になりたいと思いました」 イ「直人の祖母はボランティアグループに所属し，×毎年春にひまわりを植えました」 ウ×「直人の祖母が学校にポスターを送ったので，約 30 人が参加しました」…本文にない内容。 エ○「直人はバスケットボールの練習をしたあと，祖母と一緒に公園にひまわりを植えました」

【本文の要約】

春のある日，教室でポスターを見ました。ポスターには「町の公園にひまわりを植えましょう！」と書いてありました。それは私たちの町のボランティアグループによって計画されたイベントでした。私はそれが面白いとは思わなかったので，かばんⓐを持って(＝took)教室を出ました。

次の土曜日の朝，私はバスケットボールを練習するために学校に行きました。⑵①私が町の公園の近くを歩いていたとき，祖母が公園内で数人の人々とひまわりを植えているのを見ました。それで，私はポスターのことを思い出しました。私は彼女に尋ねました。「おばあちゃんはこのボランティアグループに入っているの？」彼女は答えました。「そうよ。私たちは毎週土曜日にこの公園でゴミを拾うの。でも，今日はひまわりを植えるためにここに来たわ。私がこの新しいイベントを計画したのよ」私は彼女に言いました。「本当に？なぜおばあちゃんはそれを計画したの？」彼女は言いました。「⑸この町の多くの若者たちは将来的に大都市に住みたいと思っているわ。私はそれが悲しいの。美しいひまわりがこの広い公園に咲いていれば，彼らの数人はこの町の素晴らしいところに気づいてくれると思うの」彼女はさらに言いました。「参加しない，直人？私はたくさんの場所にポスターを送ったわ。でも，私たちは今 10 人しかいないの」私は思いました，「この公園は広い。たった 10 人でひまわりを植えるのは難しい。Aイおばあちゃんはより多くの人を必要としているけど，僕バスケットボールの練習があるんだ」それで，私は彼女に言いました。「ごめん。僕は学校に行かなければならないんだ」そして，Bイ学校へ歩き始めました。彼女は悲しそうでした。

私が学校の体育館に着いたとき，それが広すぎると思いました。⑵②私たちのチームには８人の部員がいましたが，その日はそのうちの２人が来ませんでした。３人の部員と私は一生懸命練習しましたが，２人の部員はそうしませんでした。彼らは時々練習中にⓑ走るのを止めて(＝stopped running)座りこみました。彼らは言いました。「僕らは小さなチームだからいつも同じことを練習しなければならない。チームメイトがもっといないとゲームに勝つことはできないよ」

私は彼らの言葉を聞いて悲しくなりました。私は思いました。「(4)ア うちの部員は多くないが，僕は強いチームになる方法があると信じている」私は彼らに何か言いたいと思いましたが言いませんでした。

練習の後，私は再び町の公園の近くを歩きました。そのとき，私は驚きました。約30人が公園でひまわりを植えていました。私はそこで祖母を見つけました。私は彼女に尋ねました。「どうしてここにこんなにたくさんの人がいるの？」彼女は答えました。「私は公園でたくさんの人を見かけて，彼らにどうしてひまわりの花を植えているのかを話したの。すると，彼らの多くが参加してくれたわ」私は彼女に尋ねました。「おばあちゃんがしたのはそれだけ？」「そうよ。私はただ彼らと話をしただけよ」彼女は答えました。彼女の言葉が私の問題に対する答えをくれました。(7)エ それから私はそのイベントに参加して彼女と働きました。

イベントのあと，私は彼女にバスケットボールチームについて話し，こう言いました。「(6)今日，何かを変えるためには他の人と話すことが大切だと分かったよ。来週，僕は一緒に強いチームを作りたいとチームメイトに伝えることにするよ。彼らが僕のことを理解してくれるといいな」彼女は私の言葉に耳を傾け微笑みました。

《2022　理科　解説》

1 (1) アブラナは胚珠が子房の中にある被子植物である。受粉後，子房は果実に，胚珠は種子になる。

(2) 振動数が多いほど高い音になる。振動数を多くするには，弦の長さを短くしたり，弦の張りを強くしたり，細い弦に変えたりすればよい。ここでは，440Hzの音が出たときから弦の張りを強くした上で，同じ高さ(440Hz)の音を出そうとしているので，弦の張りを強くしたことで振動数が多くなったのを，弦の長さを長くすることで元の振動数に戻るように調節すればよい。

(4) 陸の方が先にあたたまるので，先に陸上の気温が高くなり，陸上で上昇気流が生じて気圧が低くなる。このため，地表付近では，気圧が高い海の方から空気が流れ込んでくる。これが海風である。

2 (1)① ア×…脊椎動物では，魚類と両生類の幼生にみられる特徴である。　エ×…脊椎動物では，魚類とは虫類にみられる特徴である。　④ ある生物が減少したとき，その生物に食べられる生物は食べられる数が少なくなるので増加し，その生物を食べる生物はえさ不足になるので減少すると考える(例えば草食動物が減少すると，植物は増加し，肉食動物は減少する)。また，何らかの原因である生物の数量が変化しても，ふつう，他の生物の数量が増加し続ける(または減少し続ける)ことはなく，はじめに数量が変化した生物を含め，やがて元のつり合いのとれた状態に戻る。

(2) 森林の土には微生物などの分解者が含まれていて，分解者はデンプンなどの有機物を水や二酸化炭素などの無機物に分解する。また，ヨウ素液はデンプンに反応して青紫色に変化する。Aでは上ずみ液に含まれていた分解者のはたらきによってデンプンが分解されるので，ヨウ素液によって青紫色に変化しない。Bでは上ずみ液を煮沸したことにより分解者が死滅し，デンプンが分解されずに残るので，ヨウ素液によって青紫色に変化する。

(3) 光合成を行う生物は，水や二酸化炭素などの無機物からデンプンなどの有機物をつくり出すため，生産者とよばれる。動物はふつう，生産者がつくり出した有機物を直接，または間接的に体内に取り込み，それを分解することで生きるためのエネルギーを得ている。

3 (1)① 不導体に対し，金属などのように電流を通しやすい物質を導体という。

② まっすぐな導線に電流を流したとき，導線のまわりには同心円状の磁界ができる。図Ⅰの右手を図7にあてはめると，磁界の向きは厚紙を上から見て反時計回りになることが分かる。磁界の向きが，方位磁針の針のN極が指す向きである。

図Ⅰ

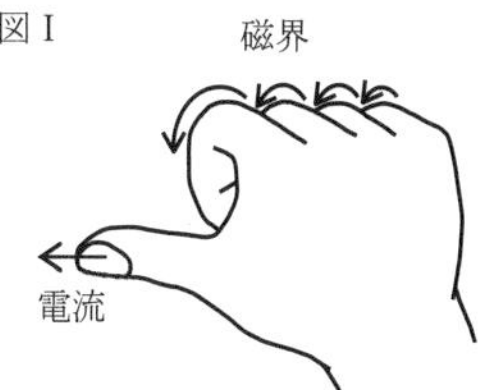

(2)① 電流の向きが逆になるとコイルが受ける力の向きが逆になることから考える。

図10で，Bの部分がウ→エ→アと移動するには上向きの力を受け，Bの部分がア→イ→ウと移動するには下向きの力を受ければよい。よって，Bがアとウに来たときに電流の向きを逆にして，Bの部分が受ける力の向きが逆になるようにすればよい。

(3)① 測定したい部分に対し，電流計は直列に，電圧計は並列につなぐ。 ② 図12より，4分間の水の上昇温度は，4WのPが2℃，8WのQが4℃，16WのRが8℃で，電熱線の消費電力と比例の関係があることが分かる。
③ 〔電力(W)＝電圧(V)×電流(A)〕より，8WのQに4Vの電圧を加えたときに流れる電流は$\frac{8}{4}$＝2(A)，16WのRに4Vの電圧を加えたときに流れる電流は$\frac{16}{4}$＝4(A)である。
よって，Qの抵抗は$\frac{4}{2}$＝2(Ω)，Rの抵抗は$\frac{4}{4}$＝1(Ω)であり，これらを直列につないだときの全体の抵抗は2＋1＝3(Ω)である。

《電圧，電流，抵抗の関係》
〔抵抗(Ω)＝$\frac{電圧(V)}{電流(A)}$〕 〔電流(A)＝$\frac{電圧(V)}{抵抗(Ω)}$〕
〔電圧(V)＝抵抗(Ω)×電流(A)〕

よって，QとRを直列につないだ回路に7.5Vの電圧を加えたときに流れる電流は$\frac{7.5}{3}$＝2.5(A)，Qに加わる電圧は2×2.5＝5(V)だから，Qの消費電力は5×2.5＝12.5(W)である。

4 (2)① れき(直径2㎜以上)，砂(直径0.06㎜～2㎜)，泥(直径0.06㎜以下)は粒の大きさで区別される。 ② 流水によって運ばれる間に，他の石や川底などにぶつかって角がとれ，丸みを帯びる。 ③ 鍵層である火山灰の層の上面の標高を求めると，Aでは38－9＝29(m)，Bでは40－8＝32(m)，Cでは50－11＝39(m)である。Aから水平距離で0.6㎞離れた地点にあるBの方が火山灰の層の上面の標高が32－29＝3(m)高いから，Bより火山灰の層の上面の標高が39－32＝7(m)高いCは，Bから水平距離で0.6×$\frac{7}{3}$＝1.4(㎞)離れている。

5 (1)① ア×…月は惑星(地球)のまわりを公転している衛星である。 ウ×…月は太陽の光を反射して光っている。エ×…月は約29.5日の周期で満ち欠けする。 ② 太陽，地球，月の順に一直線に並ぶ満月のとき，満月が地球の影に入ることで欠けて見える現象を月食という。なお，太陽，月，地球の順に一直線に並ぶ新月のとき，太陽が新月によって隠されることで欠けて見える現象を日食という。

(2)① 地球の公転により，同じ時刻に見える位置は1か月で約30度西にずれるから，ⓒはⓑの1か月後である。また，同じ位置に見える時刻は1か月で2時間早くなるから，ⓐはⓒの1か月後である。よって，ⓑ→ⓒ→ⓐである。
② 地球から金星までの距離が近いときほど，光って見える部分は細く，見かけの大きさは大きく見える。よって，アやエのようになることはないので，図18のときから，地球から金星までの距離が近くなる場合はウ，遠くなる場合はイを選ぶ。それぞれの公転周期より，2か月後には，地球は約60度，金星は約95度公転するから，図18のときより地球から金星までの距離が近くなっていると考えられる。

6 (1)②c 二酸化炭素を水に溶かした炭酸水は酸性の水溶液である。リトマス紙は，酸性の水溶液をつけると青色から赤色に変化し，アルカリ性の水溶液をつけると赤色から青色に変化し，中性の水溶液をつけても変化しない。アは酸性，イとウは中性，エはアルカリ性である。

(2)① 50×0.03＝1.5(g) ② 塩酸と水酸化ナトリウム水溶液の中和を化学反応式で表すと，〔$HCl + NaOH \rightarrow NaCl + H_2O$〕となり，中性になったときの溶液は塩化ナトリウム水溶液(食塩水)である。 ③ Xの水酸化ナトリウム水溶液を8㎤加えたときに中性になった(水素イオンの数が0個になった)から，Xの水酸化ナトリウム水溶液8㎤中に含まれる水酸化物イオンの数は，はじめにA内の溶液中に含まれていた水素イオンの数(n個)と同じである。よって，中性になった後に加えたXの水酸化ナトリウム水溶液6㎤に含まれていた水酸化物イオンの数は，n×$\frac{6}{8}$＝$\frac{3}{4}$n(個)であり，それがそのまま残る。 ④ 塩酸20㎤を中性にするのに必要なXの水酸化ナトリウム水溶液は8㎤だから，表1より，Yの水酸化ナトリウム水溶液15㎤に含まれる水酸化物イオンの数は，Xの水酸化ナトリウム水溶液8－3＝5(cm³)に含まれる水酸化物イオンの数と同じである。つまり，同じ量の塩酸を中性にするのに必要なYの水酸化ナトリウム水溶液の体積はXの水酸化ナトリウム水溶液の$\frac{15}{5}$＝3(倍)だから，Yの水酸化ナトリウム水溶液だけで20cm³の塩酸を中性にするには，8×3＝24(cm³)必要である。

《2022　社会　解説》

1　(1)a　中大兄皇子が正しい。中大兄皇子と中臣鎌足らは，蘇我氏(入鹿・蝦夷)を滅ぼした後，人民や土地を国家が直接支配する公地公民の方針を示し，政治改革に着手した。この頃，「大化」という元号が初めて用いられたので，この改革を大化の改新という。　b　イが正しい。7世紀，勢力を強めていた新羅は，唐と結んで高句麗・百済を滅ぼした。倭は百済を助けようと兵を送ったものの，白村江の戦い(663年)で唐・新羅連合軍に敗れた。戻った中大兄皇子は，唐と新羅の侵攻に備えて，北九州に大野城などの山城や水城をつくり，防人を配備した。壬申の乱は，天智天皇の弟である大海人皇子と天智天皇の子である大友皇子による後継者争い。勝利した大海人皇子が天武天皇として即位した。

(2)　『枕草子』が正しい。国風文化を代表する作品として，紫式部の『源氏物語』とともに覚えておきたい。

(3)a　エが正しい。元寇(1274年文永の役・1281年弘安の役)は防衛戦だったので，幕府は新たな領地を得たわけではなく，活躍した御家人に十分な恩賞を与えることができなかった。御家人の中には分割相続で領地が少なくなり，生活が苦しくなって，領地を手放す者もいた。1297年に出された永仁の徳政令では，御家人はただで領地を取り戻せるとしたが，長期的に見れば混乱を招いただけで終わった。御成敗式目は元寇より以前の出来事(承久の乱の後の出来事)，銀閣の建立と勘合貿易の開始は室町時代の出来事である。　b　これまでは「分割相続で領地が細分化したこと，元寇で十分な恩賞が与えられなかったこと」から，御家人の救済のために徳政令が発布されたと解釈されていたが，近年では，御家人の救済以外に，「御家人による土地の売買を制限し，幕府による支配の基盤を強化する」ことが目的であったと解釈されている。　c　鎌倉幕府滅亡後，後醍醐天皇が行った政治を建武の新政という。建武の新政は天皇に権力を集めた政治であったことから，武士だけでなく公家からの反感も買い，わずか2年あまりで失敗に終わった。京都を追われ奈良に逃れた後醍醐天皇が，南朝をたてたことで，以後南北朝の時代が約60年に渡って続いた。

(4)a　南蛮貿易では，日本からは主に銀が輸出され，鉄砲・火薬・ガラス製品や中国製の生糸などが日本に輸入された。　b　1517年，ルターがカトリック教会を批判したことから宗教改革が始まった。聖書のみを信仰の対象とし，信仰や労働によって救われるといったルター・カルヴァンの教えは，オランダやイギリスに広まり，その信者はプロテスタントと呼ばれた。一方，カトリック教会内部でも改革の動きが推し進められ，イグナティウス・ロヨラやフランシスコ・ザビエルらがイエズス会を設立し，新たな信者を求めて海外布教を活発に進めた。

(5)　イ→ア→ウ　　イ(17世紀後半)→ア(18世紀後半)→ウ(19世紀後半)

(6)a　欧米との貿易が始まると，大量生産された安い綿糸や綿織物が輸入され国内の産業を圧迫していた。その後，日本に産業革命が起き紡績業が発達すると，大規模な紡績工場が建設され，1890年代には国内の綿糸生産量が輸入量を上回るようになった。　b　アが正しい。日清戦争の講和条約である下関条約では，台湾・澎湖諸島・リヤオトン半島を日本が獲得したほか，清に朝鮮の独立を認めさせ，清から2億両の賠償金を獲得した。

(7)a　ウが正しい。国際連合の常任理事国の1つであるソ連の反対によって，それまで日本の国連加盟は実現しなかった(常任理事国には拒否権があった)。1956年，日ソ共同宣言に調印し，ソ連との国交が回復したことで，日本の国連加盟が実現した。　b　総会の投票は1国1票であり，1950年代以降，南北アメリカ以外の地域に多くの独立国が誕生したことで，南北アメリカの影響力は低下している。

2　(1)a　広島県には，原爆ドームと厳島神社の２つの世界文化遺産がある。　b　川の運搬作用によって運ばれてきた土砂が，山間部から平野部に出るところに堆積すると扇状地，河口付近に堆積すると三角州を形成する。扇状地は水はけがよいため果樹栽培等に，三角州は水持ちがよいため水田耕作等に利用されることが多い。

(2)　エが正しい。65 歳未満の人口を，(総人口)－(65 歳以上の人口)で求めると，Ａは 471(千人)，Ｂは 404(千人)，Ｃは 2070(千人)，Ｄは 968(千人)，Ｅは 690(千人)だから，Ｃ＞Ｄ＞Ｅ＞Ａ＞Ｂとなり，総人口の順と一致する。

(3)　ウが正しい。西側(左側)は，等高線の間隔が広いことから，斜面の傾きが緩やかであることが読み取れる。また，西側には果樹園(ሪ)，東側には針葉樹林(Λ)の地図記号が読み取れる。

(4)　果実の国内生産量はイ，輸入量はウである。1980 年以降減少に転じているアとイが国内生産量，増加しているウとエが輸入量である。2010 年の果実の自給率は 50%を割っているので，国内生産量より輸入量の方が多いことになる。よって，イが果実の国内生産量，ウが果実の輸入量である。アは野菜の国内生産量，エは野菜の輸入量。

(5)a　太平洋ベルトには，京葉工業地域・京浜工業地帯・東海工業地域・中京工業地帯・阪神工業地帯・瀬戸内工業地域・北九州工業地域などがある。　b　原油のほとんどを輸入に依存していること，原油の輸入に船舶が利用されていることを，解答例のように結びつける。

(6)　ウが正しい。瀬戸内地方は，夏と冬の季節風が四国山地や中国山地にさえぎられ，雨や雪を降らせたあとの乾いた風が吹き込むため，雨が少なく日照時間が長い傾向にある。火力発電は大都市近郊の沿岸部で，原子力発電は大都市から離れた沿岸部で，地熱発電は活火山のある地域で行われる。

3　(1)　アを選ぶ。緯線は赤道と平行な線だから，東京を通り赤道に平行な線を引くと，ユーラシア大陸，アフリカ大陸，北アメリカ大陸を通ることがわかる。南半球に位置するオーストラリア大陸は通らない。

(2)a　イが正しい。ⓐの都市は高緯度の内陸部にあるので，夏と冬の気温差が大きくなる。赤道に近いほど１年の気温差は小さくなるので，ⓐがイ，ⓑがア，ⓒがウである。　b　東経 180 度＞東経 90 度＞経度０度＞西経 90 度＞西経 180 度の順に時間が進んでいる。太平洋の真ん中あたりを日付変更線が通るので，ⓑは東経，ⓒは西経に位置している。よって，ⓒの時刻はⓑの時刻より 16 時間遅れている。

(3)a　ＡＳＥＡＮは東南アジア諸国連合の略称であり，2022 年４月現在 10 か国で構成される。　b　今までは，低賃金で働く労働力が多いため，東南アジアに製造業が拠点を動かしていたが，国民の所得が増えたことで人口の多い東南アジアは市場としても期待されている。

(4)　ウが正しい。生物由来の燃料をバイオ燃料またはバイオマス燃料とよぶ。バイオ燃料の燃焼時に発生する二酸化炭素は，生物が生長途中に吸収した二酸化炭素なので，結果として二酸化炭素の増加にはつながらないとされている。

4　(1)a　衆議院比例区では政党名を書いて投票し，参議院比例区では政党名または候補者名を書いて投票する。
b　ウが正しい。憲法改正の発議の際には，衆議院と参議院それぞれの総議員の３分の２以上の賛成が必要で，国民投票では有効投票の過半数の賛成を必要とする。国民審査は，最高裁判所の裁判官を辞めさせるかどうかを国民が投票で決めるものである。　c　国事行為には，内閣総理大臣の任命・最高裁判所長官の任命・法律の公布・国会の召集・栄典の授与などがある。

(2)a　クが正しい。好況時には市場に出回る資金を減らすために国債を売る。逆に不況時には市場に出回る資金を増やすために国債を買う。　b　公共料金は，国会や政府が決定するもの・政府が認可するもの・政府に届け出るもの・地方自治体が決定するものに分類される。

(3)　グラフ６から国税の割合が減り，地方税の割合が増えていることを読み取り，グラフ７から地方自治体の自主財源が増え，依存財源が減っていることを読み取る。

■ ご使用にあたってのお願い・ご注意

（1）問題文等の非掲載

著作権上の都合により，問題文や図表などの一部を掲載できない場合があります。

誠に申し訳ございませんが，ご了承くださいますようお願いいたします。

（2）過去問における時事性

過去問題集は，学習指導要領の改訂や社会状況の変化，新たな発見などにより，現在とは異なる表記や解説になっている場合があります。過去問の特性上，出題当時のままで出版していますので，あらかじめご了承ください。

（3）配点

学校等から配点が公表されている場合は，記載しています。公表されていない場合は，記載していません。

独自の予想配点は，出題者の意図と異なる場合があり，お客様が学習するうえで誤った判断をしてしまう恐れがあるため記載していません。

（4）無断複製等の禁止

購入された個人のお客様が，ご家庭でご自身またはご家族の学習のためにコピーをすることは可能ですが，それ以外の目的でコピー，スキャン，転載（ブログ，ＳＮＳなどでの公開を含みます）などをすることは法律により禁止されています。学校や学習塾などで，児童生徒のためにコピーをして使用することも法律により禁止されています。

ご不明な点や，違法な疑いのある行為を確認された場合は，弊社までご連絡ください。

（5）けがに注意

この問題集は針を外して使用します。針を外すときは，けがをしないように注意してください。また，表紙カバーや問題用紙の端で手指を傷つけないように十分注意してください。

（6）正誤

制作には万全を期しておりますが，万が一誤りなどがございましたら，弊社までご連絡ください。

なお，誤りが判明した場合は，弊社ウェブサイトの「ご購入者様のページ」に掲載しておりますので，そちらもご確認ください。

■ お問い合わせ

解答例，解説，印刷，製本など，問題集発行におけるすべての責任は弊社にあります。

ご不明な点がございましたら，弊社ウェブサイトの「お問い合わせ」フォームよりご連絡ください。迅速に対応いたしますが，営業日の都合で回答に数日を要する場合があります。

ご入力いただいたメールアドレス宛に自動返信メールをお送りしています。自動返信メールが届かない場合は，「よくある質問」の「メールの問い合わせに対し返信がありません。」の項目をご確認ください。

また弊社営業日（平日）は，午前９時から午後５時まで，電話でのお問い合わせも受け付けています。

2025 春

株式会社教英出版
〒422-8054　静岡県静岡市駿河区南安倍３丁目 12-28
TEL　054-288-2131　　FAX　054-288-2133
URL　https://kyoei-syuppan.net/
MAIL siteform@kyoei-syuppan.net

教英出版　2025年春受験用　高校入試問題集

公立高等学校問題集

北海道公立高等学校
青森県公立高等学校
宮城県公立高等学校
秋田県公立高等学校
山形県公立高等学校
福島県公立高等学校
茨城県公立高等学校
埼玉県公立高等学校
千葉県公立高等学校
東京都立高等学校
神奈川県公立高等学校
新潟県公立高等学校
富山県公立高等学校
石川県公立高等学校
長野県公立高等学校
岐阜県公立高等学校
静岡県公立高等学校
愛知県公立高等学校
三重県公立高等学校(前期選抜)
三重県公立高等学校(後期選抜)
京都府公立高等学校(前期選抜)
京都府公立高等学校(中期選抜)
大阪府公立高等学校
兵庫県公立高等学校
島根県公立高等学校
岡山県公立高等学校
広島県公立高等学校
山口県公立高等学校
香川県公立高等学校
愛媛県公立高等学校
福岡県公立高等学校
佐賀県公立高等学校
長崎県公立高等学校
熊本県公立高等学校
大分県公立高等学校
宮崎県公立高等学校
鹿児島県公立高等学校
沖縄県公立高等学校

公立高 教科別8年分問題集

(2024年～2017年)

北海道(国・社・数・理・英)
宮城県(国・社・数・理・英)
山形県(国・社・数・理・英)
新潟県(国・社・数・理・英)
富山県(国・社・数・理・英)
長野県(国・社・数・理・英)
岐阜県(国・社・数・理・英)
静岡県(国・社・数・理・英)
愛知県(国・社・数・理・英)
兵庫県(国・社・数・理・英)
岡山県(国・社・数・理・英)
広島県(国・社・数・理・英)
山口県(国・社・数・理・英)
福岡県(国・社・数・理・英)

国立高等専門学校 最新5年分問題集

(2024年～2020年・全国共通)

対象の高等専門学校

釧路工業・旭川工業・
苫小牧工業・函館工業・
八戸工業・一関工業・仙台・
秋田工業・鶴岡工業・福島工業・
茨城工業・小山工業・群馬工業・
木更津工業・東京工業・
長岡工業・富山・石川工業・
福井工業・長野工業・岐阜工業・
沼津工業・豊田工業・鈴鹿工業・
鳥羽商船・舞鶴工業・
大阪府立大学工業・明石工業・
神戸市立工業・奈良工業・
和歌山工業・米子工業・
松江工業・津山工業・呉工業・
広島商船・徳山工業・宇部工業・
大島商船・阿南工業・香川・
新居浜工業・弓削商船・
高知工業・北九州工業・
久留米工業・有明工業・
佐世保工業・熊本・大分工業・
都城工業・鹿児島工業・
沖縄工業

高専 教科別10年分問題集

もっと過去問シリーズ
教科別
数学・理科・英語
(2019年～2010年)

学校別問題集

北海道
①札幌北斗高等学校
②北星学園大学附属高等学校
③東海大学付属札幌高等学校
④立命館慶祥高等学校
⑤北海高等学校
⑥北見藤高等学校
⑦札幌光星高等学校
⑧函館ラ・サール高等学校
⑨札幌大谷高等学校
⑩北海道科学大学高等学校
⑪遺愛女子高等学校
⑫札幌龍谷学園高等学校
⑬札幌日本大学高等学校
⑭札幌第一高等学校
⑮旭川実業高等学校
⑯北海学園札幌高等学校

青森県
①八戸工業大学第二高等学校

宮城県
①聖和学園高等学校(A日程)
②聖和学園高等学校(B日程)
③東北学院高等学校(A日程)
④東北学院高等学校(B日程)
⑤仙台大学附属明成高等学校
⑥仙台城南高等学校
⑦東北学院榴ケ岡高等学校
⑧古川学園高等学校
⑨仙台育英学園高等学校(A日程)
⑩仙台育英学園高等学校(B日程)
⑪聖ウルスラ学院英智高等学校
⑫宮城学院高等学校
⑬東北生活文化大学高等学校
⑭東北高等学校
⑮常盤木学園高等学校
⑯仙台白百合学園高等学校
⑰尚絅学院高等学校(A日程)
⑱尚絅学院高等学校(B日程)

山形県
①日本大学山形高等学校
②惺山高等学校
③東北文教大学山形城北高等学校
④東海大学山形高等学校
⑤山形学院高等学校

福島県
①日本大学東北高等学校

新潟県
①中越高等学校
②新潟第一高等学校
③東京学館新潟高等学校
④日本文理高等学校
⑤新潟青陵高等学校
⑥帝京長岡高等学校
⑦北越高等学校
⑧新潟明訓高等学校

富山県
①高岡第一高等学校
②富山第一高等学校

石川県
①金沢高等学校
②金沢学院大学附属高等学校
③遊学館高等学校
④星稜高等学校
⑤鵬学園高等学校

山梨県
①駿台甲府高等学校
②山梨学院高等学校(特進)
③山梨学院高等学校(進学)
④山梨英和高等学校

岐阜県
①鶯谷高等学校
②富田高等学校
③岐阜東高等学校
④岐阜聖徳学園高等学校
⑤大垣日本大学高等学校
⑥美濃加茂高等学校
⑦済美高等学校

静岡県
①御殿場西高等学校
②知徳高等学校
③日本大学三島高等学校
④沼津中央高等学校
⑤飛龍高等学校
⑥桐陽高等学校
⑦加藤学園高等学校
⑧加藤学園暁秀高等学校
⑨誠恵高等学校
⑩星陵高等学校
⑪静岡県富士見高等学校
⑫清水国際高等学校
⑬静岡サレジオ高等学校
⑭東海大学付属静岡翔洋高等学校
⑮静岡大成高等学校
⑯静岡英和女学院高等学校
⑰城南静岡高等学校
⑱静岡女子高等学校
⑲常葉大学附属常葉高等学校
常葉大学附属橘高等学校
常葉大学附属菊川高等学校
⑳静岡北高等学校
㉑静岡学園高等学校
㉒焼津高等学校
㉓藤枝明誠高等学校
㉔静清高等学校
㉕磐田東高等学校
㉖浜松学院高等学校
㉗浜松修学舎高等学校
㉘浜松開誠館高等学校
㉙浜松学芸高等学校
㉚浜松聖星高等学校
㉛浜松日体高等学校
㉜聖隷クリストファー高等学校
㉝浜松啓陽高等学校
㉞オイスカ浜松国際高等学校

愛知県
①[国立]愛知教育大学附属高等学校
②愛知高等学校
③名古屋経済大学市邨高等学校
④名古屋経済大学高蔵高等学校
⑤名古屋大谷高等学校
⑥享栄高等学校
⑦椙山女学園高等学校
⑧大同大学大同高等学校
⑨日本福祉大学付属高等学校
⑩中京大学附属中京高等学校
⑪至学館高等学校
⑫東海高等学校
⑬名古屋たちばな高等学校
⑭東邦高等学校
⑮名古屋高等学校
⑯名古屋工業高等学校
⑰名古屋葵大学高等学校
(名古屋女子大学高等学校)
⑱中部大学第一高等学校
⑲桜花学園高等学校
⑳愛知工業大学名電高等学校
㉑愛知みずほ大学瑞穂高等学校
㉒名城大学附属高等学校
㉓修文学院高等学校
㉔愛知啓成高等学校
㉕聖カピタニオ女子高等学校
㉖滝高等学校
㉗中部大学春日丘高等学校
㉘清林館高等学校
㉙愛知黎明高等学校
㉚岡崎城西高等学校
㉛人間環境大学附属岡崎高等学校
㉜桜丘高等学校

㉝光ヶ丘女子高等学校
㉞藤ノ花女子高等学校
㉟栄徳高等学校
㊱同朋高等学校
㊲星城高等学校
㊳安城学園高等学校
㊴愛知産業大学三河高等学校
㊵大成高等学校
㊶豊田大谷高等学校
㊷東海学園高等学校
㊸名古屋国際高等学校
㊹啓明学館高等学校
㊺聖霊高等学校
㊻誠信高等学校
㊼誉高等学校
㊽杜若高等学校
㊾菊華高等学校
㊿豊川高等学校

三重県

①暁高等学校(3年制)
②暁高等学校(6年制)
③海星高等学校
④四日市メリノール学院高等学校
⑤鈴鹿高等学校
⑥高田高等学校
⑦三重高等学校
⑧皇學館高等学校
⑨伊勢学園高等学校
⑩津田学園高等学校

滋賀県

①近江高等学校

大阪府

①上宮高等学校
②大阪高等学校
③興國高等学校
④清風高等学校
⑤早稲田大阪高等学校
(早稲田摂陵高等学校)
⑥大商学園高等学校
⑦浪速高等学校
⑧大阪夕陽丘学園高等学校
⑨大阪成蹊女子高等学校
⑩四天王寺高等学校
⑪梅花高等学校
⑫追手門学院高等学校
⑬大阪学院大学高等学校
⑭大阪学芸高等学校
⑮常翔学園高等学校
⑯大阪桐蔭高等学校
⑰関西大倉高等学校
⑱近畿大学附属高等学校
⑲金光大阪高等学校
⑳星翔高等学校
㉑阪南大学高等学校
㉒箕面自由学園高等学校
㉓桃山学院高等学校
㉔関西大学北陽高等学校

兵庫県

①雲雀丘学園高等学校
②園田学園高等学校
③関西学院高等部
④灘高等学校
⑤神戸龍谷高等学校
⑥神戸第一高等学校
⑦神港学園高等学校
⑧神戸学院大学附属高等学校
⑨神戸弘陵学園高等学校
⑩彩星工科高等学校
⑪神戸野田高等学校
⑫滝川高等学校
⑬須磨学園高等学校
⑭神戸星城高等学校
⑮啓明学院高等学校
⑯神戸国際大学附属高等学校
⑰滝川第二高等学校
⑱三田松聖高等学校
⑲姫路女学院高等学校
⑳東洋大学附属姫路高等学校
㉑日ノ本学園高等学校
㉒市川高等学校
㉓近畿大学附属豊岡高等学校
㉔夙川高等学校
㉕仁川学院高等学校
㉖育英高等学校

奈良県

①西大和学園高等学校

岡山県

①[県立]岡山朝日高等学校
②清心女子高等学校
③就実高等学校
(特別進学コース〈ハイグレード・アドバンス〉)
④就実高等学校
(特別進学チャレンジコース・総合進学コース)
⑤岡山白陵高等学校
⑥山陽学園高等学校
⑦関西高等学校
⑧おかやま山陽高等学校
⑨岡山商科大学附属高等学校
⑩倉敷高等学校
⑪岡山学芸館高等学校(1期1日目)
⑫岡山学芸館高等学校(1期2日目)
⑬倉敷翠松高等学校
⑭岡山理科大学附属高等学校
⑮創志学園高等学校
⑯明誠学院高等学校
⑰岡山龍谷高等学校

広島県

①[国立]広島大学附属高等学校
②[国立]広島大学附属福山高等学校
③修道高等学校
④崇徳高等学校
⑤広島修道大学ひろしま協創高等学校
⑥比治山女子高等学校
⑦呉港高等学校
⑧清水ヶ丘高等学校
⑨盈進高等学校
⑩尾道高等学校
⑪如水館高等学校
⑫広島新庄高等学校
⑬広島文教大学附属高等学校
⑭銀河学院高等学校
⑮安田女子高等学校
⑯山陽高等学校
⑰広島工業大学高等学校
⑱広陵高等学校
⑲近畿大学附属広島高等学校福山校
⑳武田高等学校
㉑広島県瀬戸内高等学校(特別進学)
㉒広島県瀬戸内高等学校(一般)
㉓広島国際学院高等学校
㉔近畿大学附属広島高等学校東広島校
㉕広島桜が丘高等学校

山口県

①高水高等学校
②野田学園高等学校
③宇部フロンティア大学付属香川高等学校
(普通科〈特進・進学コース〉)
④宇部フロンティア大学付属香川高等学校
(生活デザイン・食物調理・保育科)
⑤宇部鴻城高等学校

徳島県

①徳島文理高等学校

香川県

①香川誠陵高等学校
②大手前高松高等学校

愛媛県

①愛光高等学校
②済美高等学校
③FC今治高等学校
④新田高等学校
⑤聖カタリナ学園高等学校

福岡県

①福岡大学附属若葉高等学校
②精華女子高等学校(専願試験)
③精華女子高等学校(前期試験)
④西南学院高等学校
⑤筑紫女学園高等学校
⑥中村学園女子高等学校(専願入試)
⑦中村学園女子高等学校(前期入試)
⑧博多女子高等学校
⑨博多高等学校
⑩東福岡高等学校
⑪福岡大学附属大濠高等学校
⑫自由ケ丘高等学校
⑬常磐高等学校
⑭東筑紫学園高等学校
⑮敬愛高等学校
⑯久留米大学附設高等学校
⑰久留米信愛高等学校
⑱福岡海星女子学院高等学校
⑲誠修高等学校
⑳筑陽学園高等学校(専願入試)
㉑筑陽学園高等学校(前期入試)
㉒真颯館高等学校
㉓筑紫台高等学校
㉔純真高等学校
㉕福岡舞鶴高等学校
㉖折尾愛真高等学校
㉗九州国際大学付属高等学校
㉘祐誠高等学校
㉙西日本短期大学附属高等学校
㉚東海大学付属福岡高等学校
㉛慶成高等学校
㉜高稜高等学校
㉝中村学園三陽高等学校
㉞柳川高等学校
㉟沖学園高等学校
㊱福岡常葉高等学校
㊲九州産業大学付属九州高等学校
㊳近畿大学附属福岡高等学校
㊴大牟田高等学校
㊵久留米学園高等学校
㊶福岡工業大学附属城東高等学校(専願入試)
㊷福岡工業大学附属城東高等学校(前期入試)
㊸八女学院高等学校
㊹星琳高等学校
㊺九州産業大学付属九州産業高等学校
㊻福岡雙葉高等学校

佐賀県

①龍谷高等学校
②佐賀学園高等学校
③佐賀女子短期大学付属佐賀女子高等学校
④弘学館高等学校
⑤東明館高等学校
⑥佐賀清和高等学校
⑦早稲田佐賀高等学校

長崎県

①海星高等学校(奨学生試験)
②海星高等学校(一般入試)
③活水高等学校
④純心女子高等学校
⑤長崎南山高等学校
⑥長崎日本大学高等学校(特別入試)
⑦長崎日本大学高等学校(一次入試)
⑧青雲高等学校
⑨向陽高等学校
⑩創成館高等学校
⑪鎮西学院高等学校

熊本県

①真和高等学校
②九州学院高等学校(奨学生・専願生)
③九州学院高等学校(一般生)
④ルーテル学院高等学校(専願入試・奨学入試)
⑤ルーテル学院高等学校(一般入試)
⑥熊本信愛女学院高等学校
⑦熊本学園大学付属高等学校(奨学生試験・専願生試験)
⑧熊本学園大学付属高等学校(一般生試験)
⑨熊本中央高等学校
⑩尚絅高等学校
⑪文徳高等学校
⑫熊本マリスト学園高等学校
⑬慶誠高等学校

大分県

①大分高等学校

宮崎県

①鵬翔高等学校
②宮崎日本大学高等学校
③宮崎学園高等学校
④日向学院高等学校
⑤宮崎第一高等学校(文理科)
⑥宮崎第一高等学校(普通科・国際マルチメディア科・電気科)

鹿児島県

①鹿児島高等学校
②鹿児島実業高等学校
③樟南高等学校
④れいめい高等学校
⑤ラ・サール高等学校

新刊
もっと過去問シリーズ

愛知県

愛知高等学校
7年分(数学・英語)

中京大学附属中京高等学校
7年分(数学・英語)

東海高等学校
7年分(数学・英語)

名古屋高等学校
7年分(数学・英語)

愛知工業大学名電高等学校
7年分(数学・英語)

名城大学附属高等学校
7年分(数学・英語)

滝高等学校
7年分(数学・英語)

※もっと過去問シリーズは入学試験の実施教科に関わらず、数学と英語のみの収録となります。

教英出版
〒422-8054
静岡県静岡市駿河区南安倍3丁目12－28
TEL 054-288-2131
FAX 054-288-2133
詳しくは教英出版で検索
教英出版 検索
URL https://kyoei-syuppan.net/

令和六年度

高等学校入学者選抜学力検査問題

国　語

（50分）

注　意　事　項

一　問題は、一ページから七ページまであります。

二　解答は、すべて解答用紙に記入しなさい。

静岡県公立高等学校

一　次の文章には、島への転居を嫌がっていた中学生の東灯子（ひがしとうこ）が、父と祖母の待つ島へ転居するために、祖母を心配する母と飼い犬のみかんと共に、船に乗っているときのことが書かれている。この文章を読んで、あとの問いに答えなさい。（13点）

乗船して三十分、風がすこしおさまってきたのか、定期船の上下左右のうねり幅（あ）がすくなくなった。窓にときおり、ななめにかたむいた水平線が見える。乗船するときは、はるかかなたにうすぼんやりと見えていた島影が、水平線上に、かなりはっきり確認できるようになった。ひらべったい島だ。まん中あたりにポツンと灯台が立っている。

まだほんの小さかったころ、灯子はあれを見て、やかんのふたを連想した。地球全体が大きなやかんで、島がふた、灯台がつまみの部分。灯子の名前のもとになった灯台が、地球のまん中にあると思うのはわるくない気分だった。

「灯子の灯は灯台の灯。」

父から何度もきいたことがある。海にでている者は、あれを見ると、帰ってきたんだなあって、ほっとするんだ。まっ暗な夜だったら、あの明かりがどんなに心強いか。まわりのひとに安心感をあたえられるような、そんなひとになってもらいたくて、灯子ってつけたんだ。

父は生まれそだった島をはなれたけれど、こどもには、島を連想する名前をつけた。あわないからはなれた、などという単純なものではなく、父の心の中では、故郷は圧倒的に大きな存在としてありつづけていたのだろうと、いまになってはさっ（い）することができる。

けれども灯子自身は、みんなに安心感をあたえるどころか、自分が不安でたまらない。あそびにいくときは、島影を見ると［　　］した。小さい場所であることが、冒険心をくすぐった。冒険はもどるところがあるから楽しめる。これからは、そこで暮らしていくのだ。近づいていくにつれて、出口のないトンネルにはいっていこうとしているみたいで、胸がおしつぶされそうになる。覚悟は決めたはずだけど、へだたった場所で、しかも、なかばヤケになって決めた覚悟は、現在進行形ではぜんぜん通用していない。

高速船は、そんなにいそがなくてもいいのにと思えるほどに、ずんずん島に近づいていく。コンクリートの防波堤が見えてきた。その内側に、たくさんの漁船が係留（注①）されている。うごいている船はいなかったけれど、ひとの気配があるところにきたような気がして、なんとなくほっとする。

エンジン音が小さくなり、船は速度を落とした。防波堤の中に進路をとって、ゆっくり船つき場へと進んでいく。乗客たちは下船の準備をはじめ、母も立ちあがって腰をのばし、顔色はまだ白かったが、のろのろと荷物をまとめはじめた。灯子は席を立ち、みかんのリード（注②）をひっぱって、そとのデッキ（注③）にでてみた。

船つき場には、たくさんのひとがあつまっていた。船がつくと、各家で電話注文した食べ物やいろいろな生活物資をとりに、あるいは島のそとから送られてくる荷物をとりに、島のひとたちがあつまってくるのだ。日曜日だからだろうか。きょうはちょっとひとが多い気がする。

灯子はむかえにきているはずの、父の姿をさがした。が、そのまえに祖母を見つけた。まえのほうにあつまっているひとびとのすこしうしろにいる。祖母は大柄だ。あいかわらず日焼けしたあさ黒い顔をして、背筋をしゃんとのばし堂々と立っている。灯子は気抜けした。やはりどう見たって、あの祖母には「お年」も「心細い」もぜったいに似あわないではないか。

ⓐ

父は祖母のさらに後方で、両手をズボンのポケットにいれ、肩をすくめるようにして、ひとりでぽつんと立っていた。灯子は父にも見えるように、みかんを胸のあたりまで高くだきあげて手をふった。父も気づいて、片手をポケットからだして小さくふった。

そのとき、最前列にいたひとたちが布をひろげた。シーツのような白い布だ。大きな文字が書いてある。

かんげい

白い布が風にはためき、みかんがそれにむかってワンワンほえだした。だれが歓迎されているのだろうと、灯子はあたりを見まわした。乗客たちは乗降口付近にあつまっているが、だれも布を見ていないし、それらしいひともいない。そのうち灯子は、「かんげい」の文字の下に、それよりすこし小さい文字で、「ひがしさん」と書いてあることに気づいた。

布を持っているのは七、八人のこどもたちで、全員が自分を見ている。みんな、満面の笑みだ。手をふってくれている子もいる。ややうしろに立って、ほほえみながら両腕を交差するようにしてふっている、男のおとなのひともいる。

灯子は[注④]めんくらった。それから、胸がドキドキしてきた。出口のないトンネルなんかではない。ここにはたくさんのひとがいる。まだ見たこともないはずのわたしを……ここにくるのがいやでしかたがなかったわたしを、歓迎してくれている……ふいに、のどの奥にあついかたまりがこみあげてきた。

てのひらで目のあたりをこすり、鼻水をすすりあげながら、灯子は心をこめて大きく手をふりかえした。それから、みかんをつれて、いそいで乗降口にむかった。

（杉本りえ『地球のまん中　わたしの島』による。）

（注）① 綱などでつなぎとめること。　② 犬をつないでおくひも。
③ 船の床の部分。　④ 驚きとまどった。

問一　二重傍線（═）部Ⓐの漢字に読みがなをつけ、Ⓘのひらがなを漢字に直しなさい。

問二　次のア～エの中から、波線（〰）部と同じ構成の熟語を一つ選び、記号で答えなさい。

ア　新学期　イ　不器用　ウ　一貫性　エ　天地人

問三　幼少のころの灯子が、島の灯台を見て悪い気がしなかったのはなぜか。その理由を、三十字以内で書きなさい。

問四　次のア～エの中から、本文中の□の中に補う言葉として、最も適切なものを一つ選び、記号で答えなさい。

ア　わくわく　イ　いらいら　ウ　はらはら　エ　おどおど

問五　次のア～エの中から、本文中のⓐで示した部分における、灯子の祖母と父の様子と、その表現について説明したものとして、最も適切なものを一つ選び、記号で答えなさい。

ア　気が強く元気な祖母と素朴で実直な父の様子を、比喩を用いて描いている。

イ　体格が良く立派な立ち姿の祖母と人混みから離れ控えめな父の様子を、対照的に描いている。

ウ　頑固で威厳のある祖母と心優しく穏やかな人柄である父の様子を、体言止めを用いて描いている。

エ　物静かで繊細な祖母とお人よしで無邪気な父の様子を、主観的に描いている。

問六　傍線（──）部から、灯子が島のひとたちを見て、胸がいっぱいになっていることが分かる。灯子が胸がいっぱいになっているのは、島のひとたちのどのような様子を見たからか。島に近づくにつれて灯子が不安を募らせている心境をたとえた表現を含めて、六十字程度で書きなさい。

二　次の文章を読んで、あとの問いに答えなさい。（15点）

増えるという能力はいったいいつ生物に与えられたのでしょうか？　それは生命の誕生以前だと考えられています。ただし、生物に増える能力が与えられたというよりは、増える能力を持った物質が生物になったと言うほうが正しいでしょう。

最初の生命はアおそらく38億年くらい前に生まれたと言われています。生命が生まれる前の原始地球の環境は、まだ大陸はなく、ほとんどが海(あ)で覆われているような状態だったようです。

そんな環境で、落雷や(い)うちゅうからの放射線、隕石（いんせき）、鉱物による反応、地下からの熱水など、いろいろな過程でアミノ酸など最初の生物の材料とイなるような有機物質が生まれました。有機物質はそのうち地球上のどこかで(う)濃縮されて「ダーウィンのスープ」[注①]と呼ばれる有機物質のごった煮[注②]のようなものが生まれました。そのごった煮の中で増える能力を持った原始的な生命の元が誕生したと想像されています。

ウしかし、それがどんな物質からできていたのかもわかっていませんし、どこでそれが起きたのかもわかっていません。一応、今のところ一番人気のある説は「リボヌクレオチド」[注③]（ＲＮＡ）と呼ばれる物質が、海底の熱水噴出孔（こう）（溶岩で温められた水が噴き出しているところ、要するに海底にある温泉です）か、地上の熱水噴出孔で生まれたとする説ですが、エいまだにだれも再現できていません。また、増える能力を持った物質は1種類ではなくて、複数の物質がお互いを増やしあいながら全体として増える分子の集合体だったという説もあります。

いずれにせよ、生命の誕生の元は、自らを増やす能力を獲得した何かだったと考えられています。この説以外にも生命の起源の仮説は様々あるのですが、増える能力を持った物質が生命の元となっているのはほぼすべての仮説で共通するところです。

生命誕生がどこでどんな物質から起きたのかも分からないのに、どうして「増える能力をもっていた」なんてことがオ断言できるのでしょうか。それは今の生物の姿を考えると、進化というしくみなしでは達成できないはずで、そして進化を起こすためには「増える能力」がどうしても必要だからです。

すべての生物は進化をします。「進化」という言葉はいろいろな分野で少し違った意味で使われていますが、ここでの「進化」は生物学的な進化を指します。［　　］、ダーウィンが述べた「多様性を持つ集団が自然選択を受けることによって起こる現象」のことです。

この進化の原理はとても単純です。まず、生物は同じ種であっても個体ごとに少しずつ遺伝子が違っていて、その能力にも少しだけ違いがあること、つまり能力に多様性があることを前提とします。

たとえば、池の中にミジンコがたくさんいて、みんな少しずつ泳ぐ速さが違うといった状況をイメージしてください。泳ぐのが速いミジンコは、泳ぐのが遅いミジンコよりもきっと餌（えさ）を多く手に入れることができるでしょうし、ヤゴ[注④]などの天敵から逃げやすいので長く生き残ってたくさんの子孫を残すでしょう。そして次の世代のミジンコ集団では泳ぐのが速いミジンコの割合が増えていることでしょう。

この子孫を残しやすい性質が集団内で増えていく現象が「自然選択」

と呼ばれます。多様性があってそこに自然選択がはたらくと、より子孫を残しやすい性質がその生物集団に自然に広がっていくことになります。

このように集団の性質がどんどん変わっていくことが生物学的な「進化」と呼ばれます。自然選択が起こると特定の性質が選ばれるので、一時的に多様性は小さくなってしまいますが、そのうち遺伝子に突然変異が起きてまたいろいろ性質の違う個体が生まれると多様性は回復します。そしてまた自然選択が起こり、進化が続いていくことになります。

ここで例として挙げた進化では泳ぐのが速くなるくらいの小さな変化ですが、おそらくこれを気の遠くなるほど続けた結果が、私たち人間を含む現在に生きる生物たちです。私たちの祖先は細菌のような単細胞生物だったと言われていますが、このような多様性と自然選択を気の遠くなるような数だけ繰り返して、より生き残りやすい性質を生み出し選んできました。その結果、現在の私たち人間や、現在生きているすべての生物のような複雑な生物へと進化していったと考えられています。

（市橋伯一（いちはしのりかず）『増えるものたちの進化生物学』ちくまプリマー新書による。）

（注）① イギリスの生物学者。　② いろいろな材料を混ぜ入れて煮たもの。
③ 細胞の核に含まれる物質の一つ。　④ トンボの幼虫。

問一　二重傍線（═）部(あ)、(う)の漢字に読みがなをつけ、(い)、(え)のひらがなを漢字に直しなさい。

問二　波線（〰）部ア～オの中には、品詞の分類からみて同じものがある。それは、どれとどれか。記号で答えなさい。

問三　筆者は、生命の起源について様々な仮説があるが、大多数の仮説で共通する点があると述べている。大多数の仮説で共通する点とは何か。二十五字以内で書きなさい。

問四　次の**ア**～**エ**の中から、本文中の□の中に補う言葉として、最も適切なものを一つ選び、記号で答えなさい。

ア　なぜなら　**イ**　けれども　**ウ**　すなわち　**エ**　そのうえ

問五　筆者は、傍線（―）部のような進化は、能力の多様性を前提とし、自然選択という現象を繰り返すことによって起こったと述べている。筆者が述べている自然選択とはどのような現象か。能力の多様性とはどのようなことかが分かるように、五十字程度で書きなさい。

問六　次の**ア**～**エ**の中から、本文で述べている内容として適切なものをすべて選び、記号で答えなさい。

ア　生命が誕生する以前に、地球の大陸では隕石や落雷などが原因で最初の生物の材料となるような有機物質が生まれた。

イ　原始地球において「ダーウィンのスープ」がどのようなところで生まれたのかは、解明されていない。

ウ　生物が進化を続けていく過程では突然変異が起こり、様々な性質を持つ個体が生まれる。

エ　生物学的に考えるとすべての動物は進化をするが、細菌のような単細胞生物の中には進化をしないものもいる。

三　放送委員のあなたは、昼の放送で、職場体験を行った生徒の体験談をインタビュー形式で紹介することになった。次の文章は、ホームセンターで職場体験を行った森さんと一緒に作成している、放送原稿の一部である。この文章を読んで、あとの問いに答えなさい。（9点）

> 放送委員：森さんはどのような仕事を体験しましたか。
>
> 森さん：商品を売り場へ補充する作業と棚の奥にある商品を前に出す作業を体験しました。売り場で作業をすることが多く、購入したい商品が置いてある場所を、1お客様がよく質問しました。
>
> 放送委員：そのような作業や接客をするときに大変だったことは何ですか。
>
> 森さん：商品名と商品の置いてある場所を覚えることです。お客様が困らないように、商品を売り場に素早く補充したり、お客様の質問にすぐ答えたりできるように、商品名と商品の置いてある場所を覚えることが必要でした。しかし、結局、どこの棚にどの商品が置いてあるかを、すべては覚えきれませんでした。
>
> 放送委員：なるほど。2商品の補充や接客のための準備として、商品の陳列場所をあらかじめ覚えておくことが大切なんですね。では、最後に、今回の職場体験を通して学んだことは何ですか。
>
> 森さん：相手に思いやりを持って接することの大切さです。職場体験の二日目に3外国人のお客様が来たときのことです。私は店員の方と二人でそのお客様の接客をしていました。[1] そのお客様はまな板をお探しになっていました。[2] 店員の方はまな板の置いてある場所が外国人のお客様にとって分かりにくいと考えて、棚の場所をただお伝えするのではなく、まな板の置いてある棚まで一緒に行っていました。[3] 私も普段から相手の立場になり、思いやりを持って接したいと思いました。[4]

問一　傍線部1は、受け身の表現にした方が適切であると考えた。傍線部1を、受け身の表現に直しなさい。

問二　傍線部2の放送委員の発言は、インタビューの流れの中で、どのような役割を持っていると考えられるか。その役割の説明として最も適切なものを、次のア～エの中から一つ選び、記号で答えなさい。

ア　自分の解釈を交えて言い直し、聴衆の理解を促す。
イ　自分の意見を転換しながら、新しい話題につなげる。
ウ　相手の考えを確かめながら、疑問があることを伝える。
エ　相手の説明を繰り返し、自らの見解との差異を明らかにする。

問三　傍線部3を、「外国人のお客様」に対する敬意を表す表現にしたい。傍線部3を、敬意を表す表現に改めなさい。

問四　本文中に、次の［　］の一文を補いたい。補うのに最も適切な箇所を、[1]～[4]の、いずれかの番号で答えなさい。

> この店員の方のように、相手の立場になって考えることが、相手に思いやりを持って接するということだと思います。

問五　あなたは、この原稿では、森さんの職場体験での大変さが伝わりにくいと考え、次の［　］の中のやり取りを、この原稿のはじめに付け加えることを提案した。

> 放送委員：森さんは、ホームセンターで職場体験を行ったそうですが、どのようなお店でしたか。
>
> 森さん：私が職場体験を行ったのは一般的なホームセンターで、日用雑貨を主に扱い、【　　　　】という特徴がありました。

次の［　］の中のメモは、森さんが職場体験で店長から聞いた、一般的なホームセンターの特徴である。このメモの内容をふまえ、森さんの職場体験での大変さがより伝わる原稿となるように、【　　　　】の中に入る適切な言葉を考えて、二十五字以内で書きなさい。

> ・衣食住の中でも「住まい」に関連した商品を取り扱っている。
> ・日用雑貨など、商品の種類が非常に多い。
> ・売り場の面積にはかなりの広さが必要である。
> ・郊外の広い場所にあり、広い駐車場を設けていることが多い。

四　次の文章を読んで、あとの問いに答えなさい。（7点）

雲山といへる肩衝、注① 堺の人所持したるが、ア 注② 利休など招きて、はじめて茶の湯に出したれば、休（利休）、一向気に入らぬ体なり（まったく気に入らない様子）。注③ 亭主、客帰りて後、当世（今の世の中で）、休が気に入らぬ茶入れおもしろからず（つまらない）とて、注④ 五徳に擲ち破けるを（投げつけ割ったのを）、かたはらに有りける知音の人（そばにいた知り合いの人が）もらうて帰り、手づから継て（自らつなぎ合わせて）、茶会を催し、イ ふたたび休に見せたれば、これでこそ茶入れ見事なれとて、ことのほか（とりたてて）称美す（ほめたたえた）。ウ よてこの趣き（だからこのことを）もとの持主方へいひやり、茶入れ秘蔵せられよ（大切にしまっておきなさい）とて戻しぬ（返した）。エ

その後、件の（前述の）肩衝、注⑤ 丹後の太守、値千金に御求め候ひて（大金でお買い求めになりまして）、むかしの継目ところどころ合はざりけるを（合わなかったので）、継なをし候はんや（つなぎ合わせ直しましょうか）と注⑥ 小堀遠州へ相談候へば、遠州（小堀遠州）、この肩衝破れ候ひて（割れまして）、継目も合はぬにてこそ（合わないからこそ）利休もおもしろがり（興味深く感じており）、名高くも聞え侍れ（評判高く世間に知られています）。かやうの（このような）物は、そのままにておくがよく候ふと申されき（申し上げなさった）。

（藤村庸軒・久須美疎安『茶話指月集』による。）

（注）① 茶の湯で使用する抹茶を入れておく、陶器製の茶入れの一種。
② 千利休。安土桃山時代の茶人。　③ 茶の湯で茶をたてて接待する人。
④ 鉄瓶などを置いて火にかけるための金属製の道具。
⑤ 丹後国の領主。丹後国は今の京都府の一部。
⑥ 小堀政一。江戸時代初期の大名で茶人。

問一　二重傍線（‖）部を、現代かなづかいで書きなさい。

問二　波線（〰）部ア～エの中から、その主語に当たるものが同じであるものを二つ選び、記号で答えなさい。

問三　亭主が、傍線（―）部のように行動したのは、雲山という茶入れをどのように感じたからか。亭主がこの茶入れに感じたことを、この茶入れに対する利休の様子が分かるように、現代語で書きなさい。

問四　小堀遠州は、丹後の太守に、雲山という茶入れについてどのような助言をしているか。その助言を、小堀遠州が述べている、この茶入れに対する利休の評価と利休がそのように評価した理由が分かるように、現代語で書きなさい。

五　あなたのクラスでは、国語の授業で、次の［　］の中の俳句の一部が紹介された。この俳句の【　　】の中に、下の**A**、**B**どちらかの春の季語を入れ、春の情景について考えを述べ合うことになった。

> 【　　　】新たな友と　歩く道

あなたの想像する春の情景を表した俳句にするためには、【　　】の中に入れる季語として、**A**と**B**のどちらがより適切であると考えるか。**A**、**B**どちらかを選び、それを選んだ理由が分かるように、あなたの考えを書きなさい。ただし、次の**条件1**、**2**にしたがうこと。（6点）

条件1　一マス目から書き始め、段落は設けないこと。
条件2　字数は、百五十字以上、百八十字以内とすること。

	春の季語	意　味
A	山笑う	山の草木が一斉に新芽を吹き、花が咲いて山全体が明るくなる様子。
B	花曇り	桜の咲く頃の曇り空のこと。比較的明るく曇っている空の様子。

※教英出版注
音声は，解答集の書籍ＩＤ番号を教英出版ウェブサイトで入力して聴くことができます。

放送による問題

はじめに，(1)を行います。これから，中学生の加奈(Kana)と留学生のマーク(Mark)が，英語で A，B，C，D の４つの会話をします。それぞれの会話のあとに，英語で質問をします。その質問の答えとして最も適切なものを，ア，イ，ウ，エの４つの中から１つ選び，記号で答えなさい。なお，会話と質問は２回繰り返します。

では，始めます。

A

Kana：Hi, Mark.

Mark：Hi, Kana.　How was your weekend?

Kana：It was good.　On Friday, I watched the beautiful stars in the night sky.　On Saturday morning, I went to a bookstore and bought a book to study about stars.

Mark：Did you read it on Saturday afternoon?

Kana：No, I cleaned my room on Saturday afternoon.

質問　What did Kana do on Saturday morning?

（６秒休止）

B

Mark：This is a photo I took in a zoo yesterday.

Kana：Wow.　There are two pandas in this photo.

Mark：Yes.　At first, they were sleeping.　A few minutes later, one of them got up and started eating an apple.　I took this photo then.

Kana：I see.

質問　Which photo is Mark showing Kana?

（６秒休止）

C

Mark：Let's go to the library to study math after school.

Kana：Sorry, I can't.　I have a headache.　I need to go home soon.

Mark：That's too bad.　You should go to see a doctor.

Kana：Thank you, but I already took some medicine.　So I'll go to bed at home.

Mark：I hope you'll get well soon.

質問　What will Kana do after going home?

（６秒休止）

D

Mark：Kana, we'll watch a soccer game at the stadium tomorrow. Where do you want to meet?

Kana：How about meeting at the station near the school?

Mark：At the station? Can we go to the stadium by train?

Kana：No. In front of the station, we can ride a bus to the stadium.

Mark：OK. Let's meet at the station and ride a bus. I'll walk there from my house.

Kana：I'll go there by bike.

質問 How will Mark go to the stadium from his house?

（6秒休止）

次に，(2)を行います。これから，加奈(Kana)が，英語で話をします。その話の内容について，問題用紙にある３つの質問をします。それぞれの質問に対する正しい答えとなるように，（　　　）の中に，適切な語や語句を記入しなさい。なお，先に問題用紙にある質問を２回繰り返し，そのあとで話を２回繰り返します。

では，始めます。

質問１ Which country does Kana's uncle live in now, New Zealand or Japan?

（２秒休止）

質問２ What did Kana's uncle make last year?

（２秒休止）

質問３ Next summer, what will Kana do with her uncle in the village?

（２秒休止）

続いて，話をします。

I'll talk about my uncle.

When he was young, he lived in New Zealand. He worked at a movie company. In New Zealand, he enjoyed living in nature.

Two years ago, he came back to Japan. He has lived in a small village in Japan since then. There are many kinds of flowers in the village, and he loves them. To introduce the flowers to many people, he made a short movie about them last year. Some people watched it and started to visit the village.

Next summer, I'll visit my uncle. With my uncle, I'll climb the mountains in the village. He always tells me the mountains are so beautiful. I can't wait for summer.

（20秒休止）

令 和 6 年 度

高等学校入学者選抜学力検査問題

数　　　学

(50分)

注 意 事 項

1　問題は，1ページから6ページまであります。

2　解答は，すべて解答用紙に記入しなさい。

1 次の(1)~(3)の問いに答えなさい。(12点)

(1) 次の計算をしなさい。

ア $9+3\times(-6)$

イ $(21ab-49b^2)\div 7b$

ウ $\dfrac{x-y}{3}-\dfrac{x+2y}{5}$

エ $\sqrt{6}(8+\sqrt{42})+\sqrt{63}$

(2) $a=\dfrac{3}{8}$のとき,
$(2a-3)^2-4a(a-5)$
の式の値を求めなさい。

(3) 次の2次方程式を解きなさい。
$(x-8)(x-1)=x-13$

2 次の(1)~(3)の問いに答えなさい。(6点)

(1) **図1**において,2点A,Bは円Oの円周上の点である。点Aを接点とする円Oの接線上にあり,2点O,Bから等しい距離にある点Pを作図しなさい。ただし,作図には定規とコンパスを使用し,作図に用いた線は残しておくこと。

図1

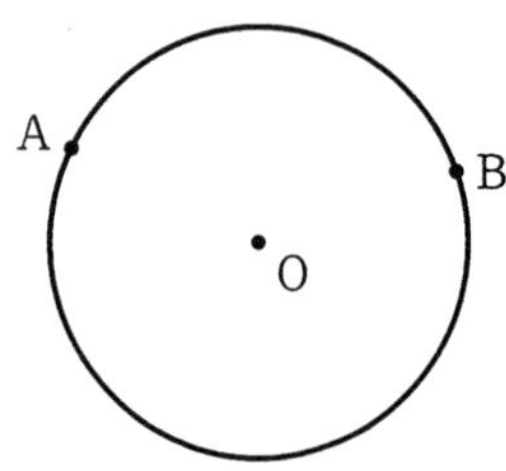

(2) **表1**は，偶数を2から順に縦に4つずつ書き並べていったものである。この表で，上から3番目で左からn番目の数を，nを用いて表しなさい。

表1

2	10	18	…
4	12	20	…
6	14	22	…
8	16	24	…

(3) 2つの袋A，Bがある。袋Aには，赤玉3個，青玉2個，白玉1個の合計6個の玉が入っている。袋Bには，赤玉1個，青玉2個の合計3個の玉が入っている。2つの袋A，Bから，それぞれ1個の玉を取り出すとき，袋Aから取り出した玉の色と，袋Bから取り出した玉の色が異なる確率を求めなさい。ただし，袋Aから玉を取り出すとき，どの玉が取り出されることも同様に確からしいものとする。また，袋Bについても同じように考えるものとする。

3 ある中学校の2年生が職場体験を行うことになり，Aさんは野菜の直売所で，きゅうりとなすの販売を行った。きゅうりとなすは合わせて360本用意されており，きゅうりは1袋に6本ずつ，なすは1袋に3本ずつで，余ることなくすべて袋詰めされていた。きゅうりは1袋200円，なすは1袋140円で販売したところ，閉店の1時間前に，きゅうりは売り切れ，なすは5袋売れ残っていた。そこで，売れ残っていたなすを1袋につき4割引きにして売ることになり，すべて売り切ることができた。その結果，用意されていたきゅうりとなすの売上金額の合計は13000円となった。

このとき，用意されていたきゅうりとなすは，それぞれ何本であったか。方程式をつくり，計算の過程を書き，答えを求めなさい。（5点）

4 **図2**の立体は，AB = 4 cm，AD = 4 cm，AE = 6 cm の直方体である。このとき，次の⑴～⑶の問いに答えなさい。(７点)

⑴ 辺 CD とねじれの位置にあり，面 BFGC と平行である辺はどれか。すべて答えなさい。

図2

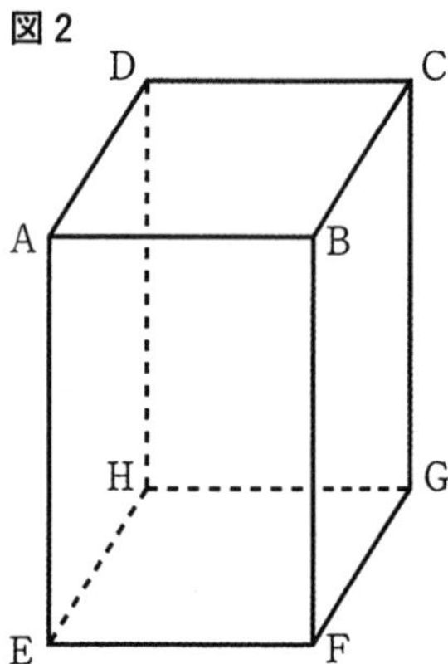

⑵ この直方体において，**図3**のように，辺 AD の中点を K とし，辺 CG 上に CL = 2 cm となる点 L をとる。線分 KL の長さを求めなさい。

図3

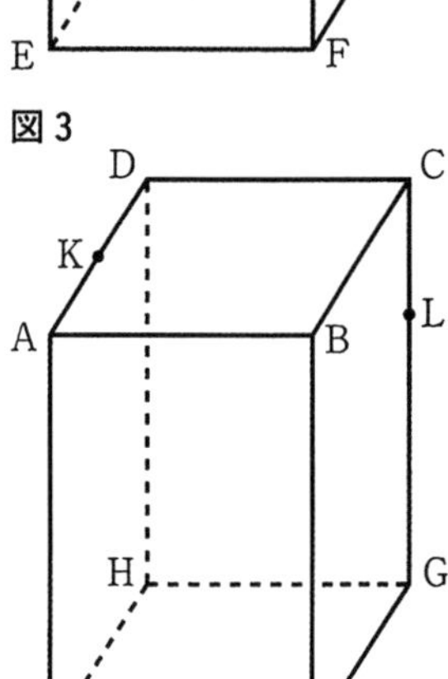

⑶ この直方体において，**図4**のように，辺 EF の中点を R とする。また，CS = 1 cm となる辺 CD 上の点を S とし，SE と DF との交点を T とする。三角すい THRG の体積を求めなさい。

図4

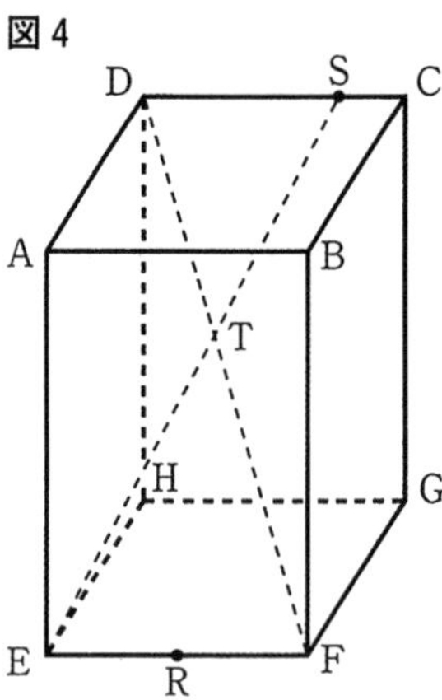

5 ある中学校の，2年1組の生徒35人，2年2組の生徒35人，2年3組の生徒35人の合計105人について，9月の1か月間の読書時間を調べた。

このとき，次の(1)，(2)の問いに答えなさい。（3点）

(1) **表2**は，2年1組から2年3組までの生徒105人について調べた結果を，相対度数分布表にまとめたものである。**表2**について，度数が最も多い階級の累積相対度数を求めなさい。

表2

階級(時間)	相対度数
以上　未満	
0 ～ 5	0.11
5 ～ 10	0.18
10 ～ 15	0.21
15 ～ 20	0.28
20 ～ 25	0.19
25 ～ 30	0.03
計	1.00

(注)　相対度数は小数第3位を四捨五入したものである。

(2) **図5**は，2年1組から2年3組までの生徒105人について調べた結果を，組ごとに箱ひげ図に表したものである。下の**ア**～**エ**の中から，**図5**から読み取れることとして正しいものをすべて選び，記号で答えなさい。

図5

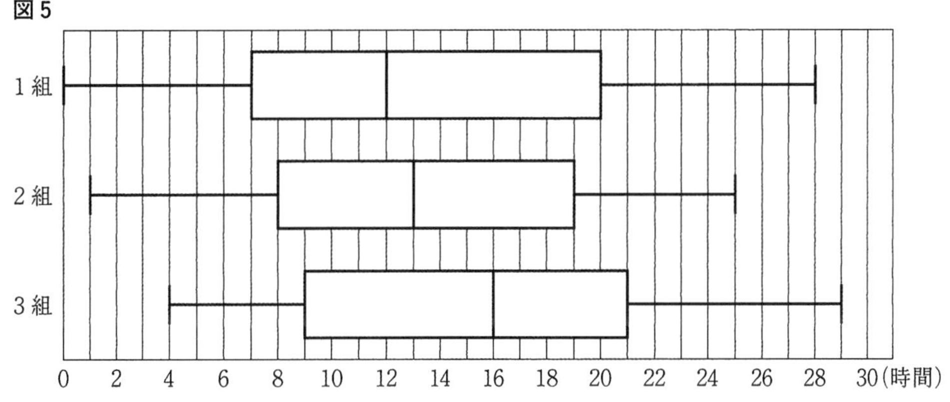

ア　1か月間の読書時間の範囲は，1組が最も大きい。

イ　1か月間の読書時間が8時間以下の生徒の人数は，3組より2組の方が多い。

ウ　1か月間の読書時間がちょうど20時間の生徒は，すべての組にいる。

エ　1か月間の読書時間の平均値は，1組より2組の方が大きい。

6 次の ☐ の中の文と**図6**は，授業で示された資料である。

このとき，次の(1)，(2)の問いに答えなさい。（8点）

図6において，点Aの座標は（-6，3）であり，①は，点Aを通り，xの変域が$x<0$であるときの反比例のグラフである。点Bは曲線①上の点であり，その座標は（-2，9）である。点Pは曲線①上を動く点であり，②は点Pを通る関数$y=ax^2$（$a>0$）のグラフである。点Cは放物線②上の点であり，そのx座標は4である。また，点Aからx軸に引いた垂線とx軸との交点をDとする。

図6

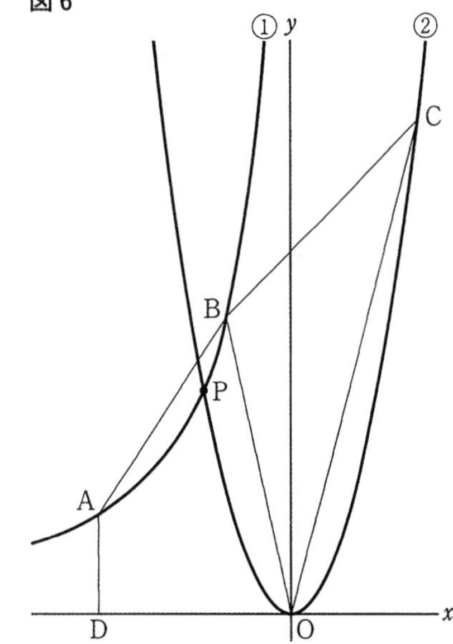

(1) 曲線①をグラフとする関数について，yをxの式で表しなさい。

(2) RさんとSさんは，タブレット型端末を使いながら，**図6**のグラフについて話している。

Rさん：点Pが動くと，②のグラフはどのように変化するのかな。
Sさん：点Pを動かして，変化のようすを見てみよう。
Rさん：②のグラフは点Pを通るから，点Pを動かすと，②のグラフの開き方が変化するね。
Sさん：つまり，aの値が変化しているということだね。

下線部に関する**ア**，**イ**の問いに答えなさい。

ア 点Pが点Aから点Bまで動くとき，次の ☐ に当てはまる数を書き入れなさい。

aのとりうる値の範囲は，☐ $\leqq a \leqq$ ☐ である。

イ 四角形ADOBの面積と△BOCの面積が等しくなるときの，aの値を求めなさい。求める過程も書きなさい。

7　**図7**において，3点A，B，Cは円Oの円周上の点である。AC上にAB＝ADとなる点Dをとり，BDの延長と円Oとの交点をEとする。また，点PはAE上を動く点であり，CPとBEとの交点をFとする。ただし，点Pは点A，Eと重ならないものとする。

このとき，次の(1)，(2)の問いに答えなさい。（9点）

(1)　**図8**は，**図7**において，点Pを∠EFC＝∠ABCとなるように動かしたものである。

このとき，PA＝PCであることを証明しなさい。

図7

図8

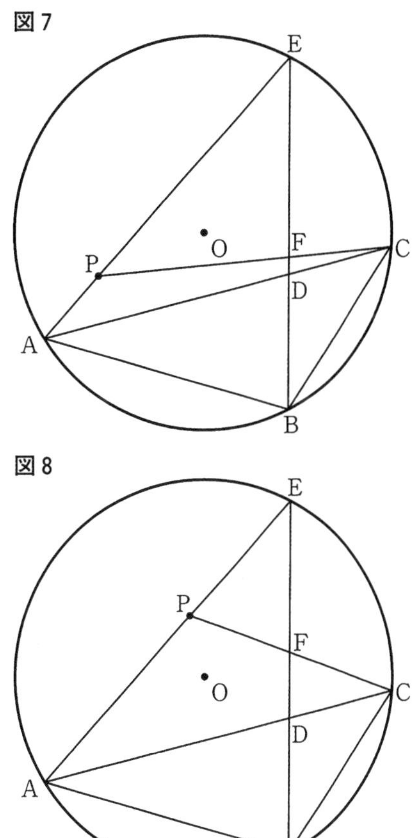

(2)　**図9**は，**図7**において，点Pを∠EPC＝90°となるように動かしたものである。

$\overset{\frown}{BC}$：$\overset{\frown}{CE}$＝4：5，∠CFD＝49°のとき，∠ABEの大きさを求めなさい。

図9

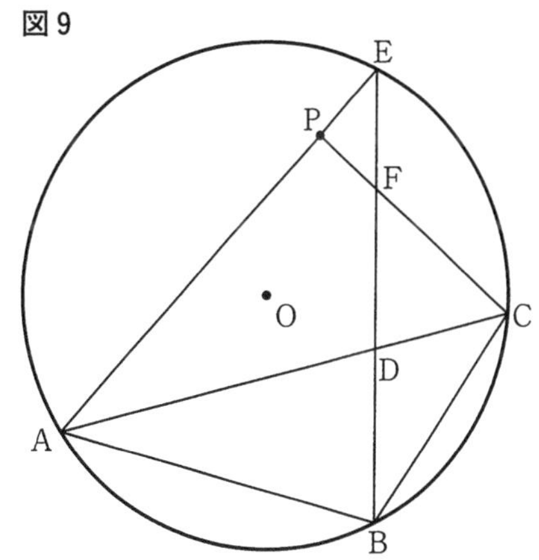

令 和 6 年 度

高等学校入学者選抜学力検査問題

英　　語

(50分)

注 意 事 項

1　問題は，１ページから６ページまであります。

2　解答は，すべて解答用紙に記入しなさい。

※教英出版注
音声は，解答集の書籍ＩＤ番号を
教英出版ウェブサイトで入力して
聴くことができます。

1 放送による問題（14 点）

(1) 加奈(Kana)とマーク(Mark)の会話を聞いて，質問の答えとして最も適切なものを選びなさい。

A

ア　イ　ウ　エ

B

ア　イ　ウ　エ

C

ア　イ　ウ　エ

D

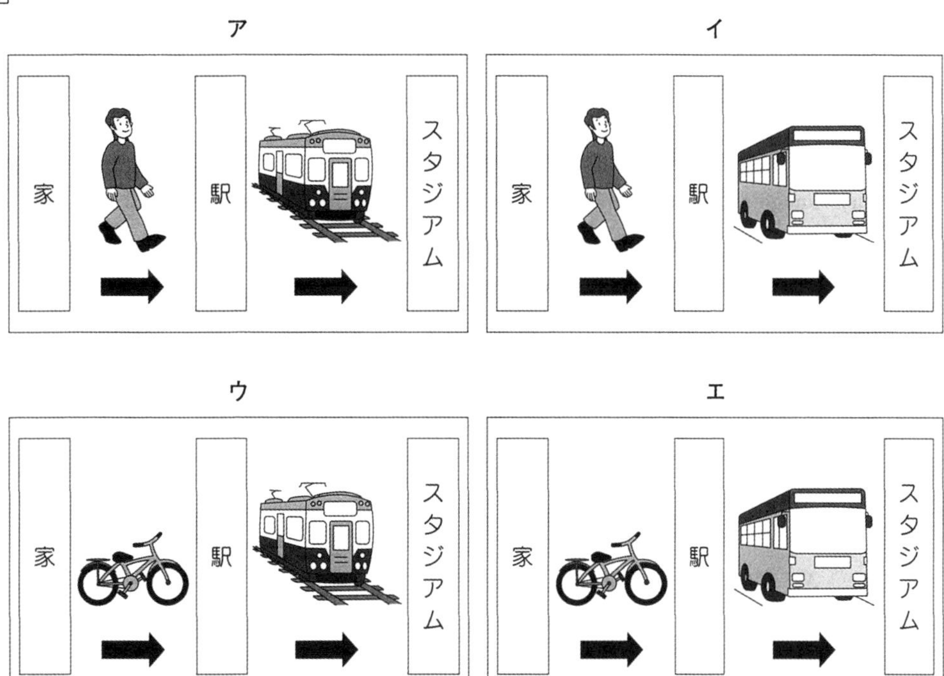

(2) 加奈の話を聞いて，質問に対する正しい答えとなるように，(　　　　)の中に適切な語や語句を記入しなさい。

質問 1　Which country does Kana's uncle live in now, New Zealand or Japan?

He lives in (　　　　　　).

質問 2　What did Kana's uncle make last year?

He made a short (　　ⓐ　　) about many kinds of (　　ⓑ　　).

質問 3　Next summer, what will Kana do with her uncle in the village?

(______________________________) in the village.

2 次の英文は，勇太(Yuta)と，勇太の家にホームステイをしている留学生のトム(Tom)との会話である。この英文を読んで，(1)～(6)の問いに答えなさい。(16点)

(*At Yuta's house*)

Tom : Hi, Yuta. (ⓐ) are you going?

Yuta : I'm going to a supermarket. My mother asked me to buy *tofu* there. For today's dinner, we'll eat a cold *tofu* dish called *hiya-yakko.*

hiya-yakko

Tom : I'm interested in Japanese food and supermarkets. [A]

Yuta : Sure.

(*At the supermarket*)

Tom : There is a lot of *tofu* on the *shelf. Many *customers are buying *tofu.*

Yuta : It's very hot today, so they may eat cold *tofu.*

Tom : That means cold *tofu* is (ⓑ) on hot days.

Yuta : Right. The TV news said some supermarkets started to use AI to sell *tofu.*

Tom : AI? You mean *Artificial Intelligence? [B]

Yuta : It checks the weather information and finds the best amount of *tofu* to sell on each day.

Tom : Wow. That's very good for the environment.

Yuta : What do you mean?

Tom : If supermarkets *prepare the same amount of *tofu* every day without checking the weather, some of them may be (ⓒ) on the shelf. That's "*mottainai,*" right?

Yuta : I've never thought of that.

Tom : I think [ア the problem イ helpful ウ AI エ to solve オ is] of food *waste. If supermarkets find the best amount of *tofu* to prepare, they can sell it easily.

Yuta : That's true. Also, *tofu* can't be *kept for a long time, so supermarkets want to sell it quickly.

Tom : For customers, they may want to buy *fresh *tofu,* right?

Yuta : Yes. My mother always checks the *shelf life. [　　　　　　　　] So she tries to buy the freshest food. Now, I'll buy this *tofu* with the longest shelf life.

Tom : Wait, Yuta. We'll eat *tofu* today, so we don't need to buy the freshest one.

Yuta : [C] We don't have to worry about the shelf life too much today.

Tom : Yeah. Not only supermarkets but also customers can do something to *sell out food.

(注) *shelf：棚　*customer：客　*Artificial Intelligence：人工知能
*prepare：～を用意する　*waste：廃棄物
*kept：keep(～をとっておく)の過去分詞形　*fresh：新鮮な　*shelf life：賞味期間
*sell out：～を売り切る

(1) 本文中の(ⓐ)～(ⓒ)の中に補う英語として，それぞれア～エの中から最も適切なものを1つ選び，記号で答えなさい。

(ⓐ) ア Why イ What ウ When エ Where

(ⓑ) ア bad イ hungry ウ popular エ serious

(ⓒ) ア eaten イ left ウ chosen エ caught

(2) 会話の流れが自然になるように，本文中の［ A ］～［ C ］の中に補う英語として，それぞれア～ウの中から最も適切なものを1つ選び，記号で答えなさい。

［ A ］ ア Can I go with you? イ What happened? ウ May I stay at home?

［ B ］ ア Who started it first? イ When did you watch it? ウ What does it do?

［ C ］ ア You are right. イ I don't think so. ウ I have a question.

(3) 本文中の［　　　］の中のア～オを，意味が通るように並べかえ，記号で答えなさい。

(4) 本文中の［　　　］で，勇太は，彼女は週に一度しか買い物に行かない，という内容を伝えている。その内容となるように，［　　　］の中に，適切な英語を補いなさい。

(5) 次の英文は，トムがこの日に書いた日記である。本文の内容と合うように，次の［ ① ］と［ ② ］の中に補う英語として最も適切なものを，下のア～エの中から1つずつ選び，記号で答えなさい。

Today, Yuta and I went to a supermarket. Yuta told me ［ ① ］ affects the amount of *tofu* bought by people. Some supermarkets use AI when they prepare *tofu*. Also, we talked about the shelf life of *tofu* and which *tofu* to buy. Finally, we realized ［ ② ］ can do something good for the environment.

ア both supermarkets and customers　　イ the TV news about AI

ウ only customers　　エ the weather of the day

(6) 次の英文は，この日の夜の勇太とトムとの会話である。あなたがトムなら，勇太の質問に対してどのように答えるか。次の［　　　］の中に，12語以上の英語を補いなさい。ただし，2文以上になってもよい。

Yuta : I want to start doing a small thing to help the environment. What can we do in our lives? Please tell me your idea. I also want to know why it is good for the environment.

Tom : All right. ［　　　　　　　　］

3 恵(Kei)は，旅先の奈良から，友人のジョイス(Joyce)にはがきを送ることにした。あなたが恵なら，右の［　　　］の中の内容を，どのように伝えるか。次の［　　　］の中に英語を補い，はがきを完成させなさい。ただし，2文以上になってもよい。(4点)

・長い歴史を持つ寺で，塔(a pagoda)を見た。
・その塔が，1426年に建てられたと聞いて驚いた。

Hi, Joyce. I'm in Nara.

Your friend,
Kei

4 次の英文は，中学生の志保(Shiho)が，健(Ken)とのできごとを振り返って書いたものである。この英文を読んで，(1)～(7)の問いに答えなさい。(16点)

Ken and I are classmates. He lives near my house, and we have been friends for ten years. He is good at playing tennis.

One day, we had P.E. class and played tennis. That was my first time to try tennis. First, our teacher and Ken showed us how to *hit the ball. Then, we ⓐ(hold) rackets and started the practice. I practiced with Ken. He hit a ball to me *slowly, but I couldn't *return the ball. I tried it many times and did my best, but hitting the ball back to him was difficult for me.

When the P.E. class finished, I said to Ken, "I'm sorry. You couldn't practice tennis enough today because [A]." He said, "Don't worry about that. Everyone is a beginner at first. Instead, enjoy trying something new!" His words gave me power to try tennis again.

In the next P.E. class, I decided to be positive. I asked Ken and the other classmates why I couldn't hit balls well, and we tried various practices together. Finally, at the end of the class, [B]. The ball reached Ken. He hit it back to me, and I hit it again. That made me excited.

On the next morning, when I arrived at the classroom, Ken was playing the *keyboard very slowly. I said, "Wow. Are you practicing the keyboard?" He said, "Yes. Do you know the piano at the station? Last month, I saw a boy who was playing it very well there, and I decided to practice the keyboard." I said, "You've never learned how to play the keyboard, so it's hard for you, right?" Ken said, "Yes. My fingers can't move fast like the boy, but I'm enjoying trying something new." I remembered Ken's words in P.E. class.

One month later, after P.E. class, I talked with Ken. I said to him, "Playing tennis in P.E. class was a lot of fun, but it ended. [ ]." He said, "If you think so, join the tennis team of our town. My grandfather plays tennis on the team every Sunday. All of the members are ⓑ(old) than you, and they are kind." "Interesting. I want to join the team," I said.

Next Sunday morning, I went to a park to join the practice of the tennis team. There were no junior high school students on the team. However, the members of the tennis team were friendly and positive, so I enjoyed playing tennis with them. When they couldn't hit balls well, they didn't look sad. Ken's grandfather said to me, "I'm sure that I can return the ball next time. I believe *myself."

After the practice, I thought, "Believing that I can do everything is as important as enjoying something new. When I start a new thing and can't do it well, I should remember that."

（注） *hit：～を打つ（過去形も hit）　*slowly：ゆっくりと　*return：～を打ち返す
*keyboard：（電子楽器の）キーボード　*myself：私自身を

(1) 本文中のⓐ，ⓑの（　　　）の中の語を，それぞれ適切な形に直しなさい。

(2) 次の質問に対して，英語で答えなさい。

① How long have Shiho and Ken been friends?

② Why did Shiho enjoy the practice with the members of the tennis team on Sunday morning?

(3) 本文中の［　A　］，［　B　］の中に補う英語の組み合わせとして最も適切なものを，次の**ア**～**エ**の中から１つ選び，記号で答えなさい。

ア　A：I couldn't play tennis well　　B：I stopped hitting a ball
イ　A：I didn't practice tennis hard　　B：I could return a ball
ウ　A：I couldn't play tennis well　　B：I could return a ball
エ　A：I didn't practice tennis hard　　B：I stopped hitting a ball

(4) 健がキーボードの練習を始めようと決めたのは，どのようなできごとがあったからか。そのできごとを，日本語で書きなさい。

(5) 本文中の［　　　］の中に補う英語として最も適切なものを，次の**ア**～**エ**の中から１つ選び，記号で答えなさい。

ア　I want to try other sports in P.E. class
イ　I got bored of playing tennis
ウ　I'm happy I don't have to practice tennis
エ　I wish I could play tennis more

(6) 志保は，日曜日の練習の後，新しいことを始めてうまくできないとき，どのようなことを思い出すとよいと思ったか，日本語で書きなさい。

(7) 次の**ア**～**エ**の中から，本文の内容と合うものを１つ選び，記号で答えなさい。

ア　Ken helped Shiho enjoy trying new things, and she became positive about playing tennis.
イ　Shiho didn't enjoy playing tennis at first, so the teacher told her to try various practices.
ウ　Ken practiced the keyboard very hard for a month, so he could play it fast like the boy.
エ　Shiho and Ken found new things they wanted to try, and they helped each other to take actions.

令 和 6 年 度

高等学校入学者選抜学力検査問題

理　　　　科

（50分）

注 意 事 項

1　問題は，1ページから7ページまであります。

2　解答は，すべて解答用紙に記入しなさい。

1 次の(1)～(4)の問いに答えなさい。(6点)

(1) エンドウの種子の形には，丸形としわ形があり，エンドウの1つの種子には丸形としわ形のどちらか一方の形質しか現れない。丸形としわ形のように，どちらか一方の形質しか現れない2つの形質どうしは何とよばれるか。その名称を書きなさい。

(2) **図1**は，ある原子の構造を表した模式図である。**図1**の原子核は，＋の電気をもつ粒子㋐と電気をもたない粒子㋑からできている。次の**ア**～**カ**の中から，㋐，㋑のそれぞれの名称の組み合わせとして正しいものを1つ選び，記号で答えなさい。

図1

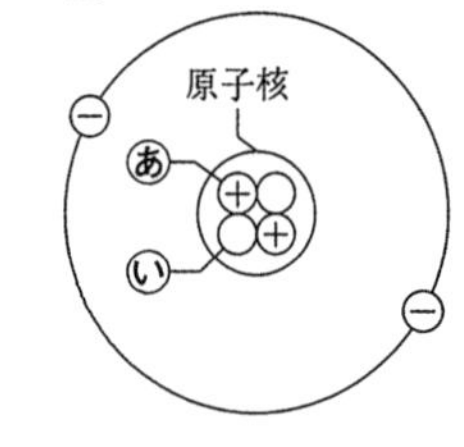

ア ㋐ 電子	㋑ 中性子	**イ** ㋐ 電子	㋑ 陽子
ウ ㋐ 陽子	㋑ 中性子	**エ** ㋐ 陽子	㋑ 電子
オ ㋐ 中性子	㋑ 陽子	**カ** ㋐ 中性子	㋑ 電子

(3) 火成岩は，でき方の違いによって火山岩と深成岩に大別される。深成岩ができるときのマグマの冷え方を，深成岩ができるときのマグマの冷える場所とあわせて，簡単に書きなさい。

(4) **図2**のように，2種類の電熱線**X**，**Y**と直流電源装置を接続した。直流電源装置の電圧が6V，電熱線**X**の抵抗が3Ω，**図2**の**P**点に流れる電流が2.5Aのとき，**図2**の**Q**点に流れる電流は何Aか。計算して答えなさい。

図2

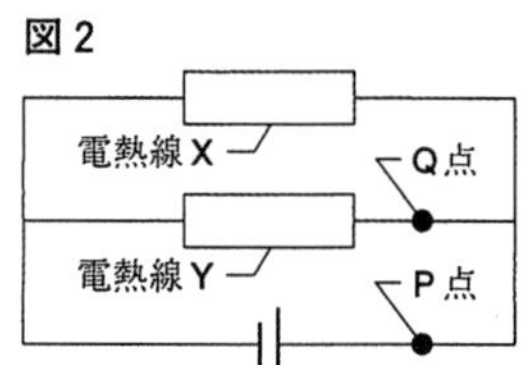

2 いろいろな生物とその共通点，生物の体のつくりとはたらき及び自然と人間に関する(1)～(4)の問いに答えなさい。(11点)

(1) ある湖とその周辺には，トカゲ，フクロウ，フナ，カエル，ネズミが生息している。**図3**は，これら5種類のセキツイ動物について，その特徴に関する問いかけに対し，「はい」または「いいえ」のうち，当てはまる側を選んでいった結果を示したものである。

図3

子は卵からかえるか。
はい → 子は肺で呼吸するか。
　はい → Ⓐ（はい → トカゲ／いいえ → フクロウ）
　いいえ → Ⓐ（はい → フナ／いいえ → カエル）
いいえ → ネズミ

① ネズミの子は，親の体内である程度育ってからうまれる。このような子のうまれ方は，一般に何とよばれるか。その名称を書きなさい。

② **図3**のⒶには同じ問いかけが入る。Ⓐに当てはまる適切な問いかけを，「体表は」という書き出しで書きなさい。

(2) 食物連鎖をもとにした生物のつながりがみられるときには，物質の循環がみられる。**図4**は，自然界における炭素の循環の一部を表した模式図であり，**ア**～**キ**の矢印(──▶)はそれぞれ，有機物に含まれる炭素の流れ，または，二酸化炭素に含まれる炭素の流れのいずれかを表している。**図4**の**ア**～**キ**の中から，有機物に含まれる炭素の流れを表す矢印をすべて選び，記号で答えなさい。

図4

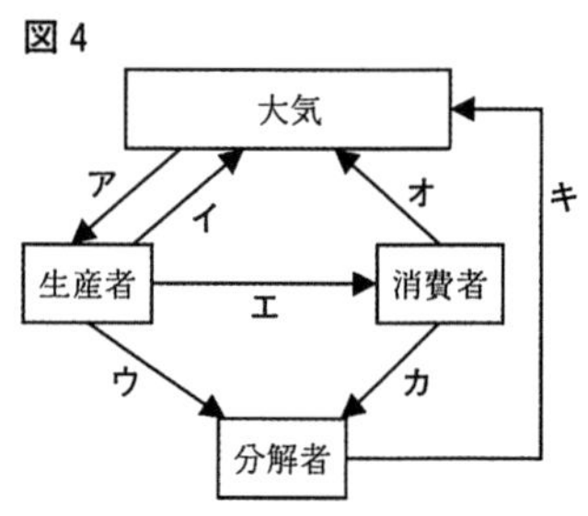

(3) ヒトは，食べることで養分をとり入れ，からだの中で消化，吸収を行う。

① Sさんは，養分であるデンプンに対するヒトのだ液のはたらきを調べる実験を行った。

図5のように，試験管**A**，**B**を用意し，試験管**A**にはうすいデンプン溶液10cm³と水でうすめただ液2cm³を，試験管**B**にはうすいデンプン溶液10cm³と水2cm³を入れ，試験管**A**，**B**を，約40℃の水が入ったビーカーに10分間入れた。次に，試験管**C**，**D**を用意し，試験管**C**には試験管**A**の溶液の半分を，試験管**D**には試験管**B**の溶液の半分を入れた。その後，試験管**A**，**B**にはヨウ素液を，試験管**C**，**D**にはベネジクト液を数滴加え，試験管**C**，**D**を加熱し，試験管**A**～**D**の溶液の色の変化を調べた。**表1**は，その結果をまとめたものである。

図5

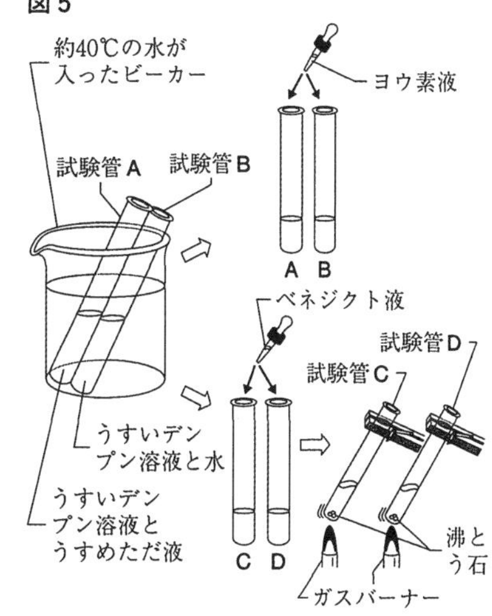

a 次の［　　　］の中の文が，デンプンの分解について適切に述べたものとなるように，文中の(㋐)～(㋒)のそれぞれに補う言葉の組み合わせとして正しいものを，下の**ア**～**カ**の中から1つ選び，記号で答えなさい。

表1

	A	B	C	D
色の変化	×	○	○	×

(注) ○ あり × なし

> **図5**の実験において，4本の試験管のうち，試験管**B**の溶液の色は(㋐)に変化し，試験管**C**の溶液の色は(㋑)に変化したことから，ヒトのだ液にはデンプンを分解するはたらきがあることが分かる。デンプンは，だ液のほかに，すい液や小腸の壁にある消化酵素のはたらきにより，最終的に(㋒)に分解される。

ア ㋐ 赤褐色 ㋑ 青紫色 ㋒ アミノ酸

イ ㋐ 赤褐色 ㋑ 青紫色 ㋒ ブドウ糖

ウ ㋐ 赤褐色 ㋑ 赤褐色 ㋒ アミノ酸

エ ㋐ 青紫色 ㋑ 赤褐色 ㋒ ブドウ糖

オ ㋐ 青紫色 ㋑ 赤褐色 ㋒ アミノ酸

カ ㋐ 青紫色 ㋑ 青紫色 ㋒ ブドウ糖

b Sさんは，ヒトのだ液がデンプンに対してよくはたらく温度があるのではないかと考えた。この考えが正しいかどうかを確かめるためには，**図5**の実験の一部を変えて同様の実験を行う必要がある。**図5**の実験において変えることは何か。簡単に書きなさい。

② 消化酵素のはたらきによって分解されてできた，ブドウ糖，アミノ酸，脂肪酸，モノグリセリドは，小腸の柔毛の表面から吸収され，吸収された脂肪酸とモノグリセリドは脂肪になる。小腸の柔毛の表面から吸収された後の，ブドウ糖，アミノ酸，脂肪は，それぞれ柔毛内部のどこに入るか。簡単に書きなさい。

(4) ヒトは，とり入れた養分から活動するエネルギーを得ており，そのエネルギーの一部を脳で消費している。ある中学生が1日に消費するエネルギーを2400kcalとし，そのうちの20%は脳で1日に消費されるものとする。ご飯100gから得られるエネルギーを150kcalと仮定したとき，脳で1日に消費されるエネルギーは，ご飯何gから得られるエネルギーに相当するか。計算して答えなさい。

3 身の回りの物質，化学変化と原子・分子及び科学技術と人間に関する(1)，(2)の問いに答えなさい。(11点)

(1) プラスチックに関する①，②の問いに答えなさい。

① プラスチックには，ポリエチレンやポリスチレンなどさまざまな種類があり，いずれも化合物である。次の**ア**～**エ**の中から，化合物を２つ選び，記号で答えなさい。

ア 水　**イ** マグネシウム　**ウ** 水素　**エ** 塩化ナトリウム

② ３種類のプラスチック**A**～**C**の小片と３種類の液体**X**～**Z**を用意し，液体**X**～**Z**をそれぞれビーカーに入れた。ビーカー内の液体**X**の中に，プラスチック**A**～**C**の小片を入れ，それぞれ沈むかどうか調べた。その後，ビーカー内の液体**Y**，**Z**でも同様の実験を行った。**表２**は，その結果をまとめたものである。**表２**をもとにして，**A**～**C**及び**X**～**Z**の６種類の物質を，密度の大きい順に並べ，記号で答えなさい。

表２

		プラスチック		
		A	B	C
液体	X	▼	▼	▼
	Y	△	▼	△
	Z	▼	▼	△

(注) △印は小片が液体に浮くことを示し，▼印は小片が液体に沈むことを示している。

(2) **図６**のように，試験管**A**に，黒色の酸化銅8.0gと炭素粉末0.3gをよく混ぜ合わせて入れ，いずれか一方が完全に反応するまで加熱した。このとき，気体の二酸化炭素が発生して試験管**P**の中の石灰水が白くにごった。気体の発生が終わった後，いくつかの操作を行ってから，試験管**A**を放置し，十分に冷めてから，試験管**A**の中の固体の質量を測定した。次に，試験管**B**～**E**を用意し，混ぜ合わせる炭素粉末の質量を変えて，同様の実験を行った。**表３**は，その結果をまとめたものである。ただし，酸化銅と炭素粉末の反応以外の反応は起こらないものとする。

図６

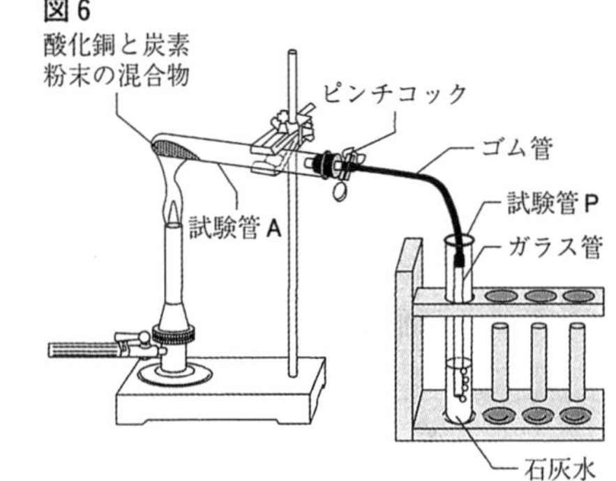

表３

	A	B	C	D	E
混ぜ合わせた炭素の質量 (g)	0.3	0.6	0.9	1.2	1.5
反応後の試験管の中の固体の質量 (g)	7.2	6.4	6.7	7.0	7.3

① 気体の発生が終わった後，下線部の操作として，次の**ア**～**ウ**の操作を行う必要がある。下線部の操作として正しい手順となるように，**ア**～**ウ**を操作順に並べ，記号で答えなさい。

ア ゴム管をピンチコックで閉じる。

イ 火を消す。

ウ ガラス管を石灰水からとり出す。

② 反応後の試験管**A**の中の固体をろ紙にとり出し，薬さじの裏で強くこすった後の固体を観察すると金属の性質が確認できた。このとき確認できた金属の性質を１つ，簡単に書きなさい。

③ 黒色の酸化銅に炭素粉末を混ぜ合わせて加熱すると，酸化銅が還元され，赤色の銅ができ，二酸化炭素が発生する。この化学変化を，化学反応式で表しなさい。なお，酸化銅の化学式はCuOである。

④ **表3**をもとにして，次の**a**，**b**の問いに答えなさい。

a 試験管**E**において，発生した二酸化炭素の質量は何gか。計算して答えなさい。

b 酸化銅8.0gに混ぜ合わせた炭素の質量と，反応せずに残った酸化銅の質量の関係を表すグラフを，**図7**にかきなさい。

図7

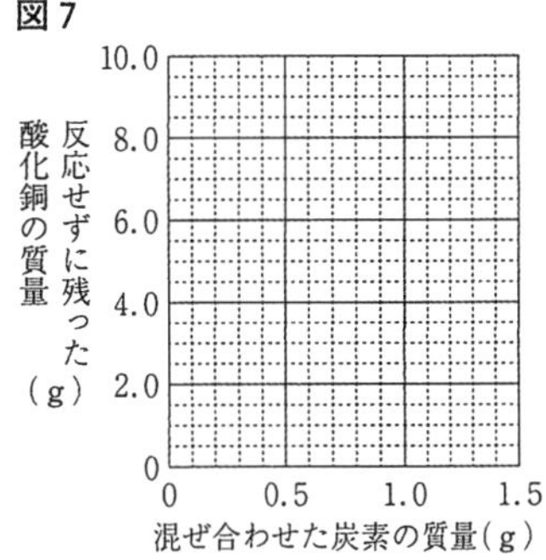

4 地球と宇宙に関する(1)，(2)の問いに答えなさい。（5点）

ある晴れた日に，静岡県内の東経138°，北緯35°の場所で，透明半球を平らな板の上に固定してから，方位を合わせて水平に置き，太陽の動きを観測した。**図8**は，その結果を表したものである。**図8**の●印は，9時20分から14時20分まで1時間ごとに，ペンの先端の影が点**O**と一致するように透明半球上に付けたものである。**図8**の線**a**は●印をなめらかな線で結んだ曲線であり，点**P**，**Q**は線**a**と透明半球のふちとの交点である。

図8

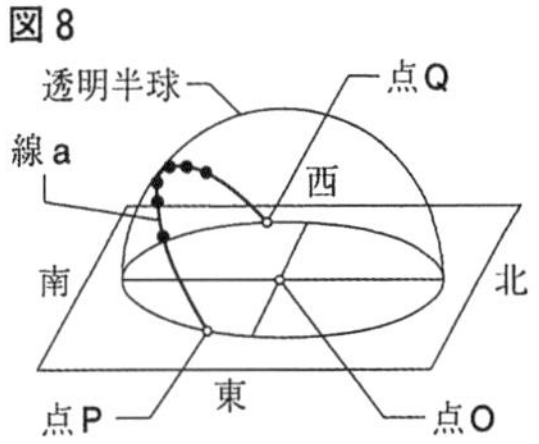

（注） 点Oは，透明半球のふちをなぞってできた円の中心である。

(1) 観測後，線**a**にそって紙テープをはり付けて，●印をうつしとり，●印の間の長さをはかった。**表4**は，その結果をまとめたものである。

表4

観測時刻	9:20		10:20		11:20		12:20		13:20		14:20
●印の間の長さ（mm）		24		24		24		24		24	

① **図8**の線**a**は，地球の自転による，太陽の見かけの動きを表している。線**a**で表されるような太陽の見かけの動きは何とよばれるか。その名称を書きなさい。

② 14時20分の●印と点**Q**との間の透明半球上の長さをはかったところ，その長さは55mmであった。**表4**をもとにすると，この観測を行った日の，日の入りの時刻は何時何分であったと考えられるか。次の**ア**～**エ**の中から，最も近いものを1つ選び，記号で答えなさい。

ア 16時25分　**イ** 16時40分　**ウ** 16時55分　**エ** 17時10分

(2) **図8**を観測した同じ日に，東経138°，南緯35°の場所で観測される太陽の動きは，透明半球上でどのように表されると考えられるか。次の**ア**～**エ**の中から，最も適切なものを1つ選び，記号で答えなさい。

ア

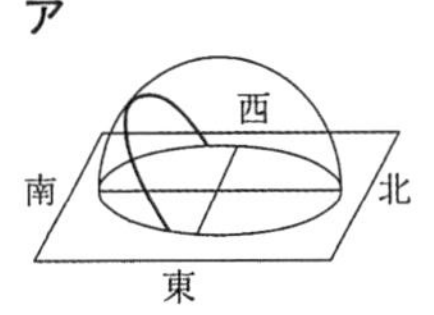

イ

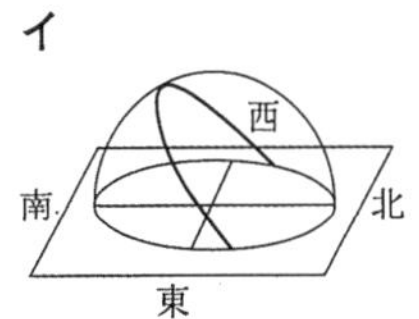

ウ

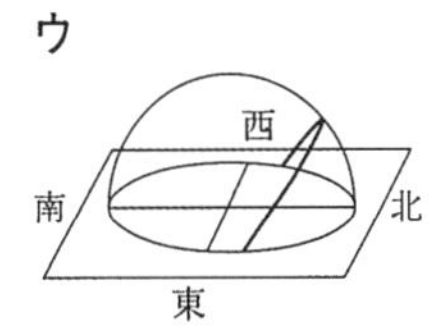

エ

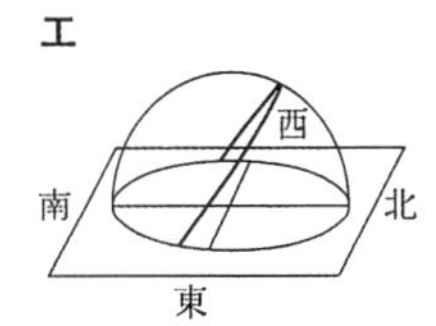

5 気象とその変化に関する(1)，(2)の問いに答えなさい。（６点）

図９は，ある年の３月15日９時における天気図である。**図９**の中の×印と数字は，高気圧と低気圧のそれぞれの中心とそこでの気圧の値を示している。

図９

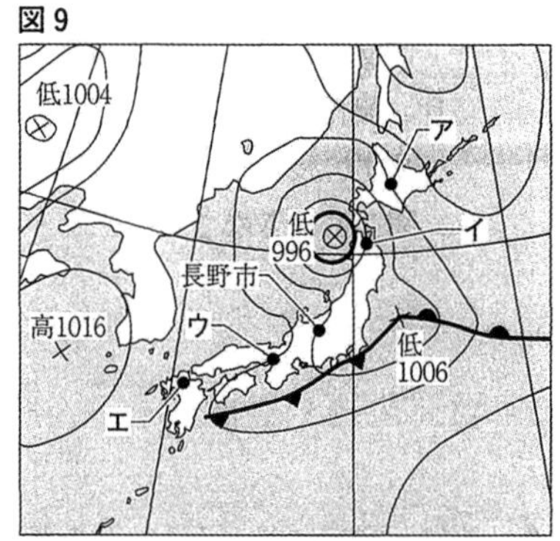

(1) **図９**の中には前線がみられる。

① 一般に，寒冷前線は温暖前線より速く進むため，寒冷前線が温暖前線に追いつき，閉そく前線ができることがある。**図10**を適切に補い，閉そく前線を表す記号を完成させなさい。

図10

② 一般に，寒冷前線付近にできる雲は，温暖前線付近にできる雲と比べて，せまい範囲にできる。寒冷前線付近にできる雲の範囲が，温暖前線付近にできる雲の範囲と比べて，せまい理由を，**寒気**，**暖気**という２つの言葉を用いて，簡単に書きなさい。

(2) 気圧に関する①，②の問いに答えなさい。

① **図９**において，**ア**～**エ**の地点の中から，長野市より気圧が低い地点を１つ選び，記号で答えなさい。

② 山頂で密閉した空のペットボトルをふもとまで持ってきたとき，ペットボトルの内側と外側の気圧の差により力が生じ，ペットボトルは変形することがある。山頂からふもとまで持ってきた空のペットボトルが変形したときの，ペットボトルが変形した理由と，ペットボトルの状態について述べたものとして，最も適切なものを，次の**ア**～**エ**の中から１つ選び，記号で答えなさい。

ア ペットボトルの，内側の気圧に比べて，外側の気圧が低くなったため，へこんだ。
イ ペットボトルの，内側の気圧に比べて，外側の気圧が低くなったため，ふくらんだ。
ウ ペットボトルの，内側の気圧に比べて，外側の気圧が高くなったため，へこんだ。
エ ペットボトルの，内側の気圧に比べて，外側の気圧が高くなったため，ふくらんだ。

6 身近な物理現象及び運動とエネルギーに関する(1)~(3)の問いに答えなさい。(11点)

(1) **図11**のように，定滑車を１つ用いて荷物を持ち上げる装置をつくり，床に置かれた質量３kgの荷物を，糸が引く力によって，床から80cmの高さまでゆっくりと一定の速さで真上に持ち上げた。

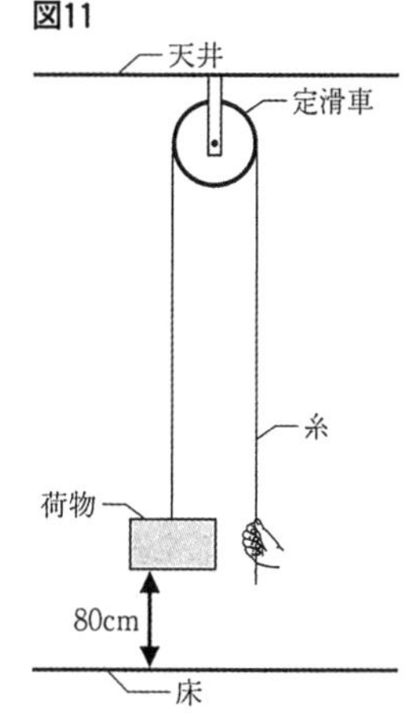

① 力には，物体どうしがふれ合ってはたらく力や，物体どうしが離れていてもはたらく力がある。次の**ア**～**エ**の中から，物体どうしが離れていてもはたらく力として適切なものを２つ選び，記号で答えなさい。

ア 磁石の力　　**イ** ばねの弾性力

ウ 重力　　**エ** 垂直抗力

② 床に置かれた質量３kgの荷物を80cmの高さまでゆっくりと一定の速さで真上に持ち上げたときに，手が加えた力がした仕事の大きさは何Jか。計算して答えなさい。ただし，100gの物体にはたらく重力の大きさを１Nとする。また，糸の質量は無視でき，空気の抵抗や糸と滑車の間にはたらく摩擦はないものとする。

(2) 重い荷物を持ち上げるとき，クレーンなどの道具を使うことがある。クレーンには定滑車のほかに動滑車が使われており，小さな力で荷物を持ち上げることができる。**図12**は，定滑車１つと動滑車１つを用いて荷物を持ち上げる装置で，質量１kgの荷物をゆっくりと一定の速さで持ち上げたときの，荷物にかかる重力と糸が動滑車を引く力と手が糸を引く力を矢印(⟶)で示している。**図13**は，定滑車１つと動滑車３つを用い，糸**a**を引いて荷物を持ち上げる装置である。動滑車が１つのときに成り立つ原理は，動滑車が複数になっても，それぞれの動滑車において成り立つ。

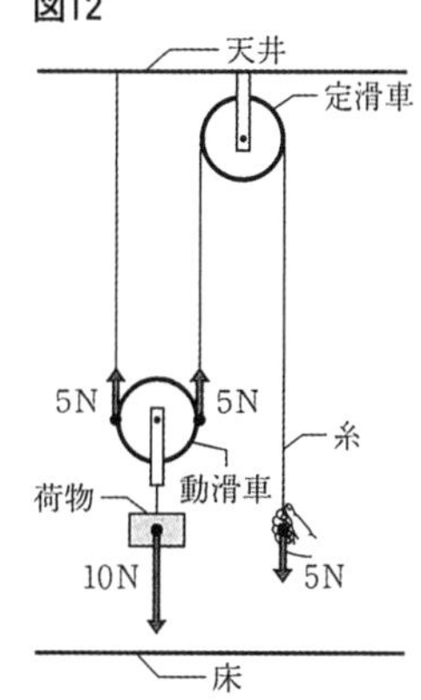

次の［　　］の中の文が，**図11**と**図13**の，それぞれの装置を用いて，同じ荷物を床から同じ高さまでゆっくりと一定の速さで真上に持ち上げたときの，手が加えた力がした仕事について述べたものとなるように，文中の(㋐)～(㋒)のそれぞれに適切な値を補いなさい。ただし，糸や滑車の質量は無視でき，空気の抵抗や糸と滑車の間にはたらく摩擦はないものとする。

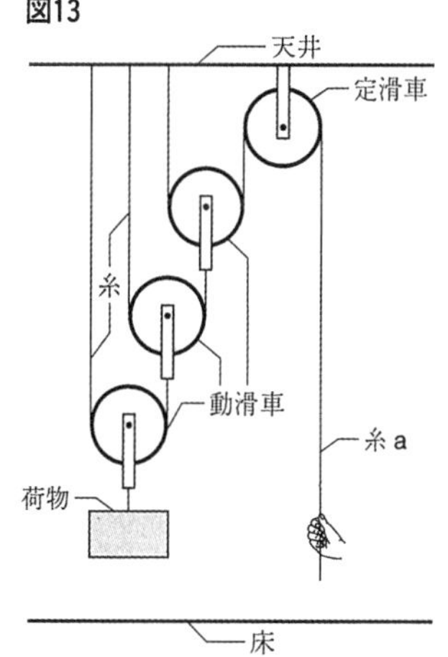

> **図11**と**図13**の，それぞれの装置を用いて，同じ荷物を床から同じ高さまでゆっくりと一定の速さで真上に持ち上げたとき，**図11**の装置を用いた場合と比べて，**図13**の装置を用いると，手が糸**a**を引く力の大きさは(㋐)倍になり，手が糸**a**を引く距離は(㋑)倍になり，手が加えた力がした仕事の大きさは(㋒)倍になる。

［次のページに続く］

(3) **図14**のように，水平な床の上に斜面をつくり，斜面の上に台車を置く。台車には，テープをつけ，1秒間に50回打点する記録タイマーに通して，台車の運動を記録できるようにする。台車を静かにはなしたところ，台車は斜面を下り，水平な床の上を進んだ。**図15**は，このときの台車の運動を記録したテープを，**a**点から5打点ごとに区間**1**～**8**と区切ったようすの一部を表した模式図であり，**b**点は**a**点から15打点目の点である。

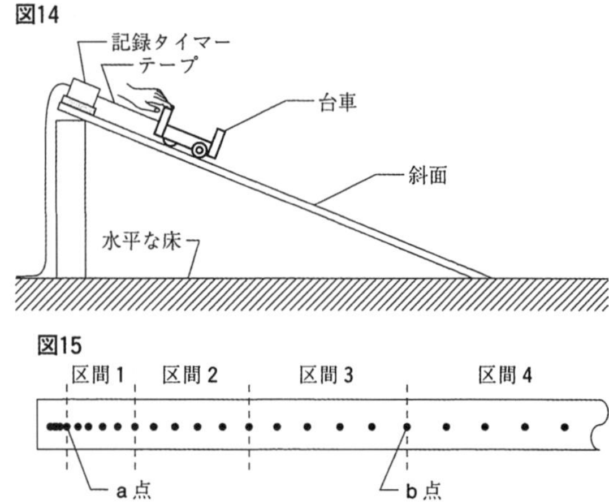

図15
区間1　区間2　区間3　区間4
a点　b点

ただし，斜面と床はなめらかにつながっていて，テープの質量は無視でき，空気の抵抗や摩擦はないものとする。

① 次の**ア**～**エ**の中から，台車が斜面を下っているときの，台車にはたらくすべての力を表したものとして，最も適切なものを1つ選び，記号で答えなさい。ただし，同じ種類の力は合力として1本の矢印で表している。

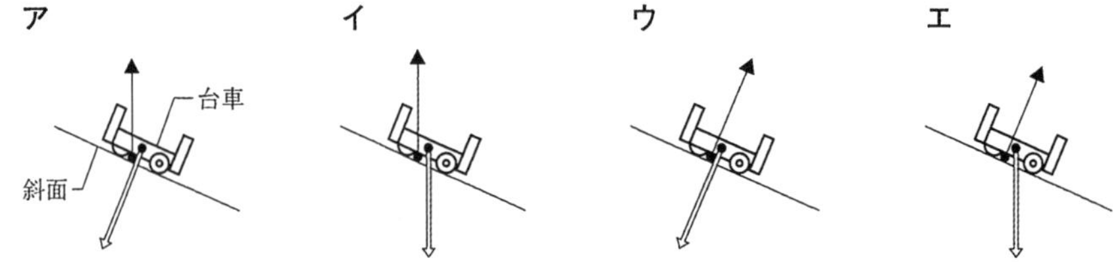

② **図15**の**a**点から**b**点までの長さは22.5cmであった。**a**点を打ってから**b**点を打つまでの間の，台車の平均の速さは何cm/sか。計算して答えなさい。

③ **図16**は，区間**1**～**8**の各区間のテープの長さを表したものである。**図16**をもとにして，台車が水平な床に到達したときの区間を，区間**1**～**8**の中から1つ選び，数字で答えなさい。また，そのように判断した理由を，台車が斜面を下っているときの，速さの増え方に関連付けて，簡単に書きなさい。

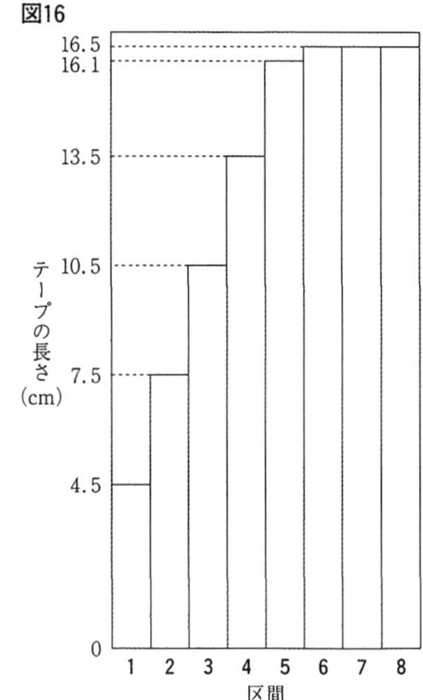

令 和 6 年 度

高等学校入学者選抜学力検査問題

社　　　会

（50分）

注 意 事 項

1　問題は，１ページから７ページまであります。

2　解答は，すべて解答用紙に記入しなさい。

1 次の略年表を見て，(1)～(8)の問いに答えなさい。(18点)

時代	飛鳥	奈良	平安	鎌倉	室町	安土桃山	江戸	明治	大正	昭和	平成
日本のできごと	①推古天皇が即位する	②墾田永年私財法が定められる	③中尊寺金色堂が建てられる	鎌倉幕府がほろびる	銀閣が建てられる	④安土城が築かれる	⑤江戸幕府が成立する	明治維新が始まる	関東大震災がおこる ←Ⓐ→	⑥世界恐慌の影響を受ける ⑦民主化の改革が行われる	バブル経済が崩壊する

(1) 傍線部①のもとで聖徳太子(厩戸皇子，厩戸王)らが行った政治改革で定められた，天皇の命令に従うことなどの役人の心構えを示した法は何とよばれるか。その名称を書きなさい。また，この法が定められた時代より前のできごとを，次の**ア**～**エ**の中から１つ選び，記号で答えなさい。

ア ローマ教皇が十字軍の派遣を呼びかけた。　**イ** シャカがインドで仏教を開いた。

ウ フビライ・ハンが都を大都に移した。　**エ** スペインがインカ帝国をほろぼした。

(2) 傍線部②は，朝廷が税収を増やそうとして定めたものである。**表１**は，奈良時代の主な税と，その課税対象を示している。**表１**から考えられる，傍線部②を定めることによって朝廷の税収が増加する理由を，傍線部②による開墾の状況の変化に関連付けて，簡単に書きなさい。

表１

税	課税対象
租	田地
調	17～65歳の男子
庸	21～65歳の男子

(3) **図１**は，傍線部③の内部を撮影した写真である。次の［　　］の中の文は，傍線部③が建てられたころに東北地方を支配していた勢力についてまとめたものである。文中の(㋐)，(㋑)に当てはまる語として正しい組み合わせを，下の**ア**～**エ**の中から１つ選び，記号で答えなさい。また，文中の(ⓐ)に当てはまる人物名を書きなさい。

図１

> 11世紀後半の大きな戦乱を経て東北地方を支配した奥州(㋐)氏は，(㋑)を拠点として，金や馬などの産物や，北方との交易によって栄えたが，12世紀後半，(ⓐ)によってほろぼされた。(ⓐ)はその後，朝廷から征夷大将軍に任命された。

ア ㋐ 伊達　㋑ 多賀城　　**イ** ㋐ 伊達　㋑ 平泉

ウ ㋐ 藤原　㋑ 多賀城　　**エ** ㋐ 藤原　㋑ 平泉

(4) **資料１**は，織田信長が傍線部④の城下町に出した法令の一部を要約したものである。織田信長が**資料１**の政策を行った，城下町を発展させる上でのねらいを，**資料１**から読み取れる，座に対する政策に関連付けて，簡単に書きなさい。

資料１

> 安土山下町(城下町)に定める
> 一，この町を楽市とした以上は，座の特権などは認めない。
> 一，往来する商人は，上海道を通行せず，必ずこの町で宿をとること。
> 一，領国内で徳政を行っても，この町では行わない。
> (「安土山下町中掟書」より，一部を要約)

(5) 傍線部⑤の対外政策に関する**a**，**b**の問いに答えなさい。

a 傍線部⑤は，17世紀前半に鎖国の体制を固めたが，いくつかの藩は外交や貿易を許されていた。鎖国の体制のもとで，朝鮮との外交や貿易を担っていた藩を，次の**ア**～**エ**の中から１つ選び，記号で答えなさい。

ア 薩摩藩　　**イ** 長州藩　　**ウ** 対馬藩　　**エ** 土佐藩

b 蘭学者の渡辺崋山と高野長英は，傍線部⑤の対外政策を批判し，幕府によって処罰された。渡辺崋山と高野長英が批判した，傍線部⑤の対外政策として適切なものを，次の**ア**～**エ**の中から１つ選び，記号で答えなさい。

ア 日米和親条約を結び，港を開いた。　　**イ** 日米修好通商条約を結び，貿易を認めた。

ウ 禁教令を出し，キリスト教を禁じた。　　**エ** 異国船打払令を出し，外国船を砲撃させた。

(6) 略年表中のⒶの期間に関する**a**，**b**の問いに答えなさい。

a 次の**ア**～**ウ**は，Ⓐの期間におこった日本のできごとについて述べた文である。**ア**～**ウ**を時代の古い順に並べ，記号で答えなさい。

ア シベリア出兵を見こした米の買い占めから米の値段が上がり，米騒動がおこった。

イ 人々が銀行に殺到して預金を引き出し，銀行の休業や倒産が相次ぐ金融恐慌がおこった。

ウ ヨーロッパでおこった第一次世界大戦の影響で，日本では大戦景気が始まった。

b Ⓐの期間に普通選挙法が成立した。その普通選挙法と同じ年に制定された，共産主義や社会運動を取り締まりの対象とした法律は何とよばれるか。その名称を書きなさい。

(7) 傍線部⑥は1920年代後半に始まった。**表２**は，1925年，1933年，1938年における，アメリカ，ソ連，ドイツの，鉄鋼生産量を示している。**表２**の中の**ア**～**ウ**は，アメリカ，ソ連，ドイツのいずれかを表している。**資料２**は，経済のしくみの違いについてまとめたものである。**資料２**を参考にして，**表２**の**ア**～**ウ**の中から，ソ連に当たるものを１つ選び，記号で答えなさい。また，そのように判断できる理由を，**資料２**から読み取れる，ソ連が採用していた経済のしくみに関連付けて，簡単に書きなさい。

表２

	鉄鋼生産量（十万ｔ）		
	1925年	1933年	1938年
ア	461	236	288
イ	123	84	205
ウ	19	70	180

注 「近代国際経済要覧」により作成。

資料２

市場経済
市場を通じて物やサービスの取り引きが自由に行われる。
計画経済
政府が作った計画に従って生産・流通・販売などの経済活動が行われる。

(8) 傍線部⑦において，1946年に，財閥に対する改革が本格的に始まった。**グラフ１**は，日中戦争が始まった1937年と，財閥に対する改革が本格的に始まる直前の1946年における，全国の会社の資本金に占める，四大財閥（三井・三菱・住友・安田）傘下の会社の割合を，業種別に示している。1946年に，財閥に対してどのような改革が行われたか。その改革を，**グラフ１**から考えられる，改革が行われた理由が分かるように，簡単に書きなさい。

グラフ１

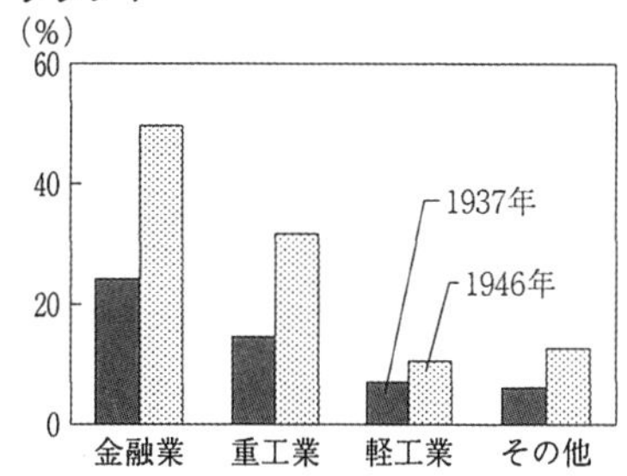

注 「近現代日本経済史要覧」により作成。

2 次の(1)～(6)の問いに答えなさい。なお，**地図１**の中の A ～ E は県を，ⓐ～ⓒは都市を，それぞれ示している。(12点)

地図１

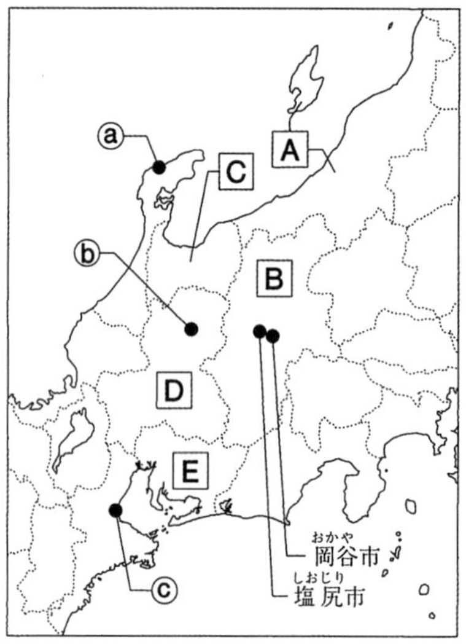

(1) 中部地方にある，標高3000m前後の山々が連なる飛騨，木曽，赤石の３つの山脈の，ヨーロッパの山脈にちなんだ総称は何か。その総称を書きなさい。

(2) **グラフ２のア～ウ**は，**地図１**のⓐ～ⓒのいずれかの都市の，気温と降水量を示したものである。**グラフ２のア～ウ**の中から，ⓒの都市の，気温と降水量を示したものを１つ選び，記号で答えなさい。

グラフ２

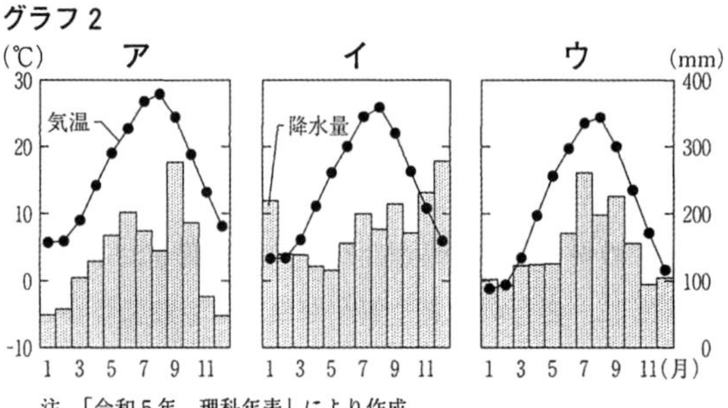

注 「令和５年　理科年表」により作成。

(3) **図２**は，**地図１**の塩尻市と岡谷市の，一部の地域を示した地形図である。**図２**から読み取れることを述べた文として適切なものを，下の**ア～オ**の中から２つ選び，記号で答えなさい。

図２

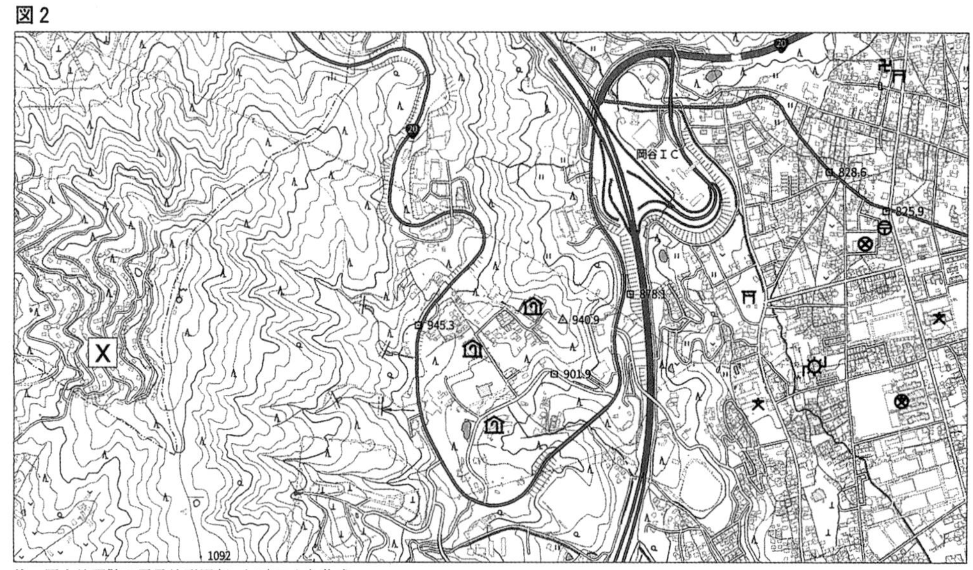

注 国土地理院の電子地形図(タイル)により作成。

ア X は，岡谷ＩＣ(インターチェンジ)から見て北側に位置する。

イ X の付近は，老人ホームの付近に比べて標高が低い。

ウ X の付近は，郵便局の付近に比べて建物の配置がまばらである。

エ X の付近には，広葉樹林が広がっている。

オ X の付近には，等高線に沿った道路が見られる。

令和六年度

高等学校入学者選抜学力検査

国語

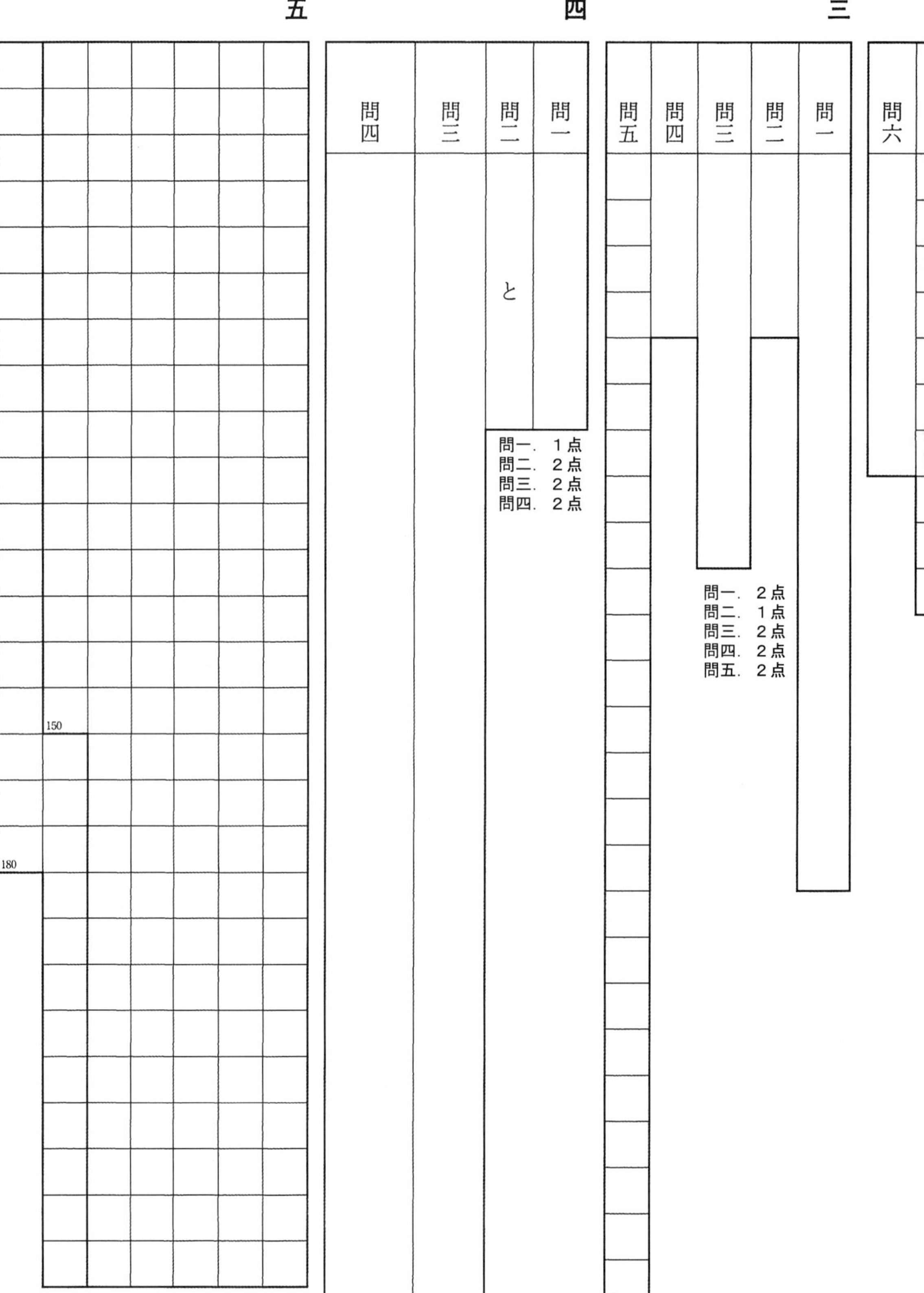

三

問一 問二 問三 問四 問五 (25)

問一. 2点
問二. 1点
問三. 2点
問四. 2点
問五. 2点

四

問一 問二 と 問三 問四

問一. 1点
問二. 2点
問三. 2点
問四. 2点

五

(150) (180)

6点

2024(R6) 静岡県公立高

1　解答用紙はこの裏面です。

2　解答用紙に，受検番号と氏名を記入しなさい。

3　解答は，問題ごとに解答用紙の所定欄に記入しなさい。

4　問題は別紙にあります。

(答) きゅうり　本, なす　本

4
(1) 2 点
(2) 2 点
(3) 3 点

(1)			
(2)	cm	(3)	cm^3

(答) $a=$

7
(1) 6 点
(2) 3 点

(1) (証明)

(2) 度

1　解答用紙はこの裏面です。

2　解答用紙に，受検番号と氏名を記入しなさい。

3　解答は，問題ごとに解答用紙の所定欄に記入しなさい。

4　問題は別紙にあります。

5　最初に放送による問題があります。放送による問題が終わったら，続けて，ほかの問題を解きなさい。

3

Hi, Joyce.　I'm in Nara.

Your friend,
Kei

4点

4 (1) ⓐ (　　　　　)　ⓑ (　　　　　)

(2) ①

②

(3)

(4)

(5)

(6)

(7)

(1) 1点×2
(2) 2点×2
(3) 2点
(4) 2点
(5) 2点
(6) 2点
(7) 2点

【解答用

1　解答用紙はこの裏面です。

2　解答用紙に，受検番号と氏名を記入しなさい。

3　解答は，問題ごとに解答用紙の所定欄に記入しなさい。

4　問題は別紙にあります。

1　解答用紙はこの裏面です。

2　解答用紙に，受検番号と氏名を記入しなさい。

3　解答は，問題ごとに解答用紙の所定欄に記入しなさい。

4　問題は別紙にあります。

5　最初に放送による問題があります。放送による問題が終わったら，続けて，ほかの問題を解きなさい。

1　解答用紙はこの裏面です。

2　解答用紙に，受検番号と氏名を記入しなさい。

3　解答は，問題ごとに解答用紙の所定欄に記入しなさい。

4　問題は別紙にあります。

1　解答用紙はこの裏面です。

2　解答用紙に，受検番号と氏名を記入しなさい。

3　解答は，問題ごとに解答用紙の所定欄に記入しなさい。

4　問題は別紙にあります。

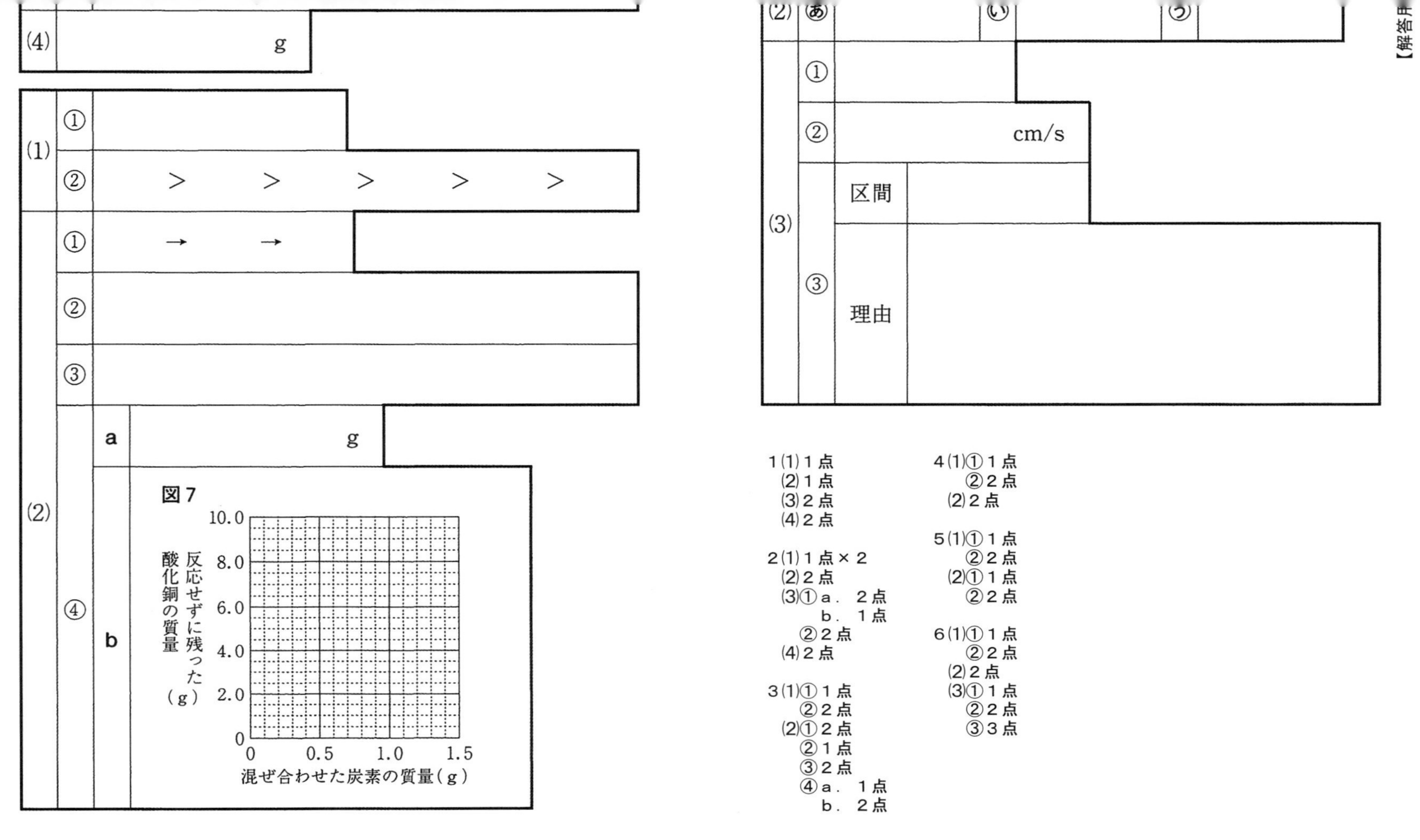

1 (1) 1点
(2) 1点
(3) 2点
(4) 2点

2 (1) 1点×2
(2) 2点
(3) ① a. 2点
b. 1点
② 2点
(4) 2点

3 (1) ① 1点
② 2点
(2) ① 2点
② 1点
③ 2点
④ a. 1点
b. 2点

4 (1) ① 1点
② 2点
(2) 2点

5 (1) ① 1点
② 2点
(2) ① 1点
② 2点

6 (1) ① 1点
② 2点
(2) 2点
(3) ① 1点
② 2点
③ 3点

1　解答用紙はこの裏面です。

2　解答用紙に，受検番号と氏名を記入しなさい。

3　解答は，問題ごとに解答用紙の所定欄に記入しなさい。

4　問題は別紙にあります。

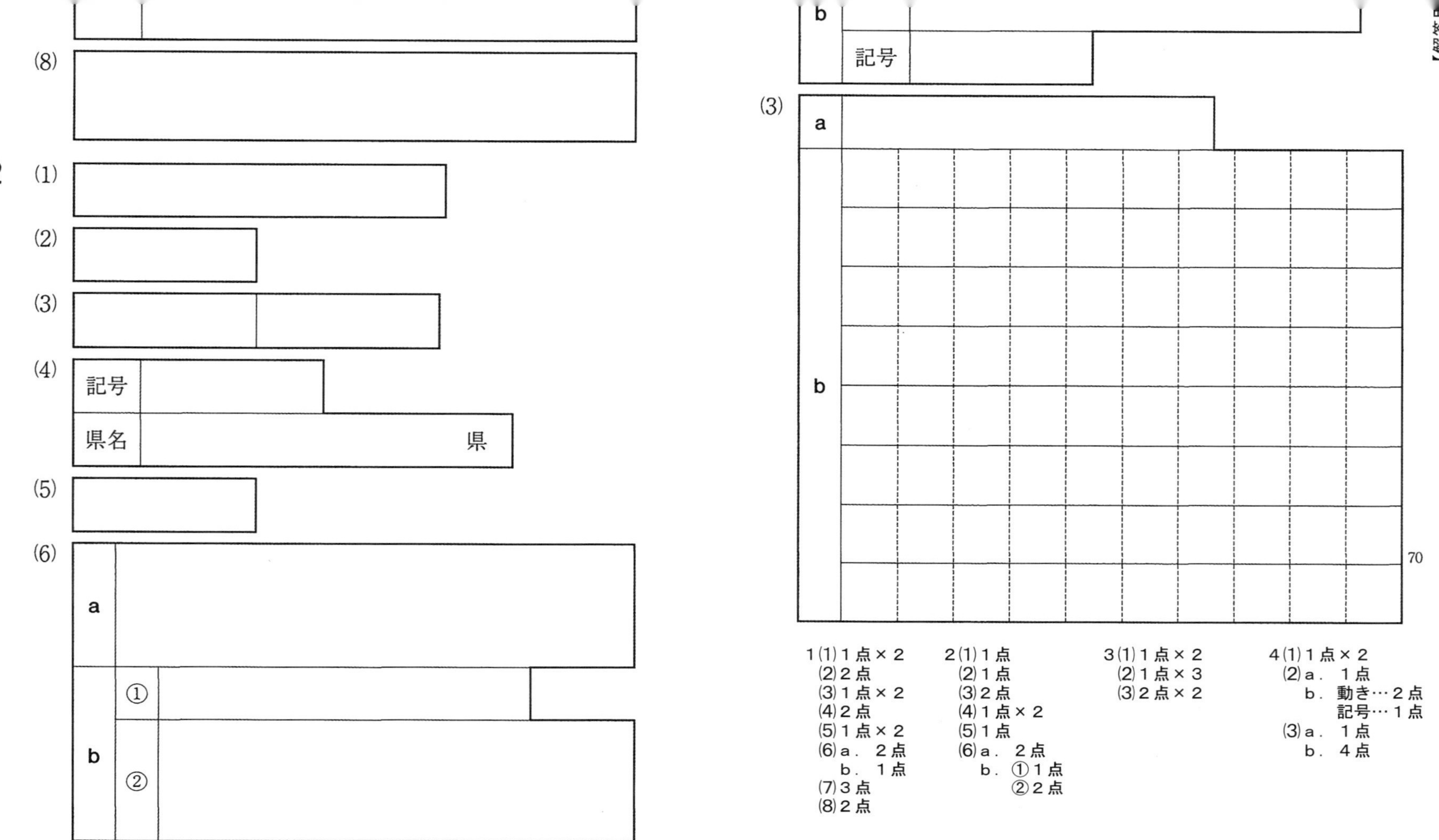

1 (1) 1点×2
(2) 2点
(3) 1点×2
(4) 2点
(5) 1点×2
(6) a． 2点
b． 1点
(7) 3点
(8) 2点

2 (1) 1点
(2) 1点
(3) 2点
(4) 1点×2
(5) 1点
(6) a． 2点
b． ① 1点
② 2点

3 (1) 1点×2
(2) 1点×3
(3) 2点×2

4 (1) 1点×2
(2) a． 1点
b． 動き…2点
記号…1点
(3) a． 1点
b． 4点

社　　会　解答用紙

受検番号		氏　名	

※50点満点

1
(1)
名称	
記号	

(2)

(3)
記号	
ⓐ	

(4)

(5)
a	
b	

(6)
a	→ →
b	

(7)
記号	

3
(1)
a	
b	大陸

(2)
a	記号	
	国名	
b		

(3)
a	
b	

4
(1)
a	
b		

(2)
a	

令和6年度

高等学校入学者選抜学力検査

社　会

【解答用

理　　科　解答用紙

受検番号		氏　名	

※50点満点

1

(1)	
(2)	
(3)	
(4)	A

2

(1)	①		
	②	体表は	
(2)			
(3)	①	a	
		b	

4

(1)	①	
	②	
(2)		

5

(1)	①	図10
	②	
(2)	①	
	②	

6

(1)	①	

令和６年度

高等学校入学者選抜学力検査

理　科

【解答用

英　　語　解答用紙

受検番号		氏　名	

※50点満点

1 (1) A [ ]　B [ ]　C [ ]　D [ ]

(1) 2点×4
(2) 2点×3

(2) 質問1（　　　）　質問2　ⓐ（　　　）　ⓑ（　　　）

質問3 ________________ in the village.

2 (1) ⓐ [ ]　ⓑ [ ]　ⓒ [ ]

(1) 1点×3
(2) 1点×3
(3) 2点
(4) 2点
(5) 2点
(6) 4点

(2) A [ ]　B [ ]　C [ ]

(3) [ ][ ][ ][ ][ ]

(4) ________________

(5) ① [ ]　② [ ]

(6) [ ]

令和6年度

高等学校入学者選抜学力検査

英　語

【解答用

数　学　解答用紙

受検番号		氏　名	

※50点満点

1
⑴ 2点 × 4
⑵ 2点
⑶ 2点

⑴	ア		イ	
	ウ		エ	
⑵		⑶		

2
2点 × 3

⑴

図1

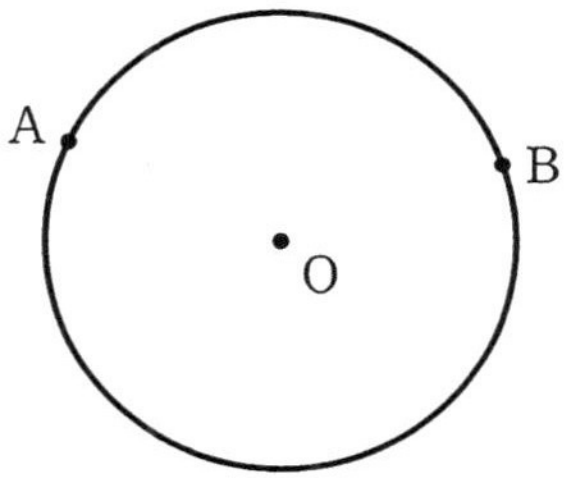

A　B　O

⑵		⑶	

5
⑴ 1点
⑵ 2点

⑴		⑵	

6
⑴ 2点
⑵
ア．2点
イ．4点

⑴		
⑵	ア	$\leqq a \leqq$
	イ	（求める過程）

令 和 6 年 度

高 等 学 校 入 学 者 選 抜 学 力 検 査

数　　　学

国語　解答用紙

受検番号		氏名	

※50点満点

一

問一　Ⓐ　　Ⓘ（する）

問二

問三　（30）

問四

問五

問六　（60）

問一．１点×２
問二．２点
問三．２点
問四．２点
問五．２点
問六．３点

二

問一　Ⓐ（われて）　Ⓘ　Ⓤ　Ⓔ（く）

問二　と

問三　（25）

問四

問一．１点×４
問二．２点
問三．２点
問四．２点
問五．３点
問六．２点

一　解答用紙はこの裏面です。
二　解答用紙に、受検番号と氏名を記入しなさい。
三　解答は、問題ごとに解答用紙の所定欄に記入しなさい。
四　問題は別紙にあります。

(4) [C] では，四大公害病の１つに数えられる公害病が発生した。その公害病の原因として最も適切なものを，次のア～エの中から１つ選び，記号で答えなさい。また，[C] の県名を書きなさい。

ア 騒音　　**イ** 水質汚濁　　**ウ** 悪臭　　**エ** 大気汚染

(5) **表3**は，2019年における，[A] ～ [D] の食料品，化学工業，電子部品，輸送用機械の工業出荷額を示している。**表3**の中の**ア**～**エ**は，[A] ～ [D] のいずれかを表している。**ア**～**エ**の中から，[A] に当たるものを１つ選び，記号で答えなさい。

表3

	工業出荷額(億円)	工業出荷額の内訳(億円)			
		食料品	化学工業	電子部品	輸送用機械
ア	62,194	5,916	948	7,385	4,040
イ	59,896	3,817	2,814	1,661	11,596
ウ	50,113	8,185	6,403	3,379	2,450
エ	39,411	1,557	7,781	3,272	1,584

注 「データでみる県勢2023」により作成。

(6) 農業に関する**a**，**b**の問いに答えなさい。

a 中部地方では，様々な品種の稲が作付けされている。**グラフ3**は，1960年，1990年，2020年における，日本の米の，収穫量と自給率の推移を示している。**グラフ3**から，1960年から2020年における，日本の水稲の作付面積(田の面積のうち，実際に米を作る面積)は，どのように推移したと考えられるか。その推移を，**グラフ3**から考えられる，日本の米の国内消費量の変化に関連付けて，簡単に書きなさい。

グラフ3

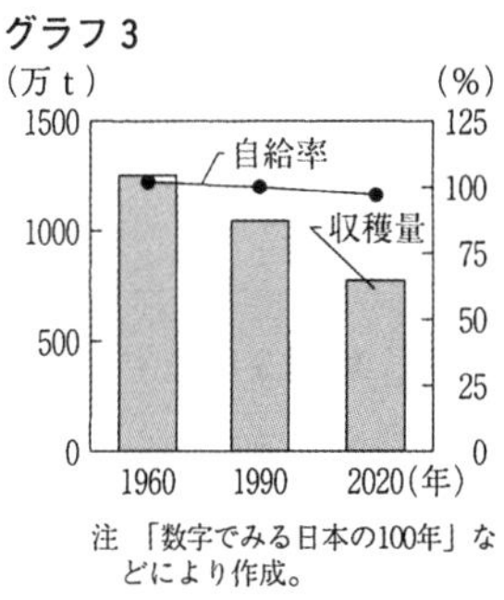

注 「数字でみる日本の100年」などにより作成。

b [E] では，施設園芸がさかんである。施設園芸に関する①，②の問いに答えなさい。

① 施設園芸では，施設を利用して作物の生育を調節する栽培方法がとられている。このうち，出荷時期を早める工夫をした栽培方法は何とよばれるか。その名称を書きなさい。

② 施設園芸には，露地栽培(屋外で施設を用いずに行う栽培)と比べて利点もあるが，課題もある。**グラフ4**は，2012年度から2021年度における，日本の農業で使用される燃料の価格の推移を示している。**グラフ5**は，2020年における，日本の，施設園芸と露地栽培の，農業経営費に占める経費別の割合を示している。**グラフ4**から考えられる，施設園芸の経営上の問題点を，**グラフ5**から読み取れることに関連付けて，簡単に書きなさい。

グラフ4

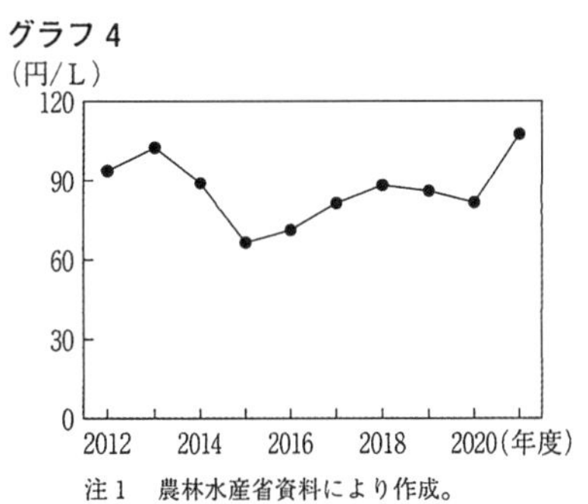

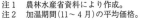

注1 農林水産省資料により作成。
注2 加温期間(11～4月)の平均価格。

グラフ5

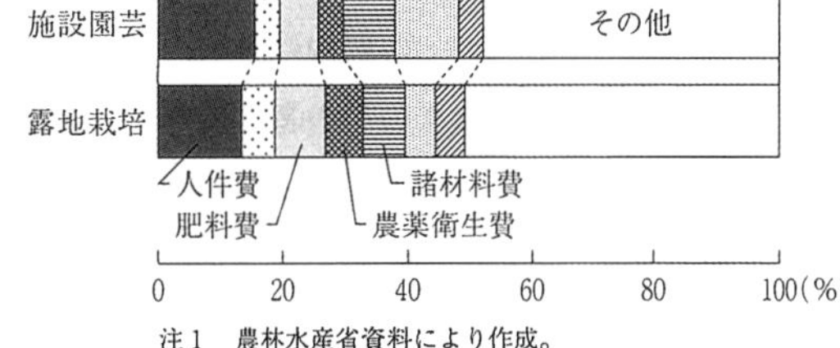

注1 農林水産省資料により作成。
注2 野菜の場合を示している。

3 次の(1)～(3)の問いに答えなさい。なお，**地図2**は，緯線と経線が直角に交わった地図であり，**地図3**は，シカゴを中心とし，シカゴからの距離と方位が正しい地図である。**地図2**の中の A ～ D は国を示している。（９点）

地図2

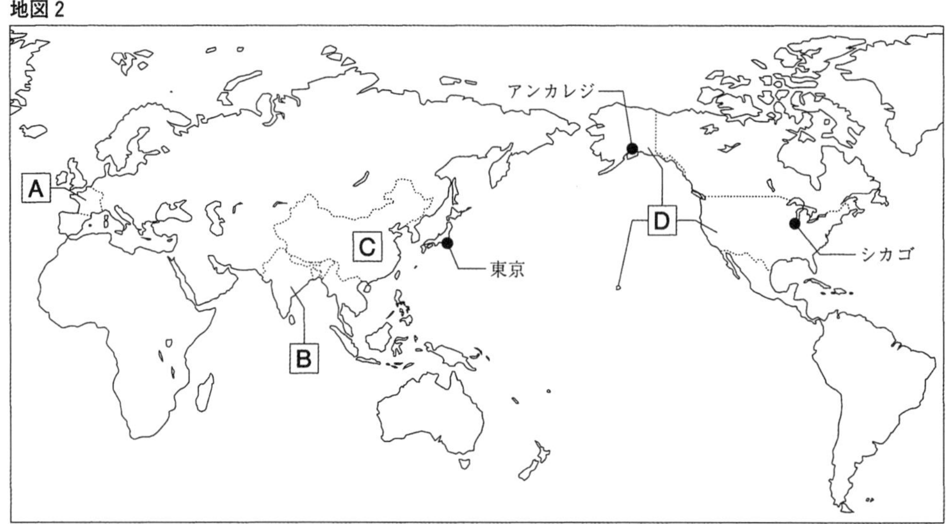

(1) **地図3**に関する**a**，**b**の問いに答えなさい。

a **地図3**の中の**ア**～**エ**は緯線を示している。**ア**～**エ**の中で，赤道を示しているものを１つ選び，記号で答えなさい。

b シカゴから航空機で西に向かって出発し，向きを変えることなく進んだとき，この航空機が北アメリカ大陸の次に通る大陸は，世界の六大陸のうちのどの大陸か。その名称を書きなさい。

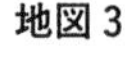

地図3

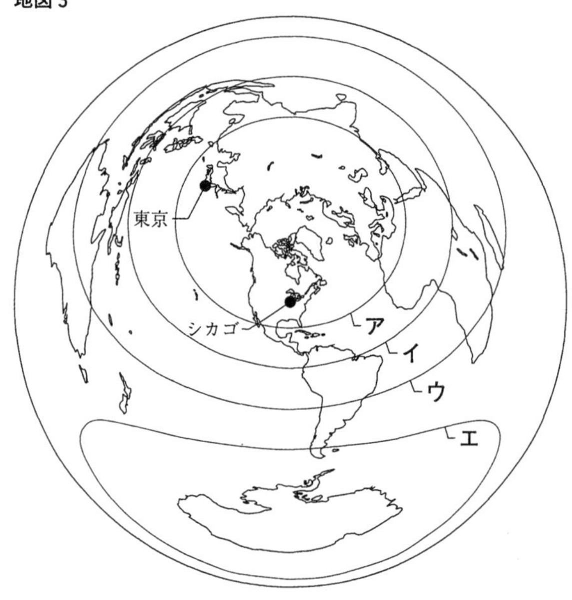

(2) **表4**は，A ～ D と日本の，1990年，2000年，2010年，2020年における，１人当たりの国内総生産を示している。**表4**の中の㋐～㋓は，A ～ D のいずれかを表している。**表4**に関する**a**，**b**の問いに答えなさい。

a **表4**の㋑に当たる国を，A ～ D の中から１つ選び，記号で答えなさい。また，その国名も書きなさい。

表4

	１人当たりの国内総生産（ドル）			
	1990年	2000年	2010年	2020年
㋐	369	442	1,351	1,910
㋑	318	959	4,550	10,409
㋒	21,866	22,416	40,676	39,055
㋓	23,889	36,330	48,651	63,531
日本	25,371	39,169	44,968	39,918

注　世界銀行資料により作成。

b　**表4**に示された国の国全体の経済力を比較するために，これらの国の国内総生産を求めたい。**表4**のほかに，次の**ア**～**エ**の統計資料があるとき，**表4**に加えて，**ア**～**エ**の中のどの２つを用いれば求めることができるか。**ア**～**エ**の中から２つ選び，記号で答えなさい。

ア　総面積　　**イ**　国民総所得　　**ウ**　人口密度　　**エ**　生産年齢人口

(3)　D に関する**a**，**b**の問いに答えなさい。

a　**図3**は D のアラスカ州にあるパイプラインを撮影した写真である。**図3**のパイプラインは，アラスカ州の北岸で採掘した原油を温めて，南岸へと流している。また，アラスカ州は多くの地域が冷帯や寒帯に属し，１年を通して凍っている永久凍土という土壌が広がっている。**図3**のパイプラインには，この自然環境を維持するための工夫が見られる。**図3**のパイプラインに見られる，この自然環境を維持するための工夫を，その工夫による効果が分かるように，簡単に書きなさい。

図3

注「最新地理図表GEO四訂版」より。

b　**地図2**のアンカレジは，航空機による国際貨物輸送の拠点になっている。航空機には，貨物や燃料などの重量を合計した総重量の最大値が設定されている。シカゴと東京を結ぶ貨物輸送を行う航空機は，アンカレジの空港を経由し給油を行うことにより，直行する場合と比べて，貨物の重量を増やすことができる。シカゴと東京を結ぶ貨物輸送を行う航空機が，アンカレジの空港を経由し給油を行うと，貨物の重量を増やすことができるのはなぜか。その理由を，**地図2**と**地図3**から読み取れる，アンカレジの位置の特徴に関連付けて，簡単に書きなさい。

4　次の(1)～(3)の問いに答えなさい。(11点)

(1)　金融に関する**a**，**b**の問いに答えなさい。

a　次の ［　　］ の中の文は，金融機関が収入を得るしくみについてまとめたものである。文中の(　ⓐ　)に当てはまる語を書きなさい。

> 銀行は，融資する相手から返済にあたって(　ⓐ　)を受け取り，預金者に(　ⓐ　)を支払う。その(　ⓐ　)の差額が銀行の収入になる。

b　日本の中央銀行である日本銀行が取り引きを行う対象として正しいものを，次の**ア**～**エ**の中から２つ選び，記号で答えなさい。

ア　銀行　　**イ**　工場　　**ウ**　家計　　**エ**　政府

(2)　国際連合に関する**a**，**b**の問いに答えなさい。

a　国際連合は，経済，社会，文化，人権などのさまざまな分野で，人々の暮らしを向上させる努力を行っている。**資料3**は，1948年に国際連合で採択された，各国の人権保障の基準になっているものの一部である。この，国際連合で採択されたものは何とよばれるか。その名称を書きなさい。

資料3

> **第1条**
> すべての人間は，生(うま)れながらにして自由であり，かつ，尊厳と権利とについて平等である。人間は，理性と良心とを授けられており，互いに同胞の精神をもって行動しなければならない。

[次のページに続く]

b　**グラフ6**は，1945年，1955年，1965年，1975年の，国際連合の地域別の加盟国数を示している。**グラフ6**の中の**ア**～**エ**は，アジア，アフリカ，ヨーロッパ，オセアニアのいずれかを表している。**グラフ6**から，1945年と比べて，1975年の国際連合の加盟国数は，すべての地域で増加していることが分かる。アジアとアフリカの加盟国数の増加に共通する理由となる，第二次世界大戦後のアジアとアフリカの動きを，その動きにつながる，アジアとアフリカの歴史的な背景が分かるように，簡単に書きなさい。また，**ア**～**エ**の中から，アジアに当たるものを1つ選び，記号で答えなさい。

グラフ6

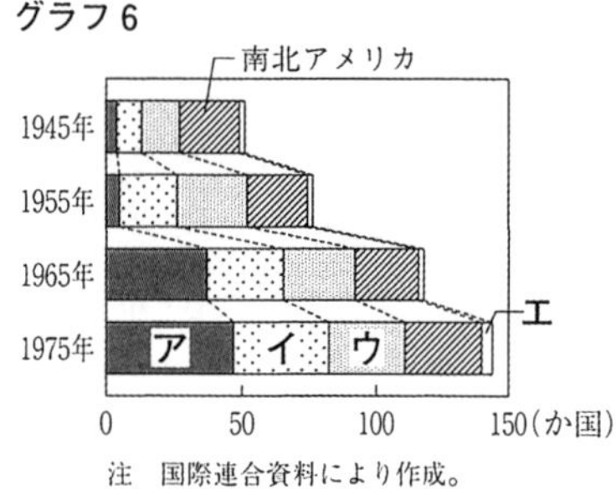

注　国際連合資料により作成。

(3)　地方議会に関する**a**，**b**の問いに答えなさい。

a　地方議会は，地方公共団体の予算の決定や，地方公共団体独自の法(ルール)の制定などを行う。地方議会が制定する，その地域だけで適用される地方公共団体独自の法は，一般に何とよばれるか。その名称を書きなさい。

b　地方議会は，地域の多様な意見を集約し，さまざまな立場から地域社会のあり方を議論することが求められている。近年，地方議会議員選挙において，立候補者数が定数を超えず，無投票となることが増えている。**表5**は，地方議会議員選挙が無投票となった市区町村の一部で行われている取り組みを示している。**グラフ7**は，2019年の，統一地方選挙(全国で期日を統一して行う，地方公共団体の，首長と議会の議員の選挙)を実施した市区町村における，議員報酬の平均月額別の，無投票となった市区町村の割合を示している。**グラフ8**は，2019年の，統一地方選挙を実施した市区町村における，議員の平均年齢別の，無投票となった市区町村の割合を示している。地方議会議員選挙が無投票となることを防ぐ上での，市区町村が**表5**の取り組みを行うねらいを，**グラフ7**と**グラフ8**のそれぞれから読み取れることと，地方議会議員にとっての**表5**の取り組みの利点に関連付けて，70字程度で書きなさい。

表5

取り組み	内容
通年会期制の導入	数週間にわたる定例会を年4回開いて審議を行っていたが，1年を通して開会する通年会期とし，予定が立てやすいように，特定の曜日や時間に設定した定例日に審議を行うようにした。
夜間・休日議会の実施	平日の昼間に行っていた審議を，会社員などと兼業する議員が参加しやすい夜間や休日に実施するようにした。

注　総務省資料により作成。

グラフ7

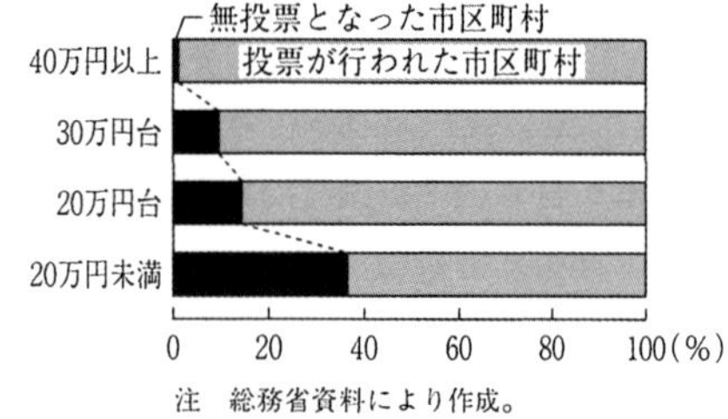

注　総務省資料により作成。

グラフ8

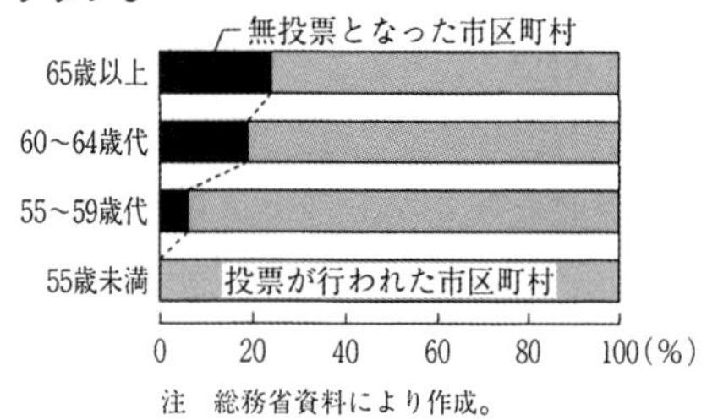

注　総務省資料により作成。

静岡県公立高等学校

令和五年度

高等学校入学者選抜学力検査問題

国語

（50分）

注意事項

一　問題は、一ページから七ページまであります。

二　解答は、すべて解答用紙に記入しなさい。

2023(R5) 静岡県公立高
教英出版

一　次の文章には、校内の俳句大会で優勝したユミが、同級生で俳句を作る仲間である、ハセオとソラを、春休みに学校で待っているときのことが書かれている。この文章を読んで、あとの問いに答えなさい。（14点）

校長先生から聞かされた、ハセオの話を、ユミは思い出していた。

春休み前、（あ）"豪華景品"を受け取りに行ったときのことだ。

なんのことはない、校長先生が学生時代に出した詩集を、自費出版で立派な注①装丁の本にしたものだった。タイトルは、『青春はがんもどき』。

気持ちはうれしいけど、こういうのをもらって、喜ぶ子はいるんだろうか……。でも、「造本に凝って、時間がかかってしまったよ、ほら注②このフランス装がきれいでしょう？」とうれしそうな校長先生を前にして、不満げな顔を見せるわけには、いかなかった。

それよりも、ユミにとって重要だったのは、注③「ヒマワリ句会のハセオくんなんだけどね。」と前置きをして始まった話のほうだった。

「俳句大会の開会宣言のあとですぐ、私に直談判を求めてきたんだ。」

校長室に、いきなりやってきたハセオは、言いたいことがあるという。校長先生の発言を取り消してほしい、と。俳句は伝統文化。そう言った先生の言葉が、どうしても許せないのだという。伝統文化と言ったとたんに、祠の中の神様みたいになるのが、自分はいやだ。俳句は確かに昔からあるけれど、いまの自分の気持ちや、体験を盛るための器として、自分は俳句をやっている。校長先生の発言は、"いま、ここの詩"として、俳句を作っている自分たちを、注④ないがしろにするものだ。

「彼の言葉が、ぐさっと（い）むねに突き刺さってね。」

俳句とはなにか、詩とはなにか。生徒から問われた気がしたのだという。「あの生徒も、やはり、わが校の誇りだよ。」

校長先生は、私も考えがあって言ったことなので、発言の取り消しはしないが、あなたから与えられた"宿題"として、あなたの卒業の日までに、考えておくと返したそうだ。ハセオは、それでいちおう、満足した様子だったという。

校長先生に自分が"宿題"を出したというのが、うれしかったのかも、などとユミは思う。あいつは、いつも宿題に苦しめられていたから。

「この本を出そうと思ったのも、彼の言葉がきっかけだったんだ。――ところで、俳句大会に彼が出した句を、君は知ってる？」

ユミは頭を振る。本人に聞いても、適当にはぐらかされたまま、いまに至っていた。

校長先生は少し考えてから、「君は彼と同じ句会の仲間、つまり句友だしね。俳句大会の優勝者でもある。感想を聞いてみたい。彼には、私が伝えたことは、内緒にしておいてくれよ。」と断ってから、「こんな句なんだ。」と、一枚の短冊を渡した。俳句大会の投稿用紙として、使われたものだ。短冊の裏に、クラスと名前を書く欄があるから、それを手掛かりにボックスの中の大量の注⑤投句の中から、ハセオの句を探しだしたのだろう。ユミにとっては、記名欄を確認する必要はなかった。まぎれもなく、ハセオのくせの強い字で、

　雪がふるそらのことばを受け止める

と書いてある。

「その句はね、大会では、三点しか入っていなかったんだ。でも、私はいい句だと思う。あなたはどうかな？」

ユミは、その短冊の字を、何度も目で追った。追うだけではなくて、思わず一度、口に出してもみた。まちがいない。それは、ユミが、自分注⑥のサクラシールを貼った句だった。

ヒマワリ句会に出るようになって、たくさんの言葉とめぐりあった。誰かの言葉にも、そして自分の中に（う）潜んでいた言葉にも。今まで聞いたことのない言葉もあった。なじみのある言葉であっても、それががらりと違って見えたこともあった。

言葉は、とても［　　］。形がなくて、すぐに消えてしまう。まさに、雪のように。でも、その言葉を受け止めて、一歩踏み出すことができたのも、ゆるがない事実だ。この学校に、自分と同じように言葉に助けられた人がいたということがうれしくて、最終的にこの句を選んだのだった。

やっぱり、ふざけなければ、いい句も書けるじゃないか。もしいまここに、ハセオがいたなら、その背中をばーん！と叩(たた)いてやるところだ。

「てのひらに降ってくる雪。それを、『そらのことば』と言いかえてみせたのは、あっと驚くマジックじゃないかい？　ふつうは『空の言葉』と書くところ、ひらがなにしているのはきっと、そのことで、雪のつぶのやわらかさを表現したかったんだと、私は思う。」校長先生は、ユミの感想も待たないで、少し興奮した口調で、鑑賞の弁を述べた。

たしかに、その通りだ。でも、ハセオの句と知ったいま、ユミは隠された意図をそこに読み取っていた。これは挨拶なんだ。ハセオから、ソラへの。「そら」には、かけがえのない友人の名前を、掛けてあるのだ。

（高柳克弘(たかやなぎかつひろ)『そらのことばが降ってくる　保健室の俳句会』による。）

（注）① 表紙、カバーなどの体裁を整えること。② 製本の仕方の一つ。
③ 俳句を作り批評し合う会の校内での名称。ユミ、ハセオ、ソラだけが所属している。
④ 軽んじること。⑤ 投稿された俳句のこと。
⑥ ここでは、俳句大会で好きな句に貼る、生徒に配られたシールのこと。

問一　二重傍線（═）部㋐、㋒の漢字に読みがなをつけ、㋑のひらがなを漢字に直しなさい。

問二　次のア～エの中から、波線（〰）部と同じ構成の熟語を一つ選び、記号で答えなさい。

ア　軽重　**イ**　読書　**ウ**　花束　**エ**　日没

問三　本文には、校長先生が考えておくことにした「宿題」の内容が分かる一文がある。その一文の最初の五字を抜き出しなさい。

問四　傍線（──）部の句に、ユミが「サクラシール」を貼ることに決めたのはなぜか。その理由を、俳句大会でユミが、傍線（──）部の句を見て気付いたことが分かるように、三十字程度で書きなさい。

問五　次のア～エの中から、本文中の［　　］の中に補う言葉として、最も適切なものを一つ選び、記号で答えなさい。

ア　頼りない　**イ**　大人げない　**ウ**　新しい　**エ**　力強い

問六　ユミは、俳句大会のハセオの句に、かけがえのない友人への挨拶が隠されていることを読み取っている。ユミは、ハセオが俳句大会の句に、かけがえのない友人への挨拶を、どのように隠したと読み取っているか。ハセオが俳句を作る目的を含めて、五十字程度で書きなさい。

二　次の文章を読んで、あとの問いに答えなさい。（14点）

わたしたちにとって何よりも重要なことは、自分以外の人びととどのように関係しながら生きるかということです。自分以外の人びととは、生まれたときから頼りあってくらしている身近な人はもちろん、まだ会ったこともない地球上のさまざまな人びとでもあります。

そうした人びととのかかわりの平面はしかし、わたしたちにとってごく限られています。地球上で起こっているさまざまな出来事について、わたしたちは多くの場合、新聞やテレビの報道で知ります。まるでかんきゃくのようにしてそれにふれます。その人たちの運命と自分のそれとはあまりに遠く隔たっていて、それらが自分の毎日の生活とどうつながっているのかは、相当な知識と想像力がなければ理解できません。他方、毎日の生活のなかで絶対なおざりにできないのは、同僚や友だち、あるいは家族との関係です。ここでは相手の一言一言に深く傷ついたり、落ち込んだり、逆に強く励まされたりしています。

ここから抜け落ちているのは、よく〈中間世界〉と呼ばれているものです。自治体の市民としての生活、地域住民としての生活です。いいかえると、ふだんの生活の具体的な文脈となっている世界であり、ともに社会を動かす主体でありながらたがいに未知であるような人たちとのかかわりです。それこそ政治や経済が具体的に働きだしている世界です。

ところがそのような世界の仕組みは、さまざまな要因が複雑に絡まっていて、容易に見通せるものではありません、むしろわたしたちの現実はわからないものばかりで編まれていると言ってもいいほどです。

少し具体的にお話ししましょう。□　政治、それは外交をとっても国内行政をとっても、不確定な要素に満ちています。政治は、状況が刻々と変わるなかで、きちんとした見通しもつかないまま、しかも即刻なんらかの決定をしなければならない、そんな判断が求められる世界です。すぐにも実行しなければならない施策が二つ、A、Bとあっても、Aを先にやるかBを先にやるかによって、ABそれぞれの施策の意味も実効性も大きく変わってしまいます。そんな不確定な状況のなかであいだを置かずもろもろの決定をしなければならないのが、政治的な判断というものです。

次に、場面を変えて、介護や看護といったケアのいとなみについて考えてみましょう。ケアの現場では、ケアを受ける当事者とその家族、さらにはケアに携わる人や介護スタッフ、医師や施設の管理運営を預かる者というふうに、それぞれの立場で判断はときに微妙に、ときに大きく異なります。そういう対立した思いが錯綜するなかで、いいかえると、だれの思いを通してもだれかに割り切れなさが残るそういう現場のなかで、それでもこの場合に何がいちばんいいケアなのかを考え、ケアの方針を立てねばなりません。ここでは、正解のないところでそれでも一つの解を選び取る、そういう思考が求められます。

さらに場面を変えて、芸術制作の現場を考えてみます。制作者は自分が何を表現したいのか、自分でもよくわかっていません。はじめは、表現しなければならないという衝迫だけがあるだけです。けれどもできあがった作品は、美術の場合ならここにはこの線、この色、音楽の場合ならここにはこの音、この和音しかありえないといった、必然性が隅々まで行き渡っています。ここでは、曖昧な事を割り切るのではなく、曖昧な感情を曖昧なまま正確に表現することが求められているわけです。

このように不確定なこと、わからないことが充満する世界、正解のない世界のなかで重要なことは、すぐにはわからない問題を手持ちのわかっている図式や枠に当てはめてわかった気にならないことです。わかっていることよりもわかっていないことをきちんと知ること、わからないけれどこれは大事ということを知ることが重要なのです。そしてそのうえで、わからないものにわからないまま的確に対応する術を磨いてゆかなければなりません。

（鷲田清一（わしだきよかず）『岐路の前にいる君たちに　鷲田清一　式辞集』による。）

（注）① 軽んじること。　② 複雑に入りくむこと。
③ 心の中にわきおこる強い欲求。

問一　二重傍線（═）部㋐、㋑のひらがなを漢字に直し、㋒の漢字に読みがなをつけなさい。

問二　波線（〰）部**ア**〜**オ**の動詞の中には、活用の種類が一つだけ他と異なるものがある。それはどれか。記号で答えなさい。

問三　本文で述べられている、報道で知る世界の出来事と日常生活とのつながりを理解するために不可欠なものを、本文中から十字以内で抜き出しなさい。

問四　次の**ア**〜**エ**の中から、本文中の［　　］の中に補う言葉として、最も適切なものを一つ選び、記号で答えなさい。

ア　しかし　　**イ**　たとえば　　**ウ**　むしろ　　**エ**　したがって

問五　筆者は本文において、傍線（――）部のような世界における重要なことについて述べている。そのうえでさらに、どのようなことが必要であると述べているか。傍線（――）部のような世界の仕組みが、見抜きづらい理由を含めて、五十字程度で書きなさい。

問六　次の**ア**〜**エ**の中から、本文で述べている内容として適切でないものを一つ選び、記号で答えなさい。

ア　身近な人たちだけでなく、まだ会ったこともない人たちともどのようにかかわって生きるかが重要である。

イ　外交や国内行政を行う政治の世界では、確定していない状況の中でも素早い判断が求められる。

ウ　介護などのケアの現場では、それぞれの立場によってケアに対する思いが食い違うことがある。

エ　芸術の世界では、曖昧なまま表現された作品が意外性にあふれたものとなる。

三　次の文章は、陸上部の部長が、体育館にいる新入生全員の前で、部活動紹介をするためにまとめている原稿である。あなたは、陸上部の部長から原稿についての助言を頼まれた。この原稿を読んで、あとの問いに答えなさい。（9点）

こんにちは。陸上部です。陸上部は、短距離種目を専門とする部員と長距離種目を専門とする部員、合わせて二十人で活動しています。陸上競技は、個人で取り組むことが多いので、孤独な競技と思う人もいるのではないでしょうか。[1]しかし、わたしたち陸上部は、「切磋琢磨（せっさたくま）」という、部員の活動する姿勢を表す合言葉を共有することで、一つのチームとして結束しています。活動日は、毎週火曜、木曜、土曜日の三日間で、顧問の山田先生に[2]教えてもらいながら練習しています。あさってには、見学会を学校のグラウンド西側で実施する予定です。

では、練習内容を紹介します。まず全員でウォーミングアップを行います。全員で体幹を鍛えるトレーニングも行った後、種目ごとに分かれます。短距離では、スタートダッシュを強化する練習などを行います。大会前にはリレーのバトンパスの練習も行います。長距離の部員は、男子五人、女子三人です。長距離では全力走とジョギングを繰り返す練習などを行います。練習の最後に、再び全員で集まり、ストレッチやミーティングを行います。

どの部活動に入るか、悩んでいる人もいると思います。ぜひ、[3]合言葉の表す陸上部員の活動する姿勢を感じ取ってから、入部する部活動を考えてみてください。新入生の皆さん、一緒に青春の一ページを刻みましょう。

なお、あさって行う見学会は、持ち物や着替えの必要はありません。グラウンド西側に集合してください。

問一　傍線部1を聞き手である新入生に伝えるときに、注意すべきことを確認したい。次のア～エの中から、注意すべきこととして、適切でないものを一つ選び、記号で答えなさい。

ア　印象づけるように、言葉に強弱をつけて話す。
イ　理解できるように、意味によるまとまりで区切って話す。
ウ　冷静に伝えるために、原稿に目線を落として話す。
エ　聞き取りやすくするために、はっきりとした発音で話す。

問二　傍線部2の中の「もらい」を、「山田先生」に対する敬意を表す表現にしたい。「もらい」を敬意を表す表現に言い換え、傍線部2を書き直しなさい。

問三　本文中の、第二段落において、練習内容をより簡潔に伝えるために、練習内容ではない、ある一文を削除したい。その一文の、最初の五字を抜き出しなさい。

問四　あなたはこの原稿を読んで、新入生が見学会に参加するために必要な情報が不足していると気付いた。新入生が見学会に参加するために必要な情報として、付け加えるべき内容とはどのようなことか。簡単に書きなさい。

問五　次の［　］の中のメモは、「切磋琢磨」の意味をまとめたものである。あなたは、傍線部3の意味が新入生には伝わりづらいと考え、メモの内容をふまえた表現に書き直したほうがよいと部長に提案した。メモの内容をふまえ、陸上部員の活動する姿勢が新入生に分かりやすく伝わるような表現を考えて、傍線部3を書き直しなさい。

> ①石や玉などを切り磨くように、道徳・学問に励むこと。
> ②志を同じくする仲間と互いに競い合い、励まし合って向上すること。
>
> （『広辞苑（こうじえん）』などによる。）

四　次の文章を読んで、あとの問いに答えなさい。（7点）

頼義(よりよし)（注①）の郎等(らうどう)〔家来〕に、近江国(あふみのくに)（注②）の住人、日置の九郎といふものありア。馬、もののぐ（注③）の出(いで)たち〔よそおい〕奇麗(きれい)なり〔きらびやかだ〕。頼義見て気色を損じイ〔機嫌を悪くし〕、いまいましき〔感心しない〕有様なり、汝(なんぢ)、かならず身を亡(ほろ)ぼすべし〔命を落とすだろう〕、はやく売りはらふべし〔売り払ってしまいなさい〕、それも味方の陣には売るべからず〔売ってはならない〕、敵方へ売るべし〔売りなさい〕。九郎かしこまつてウ〔恐縮して〕、後日のいくさに、また先に〔以前〕おとらぬ奇麗をつくしたるもののぐを着たり。着替の料〔代品〕なりといふ。頼義、なほ身を失ふ相なり〔やはり命を落とす格好である〕、売りはらふべし、かまへて〔絶対に〕着(ちゃく)すべからずと。次の日には、黒革縅(くろかわをどし)〔黒色のよろいで古いもの〕の古きを着たりエ。頼義、これこそめでたしめでたし〔喜ばしく結構である〕と仰(おほ)せ〔お言葉〕あり。奇麗〔着飾ること〕にたから〔金銭〕をつひやせば、家まづしくなりて、よき郎等を扶持(ふち)す〔召し抱えることができる〕べきちからなし、されば〔それゆえ〕、敵にむかひて〔相対して〕亡びやすしと、仰せありしなり。

（志賀(しが)忍(しのぶ)・原義胤(はらよしたね)『三省録(さんせいろく)』による。）

（注）①　源頼義。平安時代の武将。　②　昔の国名。今の滋賀県。
③　よろいなどの武具。

問一　二重傍線（‖）部を、現代かなづかいで書きなさい。

問二　波線（〰）部ア～エの中で、その主語に当たるものが他と異なるものを一つ選び、記号で答えなさい。

問三　傍線（―）部は、九郎のよそおいの変化に対する、頼義の感想である。頼義が、傍線（―）部のような感想を述べたのは、九郎のよそおいが、どのようなものから、どのようなものに変化したからか。その変化を、現代語で簡単に書きなさい。

問四　頼義が、九郎に対して、命を落とすことになるという内容の発言をしたのは、頼義にどのような考えがあったからか。頼義の考えを、現代語で書きなさい。

五　下のグラフは、日本語に関する意識や理解の現状について調査した「国語に関する世論調査」のうち、「国語(日本語)について関心があること」について調査した結果を表したものである。

あなたは、このグラフから、どのようなことを考えるか。あなたが考えたことを、あなたが体験したことや学んだことなど、身近なところにある事柄と関連付けて書きなさい。ただし、次の**条件1**、**2**にしたがうこと。（6点）

条件1　一マス目から書き始め、段落は設けないこと。

条件2　字数は、百五十字以上、百八十字以内とすること。

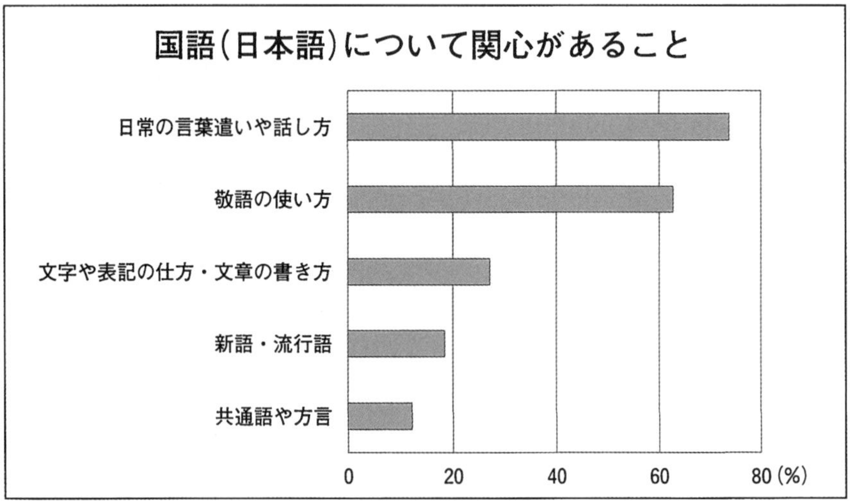

国語(日本語)について関心があること

注１　文化庁「平成30年度　国語に関する世論調査」により、調査項目の中から一部の項目を取り上げて作成（複数回答可）

注２　調査対象は、「国語について関心がある」と答えた、16歳以上の男女、約1,500人

※教英出版注
音声は，解答集の書籍ＩＤ番号を教英出版ウェブサイトで入力して聴くことができます。

放送による問題

はじめに，(1)を行います。これから，中学生の健(Ken)と留学生のリサ(Lisa)が，英語で A，B，C，D の４つの会話をします。それぞれの会話のあとに，英語で質問をします。その質問の答えとして最も適切なものを，**ア**，**イ**，**ウ**，**エ**の４つの中から１つ選び，記号で答えなさい。なお，会話と質問は２回繰り返します。

では，始めます。

A

Lisa：Hi, Ken.　Look at this picture.　This is my favorite movie character.

Ken：Oh, she has a long pencil in her hand.　Why does she have it?

Lisa：Because she loves studying.　She also likes plants, so she holds three flowers in her other hand.

Ken：I see.

質問　Which is Lisa's favorite movie character?

（６秒休止）

B

Ken：We're going to visit the science museum tomorrow.　I'm so excited.

Lisa：Me, too.　Don't forget your cap, lunch, and something to drink.

Ken：I see, but we'll go there by bus.　So we don't need a cap.

Lisa：You're right.　Oh, if you have a camera, can you bring it?

Ken：Sure.　I have a good one.

質問　What will Ken bring to the science museum?

（６秒休止）

C

Ken：Lisa, have you finished your tennis practice?

Lisa：Yes, it was hard.

Ken：Would you like to eat some cookies?　I made them yesterday.

Lisa：Wow, your cookies look delicious.　Can I eat this big one now?

Ken：Of course, but wait.　Before eating it, wash your hands.

Lisa：Oh, I've already done it.

Ken：OK, here you are.

質問　What will Lisa do next?

（６秒休止）

D

Lisa：Good morning, Ken. Why do you have an umbrella? It's cloudy now, but it will be sunny here in Shizuoka this afternoon.

Ken：I'm going to see my grandmother in Tokyo. This morning, the TV news said, "It has been raining in Tokyo since yesterday."

Lisa：Oh, I watched that, too. It will not stop raining there until tomorrow, right?

Ken：Yes. I wish it would be sunny in Tokyo today.

質問 Which TV news did Ken and Lisa watch?

（6秒休止）

次に，(2)を行います。これから，中学生の健(Ken)が，英語で話をします。その話の内容について，問題用紙にある３つの質問をします。それぞれの質問に対する正しい答えとなるように，（　　　）の中に，適切な語や語句を記入しなさい。なお，先に問題用紙にある質問を２回繰り返し，そのあとで話を２回繰り返します。

では，始めます。

質問１ Who walks with Ken every morning?

（２秒休止）

質問２ What does Ken enjoy watching in the morning?

（２秒休止）

質問３ What does Ken do after walking?

（２秒休止）

続いて，話をします。

What time do you usually get up? Every morning, I wake up at five thirty and walk in my town with my brother.

While we are walking, we talk a lot. It is a good time for us. Also, I enjoy two things. First, it's fun for me to watch some white birds. When they are flying in the morning sky, they look beautiful. Second, there is a station near my house, and some colorful trains stay there. I enjoy watching them, and I sometimes take pictures of them.

After we come home, my father makes green tea for me, and I drink it. My father and brother drink coffee. It is the happiest moment in the morning.

（20秒休止）

令 和 5 年 度

高等学校入学者選抜学力検査問題

数　　　学

(50分)

注 意 事 項

1　問題は，１ページから６ページまであります。

2　解答は，すべて解答用紙に記入しなさい。

1 次の(1)〜(3)の問いに答えなさい。(12点)

(1) 次の計算をしなさい。

ア　$-8+27\div(-9)$

イ　$(-6a)^2\times 9b\div 12ab$

ウ　$\dfrac{2x+y}{3}-\dfrac{x+5y}{7}$

エ　$\sqrt{45}+\dfrac{10}{\sqrt{5}}$

(2) $a=41$，$b=8$のとき，a^2-25b^2の式の値を求めなさい。

(3) 次の2次方程式を解きなさい。

$x^2+7x=2x+24$

2 次の(1)~(3)の問いに答えなさい。(6点)

(1) **図1** において，点Aは辺OX上の点である。点Aから辺OYに引いた垂線上にあり，2辺OX，OYから等しい距離にある点Pを作図しなさい。ただし，作図には定規とコンパスを使用し，作図に用いた線は残しておくこと。

図1

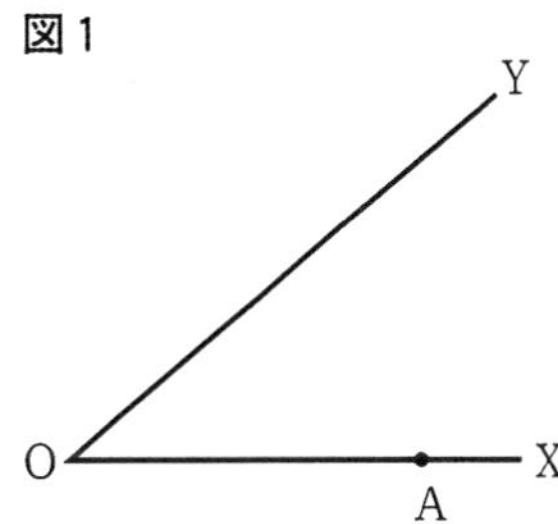

(2) 次の □ の中に示したことがらの逆を書きなさい。

a も b も正の数ならば，$a+b$ は正の数である。

また，□ の中のことがらは正しいが，逆は正しくない。□ の中のことがらの逆が正しくないことを示すための反例を，1つ書きなさい。

(3) 2つの袋Ⅰ，Ⅱがあり，袋Ⅰには2，3，4，5の数字を1つずつ書いた4枚のカードが，袋Ⅱには6，7，8，9，10の数字を1つずつ書いた5枚のカードが入っている。**図2**は，袋Ⅰと袋Ⅱに入っているカードを示したものである。

2つの袋Ⅰ，Ⅱから，それぞれ1枚のカードを取り出すとき，袋Ⅱから取り出したカードに書いてある数が，袋Ⅰから取り出したカードに書いてある数の倍数である確率を求めなさい。ただし，袋Ⅰからカードを取り出すとき，どのカードが取り出されることも同様に確からしいものとする。また，袋Ⅱについても同じように考えるものとする。

図2

袋Ⅰに入っているカード

2 3 4 5

袋Ⅱに入っているカード

6 7 8 9 10

3 あるクラスの10人の生徒A～Jが，ハンドボール投げを行った。**表1**は，その記録を表したものである。**図3**は，**表1**の記録を箱ひげ図に表したものである。

このとき，次の(1)，(2)の問いに答えなさい。（4点）

表1

生　徒	A	B	C	D	E	F	G	H	I	J
距離(m)	16	23	7	29	34	12	25	10	26	32

図3

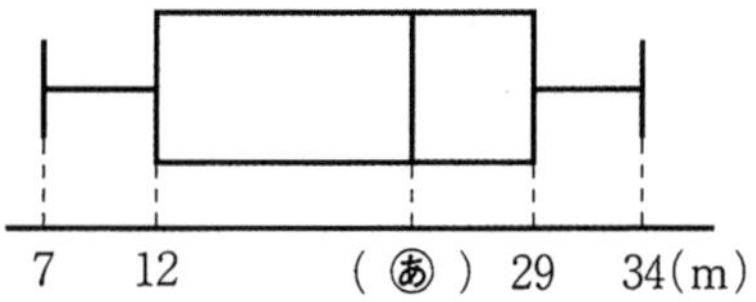

7　12　（㋐）　29　34(m)

(1) **図3**の（　㋐　）に適切な値を補いなさい。また，10人の生徒A～Jの記録の四分位範囲を求めなさい。

(2) 後日，生徒Kもハンドボール投げを行ったところ，Kの記録はa mだった。**図4**は，11人の生徒A～Kの記録を箱ひげ図に表したものである。

このとき，aがとりうる値をすべて求めなさい。ただし，aは整数とする。

図4

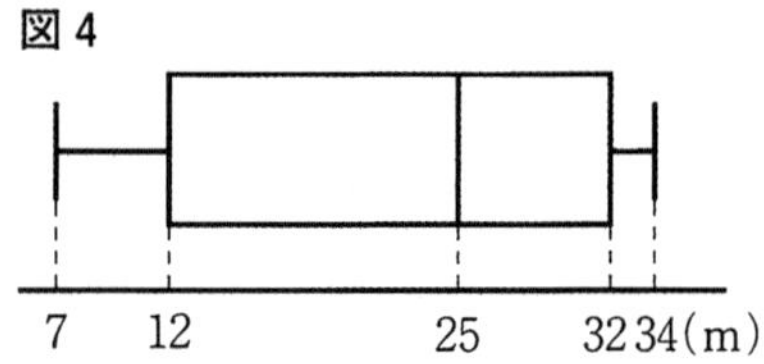

4 ある中学校の生徒会が，ボランティア活動で，鉛筆とボールペンを集め，2つの団体S，Tへ送ることにした。団体Sは鉛筆のみを，団体Tは鉛筆とボールペンの両方を受け付けていた。

この活動で，鉛筆はボールペンの2倍の本数を集めることができた。鉛筆については，集めた本数の80％を団体Sへ，残りを団体Tへ送った。また，ボールペンについては，集めた本数の4％はインクが出なかったため，それらを除いた残りを団体Tへ送った。団体Tへ送った，鉛筆とボールペンの本数の合計は，団体Sへ送った鉛筆の本数よりも18本少なかった。

このとき，集めた鉛筆の本数とボールペンの本数は，それぞれ何本であったか。方程式をつくり，計算の過程を書き，答えを求めなさい。（5点）

5 **図5**の立体は，円Oを底面とする円すいである。この円すいにおいて，底面の半径は3cm，母線ABの長さは6cmである。また，線分OAと底面は垂直である。

このとき，次の(1)～(3)の問いに答えなさい。(6点)

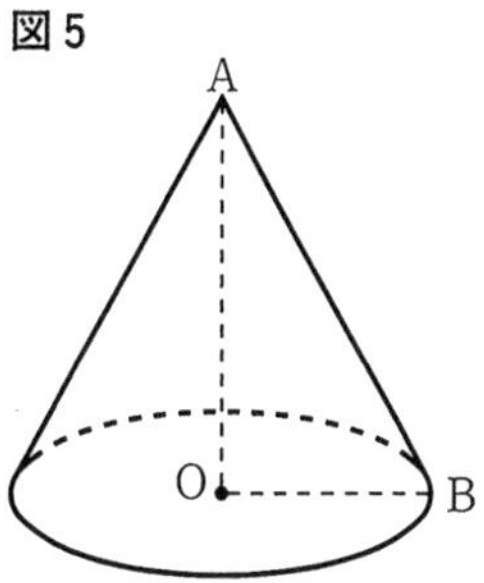

(1) 次の**ア**～**オ**の5つの投影図のうち，1つは円すいの投影図である。円すいの投影図を，**ア**～**オ**の中から1つ選び，記号で答えなさい。

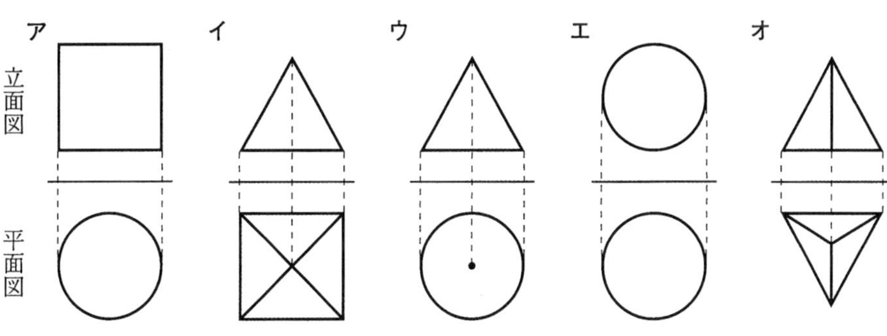

(2) この円すいにおいて，**図6**のように，円Oの円周上に$\angle BOC = 110^\circ$となる点Cをとる。小さい方の$\overset{\frown}{BC}$の長さを求めなさい。ただし，円周率はπとする。

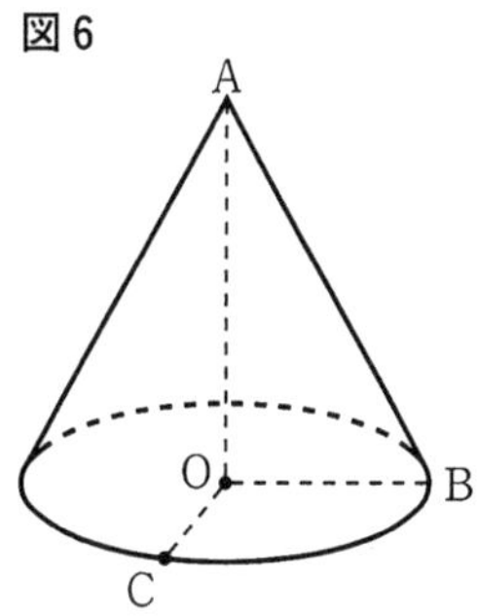

(3) この円すいにおいて，**図7**のように，ABの中点をDとし，点Dから底面に引いた垂線と底面との交点をEとする。また，円Oの円周上に$\angle OEF = 90^\circ$となる点Fをとる。$\triangle ODF$の面積を求めなさい。

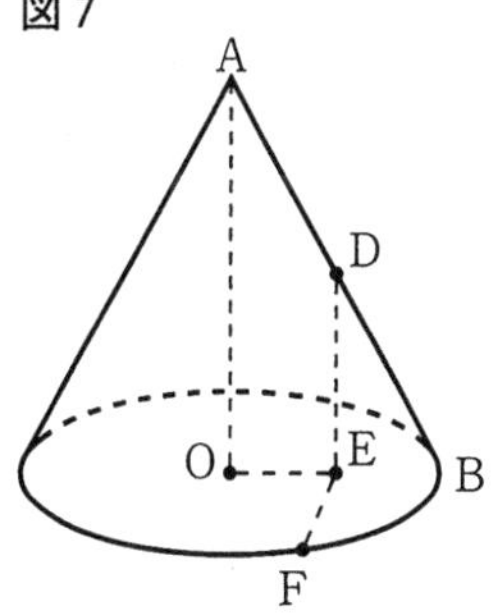

6 次の □ の中の文は，授業でT先生が示した資料である。
このとき，次の(1)〜(3)の問いに答えなさい。(8点)

図8

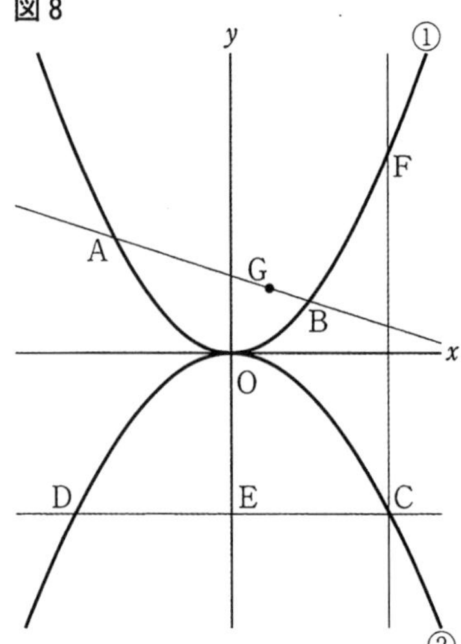

> **図8**において，①は関数 $y = ax^2$ ($a > 0$) のグラフであり，②は関数 $y = bx^2$ ($b < 0$) のグラフである。2点A，Bは，放物線①上の点であり，その x 座標は，それぞれ -3，2である。点Cは，放物線②上の点であり，その座標は$(4, -4)$である。点Cを通り x 軸に平行な直線と放物線②との交点をDとし，直線CDと y 軸との交点をEとする。点Cを通り y 軸に平行な直線と放物線①との交点をFとする。また，点Gは直線AB上の点であり，その x 座標は1である。

RさんとSさんは，タブレット型端末を使いながら，**図8**のグラフについて話している。

Rさん：関数 $y = bx^2$ の比例定数 b の値は求められるね。
Sさん：②は点Cを通るから b の値は(あ)だよ。
Rさん：関数 $y = ax^2$ の a の値は決まらないね。
Sさん：タブレット型端末を使うと，㋐<u>a の値を変化させた</u>ときのグラフや図形の変化するようすが分かるよ。
Rさん：そうだね。㋑<u>3点D，G，Fが一直線上にある</u>場合もあるよ。
Sさん：本当だね。計算で確認してみよう。

(1) (あ)に適切な値を補いなさい。

(2) 下線部㋐のときの，グラフや図形の変化するようすについて述べたものとして正しいものを，次の**ア**〜**オ**の中からすべて選び，記号で答えなさい。

ア a の値を大きくすると，①のグラフの開き方は小さくなる。

イ a の値を小さくすると，点Aの y 座標から点Bの y 座標をひいた値は大きくなる。

ウ a の値を大きくすると，△OBEの面積は大きくなる。

エ a の値を小さくすると，直線OBの傾きは小さくなる。

オ a の値を大きくすると，線分CFの長さは短くなる。

(3) 下線部㋑のときの，a の値を求めなさい。求める過程も書きなさい。

7 **図9**において，4点A，B，C，Dは円Oの円周上の点であり，△ABCはBA＝BCの二等辺三角形である。ACとBDとの交点をEとし，点Eを通りADに平行な直線とCDとの交点をFとする。また，BD上にGC＝GDとなる点Gをとる。

このとき，次の(1)，(2)の問いに答えなさい。（9点）

(1) △BCG∽△ECFであることを証明しなさい。

図9

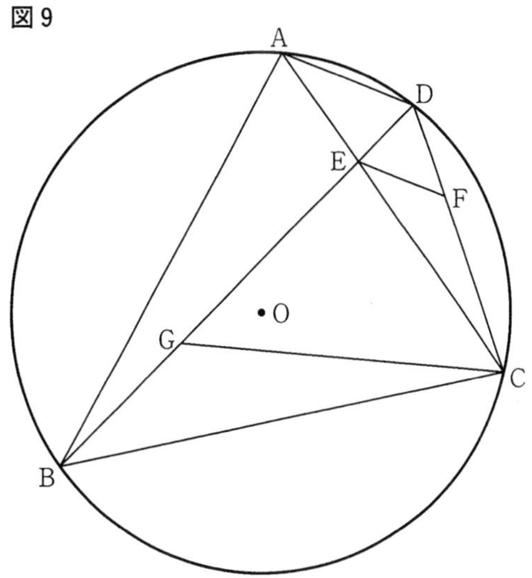

(2) GC＝4 cm，BD＝6 cm，CF＝2 cmのとき，GEの長さを求めなさい。

2023(R5) 静岡県公立高
K 教英出版

令 和 5 年 度

高等学校入学者選抜学力検査問題

英　　　語

（50分）

注 意 事 項

1 問題は，1ページから6ページまであります。

2 解答は，すべて解答用紙に記入しなさい。

1　放送による問題（14 点）

(1)　健(Ken)とリサ(Lisa)の会話を聞いて，質問の答えとして最も適切なものを選びなさい。

A

ア　イ　ウ　エ

B

ア　イ　ウ　エ

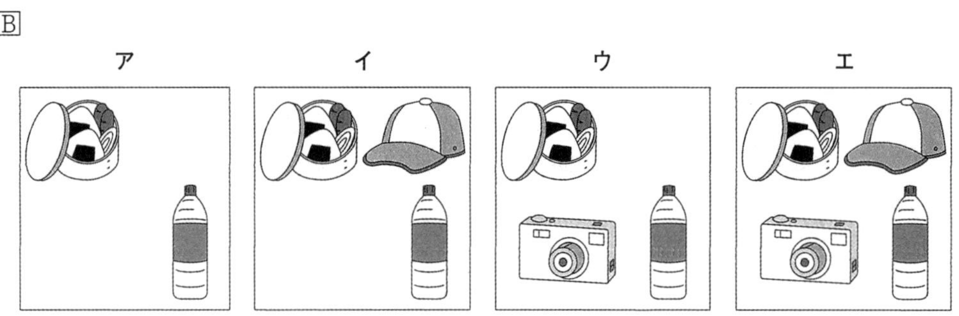

C

ア　イ　ウ　エ

D

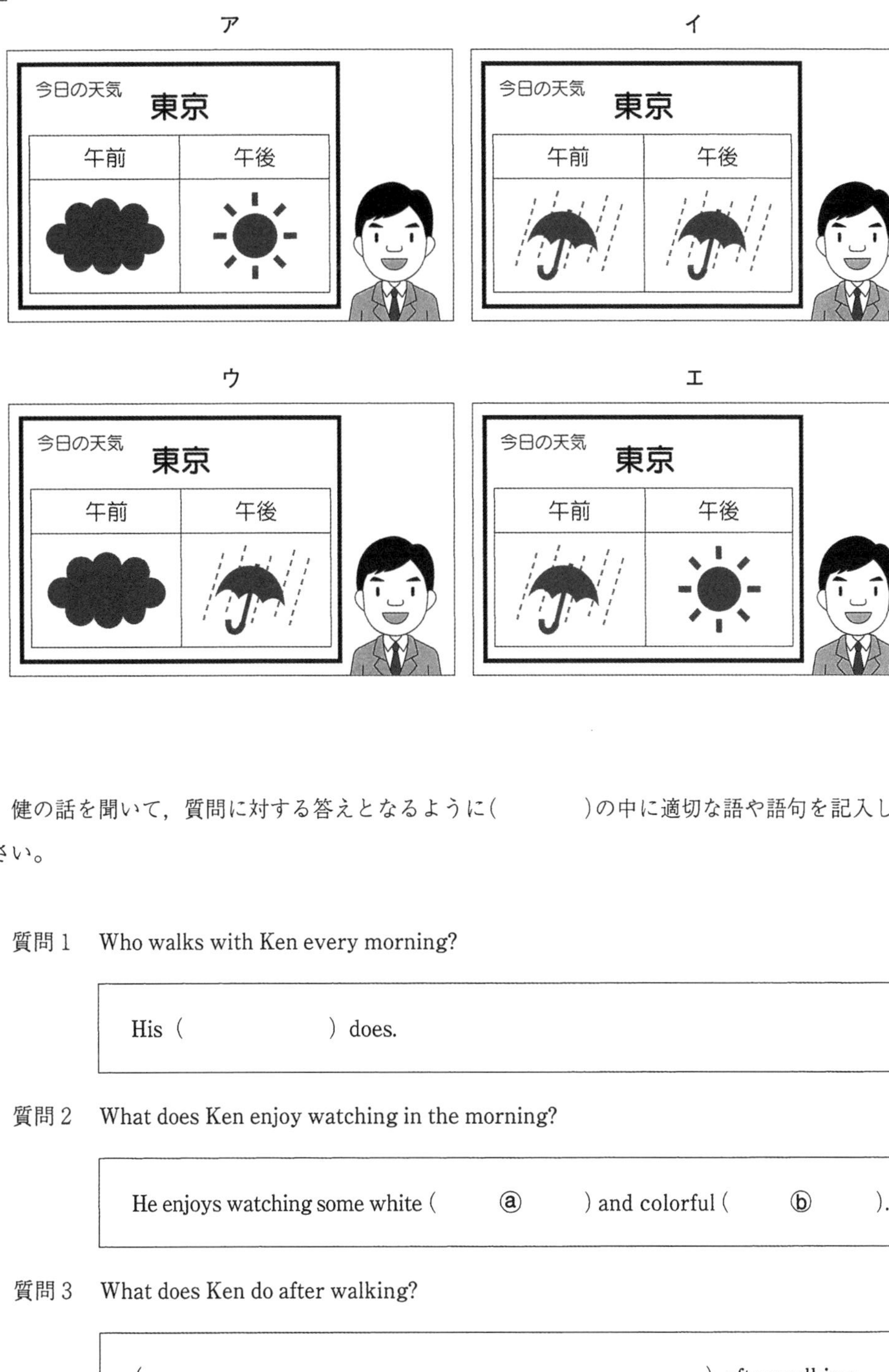

(2) 健の話を聞いて，質問に対する答えとなるように(　　　　)の中に適切な語や語句を記入しなさい。

質問 1　Who walks with Ken every morning?

His (　　　　　　) does.

質問 2　What does Ken enjoy watching in the morning?

He enjoys watching some white (　　ⓐ　　) and colorful (　　ⓑ　　).

質問 3　What does Ken do after walking?

(______________________________) after walking.

2 次の英文は，静岡県でホームステイをしているケイト(Kate)と，ホームステイ先の奈々(Nana)との会話である。この英文を読んで，(1)～(6)の問いに答えなさい。(16点)

(*Nana is showing Kate a photo at home.*)

Kate : You are wearing a red *kimono* in this photo. [A]

Nana : Thank you. My mother took it at my uncle's wedding.

Kate : The flower pattern on your *kimono* is amazing.

Nana : That's true. It's my family's precious *kimono*.

Kate : Why is the *kimono* precious?

Nana : Actually, [ア is イ bought ウ my grandmother エ this オ the *kimono*] for my mother thirty years ago.

Kate : Oh, you used your mother's *kimono*.

Nana : Yes, but she gave it to me last year. So the *kimono* is (ⓐ).

Kate : Why did your mother give it to you?

Nana : This red *kimono* has long sleeves. She thinks this kind of *kimono* is for young people, so she doesn't wear it now.

Kate : I have a (ⓑ) experience. My mother has a nice dress in her closet, but she doesn't wear it. I always wear it when I go to birthday parties.

Nana : I'm sure your friends like the dress.

Kate : Thanks. When I wear it, [ ]

Nana : The designs of old clothes are different from the new ones, right?

Kate : Yes! I think wearing used clothes is fun. (ⓒ), wearing other people's clothes isn't easy because of the size. Actually, my mother's dress was large for me, so she adjusted it. Who adjusted your *kimono*?

Nana : [B] *Kimono* has a simple shape, so it can be used easily by different people.

Kate : Interesting. *Kimono* is not only beautiful but also functional.

Nana : Right, so I love *kimono*. I'm glad to give my red *kimono* a new life.

Kate : [C]

Nana : If I wear my red *kimono*, it will have more chances to get out of the closet like your mother's dress.

Kate : That's a good idea to use the *kimono* again.

Nana : I'll wear it on special days!

(注) wedding：結婚式　pattern：柄　precious：大切な　sleeve：そで
closet：クローゼット　adjust：(丈など)を直す　simple：単純な
functional：機能的な　chance：機会　get out of：～から出る

(1) 会話の流れが自然になるように，本文中の[A]～[C]の中に補う英語として，それぞれア～ウの中から最も適切なものを1つ選び，記号で答えなさい。

[A] ア Excuse me. イ How beautiful! ウ I didn't know that.
[B] ア You helped me a lot. イ Please let me know. ウ No one did it.
[C] ア What do you mean? イ What are you doing? ウ What's wrong?

(2) 本文中の［　　　　］の中のア～オを，意味が通るように並べかえ，記号で答えなさい。

(3) 本文中の(ⓐ)～(ⓒ)の中に補う英語として，それぞれア～エの中から最も適切なものを1つ選び，記号で答えなさい。

(ⓐ) ア mine イ yours ウ his エ hers
(ⓑ) ア difficult イ free ウ sad エ similar
(ⓒ) ア Especially イ However ウ Suddenly エ As a result

(4) 本文中の[　　　　]で，ケイトは，みんなが私にどこでそれを見つけたのかときく，という内容を伝えている。その内容となるように，[　　　　]の中に，適切な英語を補いなさい。

(5) 次の英文は，ケイトがこの日に書いた日記の一部である。本文の内容と合うように，次の[　　　　]の中に補うものとして，本文中から最も適切な部分を3語で抜き出しなさい。

Nana showed me a photo today. She was wearing a red *kimono* in the photo. The red *kimono* is a precious thing for Nana's family, but her mother doesn't wear it now. Nana will wear it on special days, so the *kimono* [　　　　] again by Nana. I think that's a good idea.

(6) 次の英文は，翌日のケイトと奈々との会話である。あなたが奈々なら，ケイトの質問に対してどのように答えるか。会話の流れが自然になるように，次の[D]，[E]の中に，英語を補いなさい。ただし，[E]は，7語以上の英語を書くこと。

Kate : I want to know more about *kimono*. What should I do?
Nana : [D]
Kate : I see. What is the good point of it?
Nana : [E]
Kate : Thank you for your help.

3 陸(Riku)は，英語の授業で，友人のアレックス(Alex)のスピーチを聞き，コメントを書いて渡すことになった。伝えたいことは，アレックスの国の祭りについて学べたので，アレックスのスピーチはとても良かったということと，私たちは地域の文化を尊重しなければならないということである。あなたが陸なら，これらのことを伝えるために，どのようなコメントを書くか。次の[　　　　]の中に英語を補い，コメントを完成させなさい。（4点）

〈 To Alex 〉

〈 From Riku 〉

4 次の英文は，中学生の正太(Shota)が，同級生の亜希(Aki)と良(Ryo)とのできごとを振り返って書いたものである。この英文を読んで，(1)～(7)の問いに答えなさい。(16 点)

Every year in May, we have the sports day in our school. Each class shows a dance performance on that day. When I became one of the dance leaders in my class, I ⓐ(feel) excited. Aki and Ryo became leaders, too.

One day in April, Aki, Ryo, and I had the first meeting in the classroom. We wanted to decide what kind of music to use for our dance. First, Aki said to us, "We should choose a famous Japanese song. By using a song that [A], our classmates can dance easily. Also, the audience will have more fun if they hear famous melody." I didn't agree with her. I said to Aki, "If we use a popular Japanese song, our dance may be the same as dances of other classes. I want to use old American rock music to [B]. I think the audience will be interested in it." Aki said, "You mean we use a song ⓑ(write) in English? We shouldn't do that. I like old American rock music, but no class used it for the performance last year."

During the meeting, Aki never changed her opinion, and I didn't change my opinion, either. Ryo was just listening to us. Finally, Aki and I stopped talking, and the classroom became quiet.

After a few minutes, Ryo started talking. "Well, the music you want to use is different, but Aki and Shota want to do the same thing." I was surprised and said, "The same thing?" Ryo answered, "Yes. Both of you want [　　　], and I agree. Your opinions are great, so let's put them together. How about using two songs?" Aki and I looked at each other.

Then, Aki said, "That's a good idea! Let's begin our dance with old American rock music. I'm sure the audience will be surprised." I said, "Great! After they are surprised, let's use a popular Japanese song. They can enjoy our dance together." Ryo said, "OK. Now let's talk about how to tell our plan to our classmates."

After the meeting, I said, "Ryo, you made us a good team." Ryo smiled and said, "No, you and Aki did it. Both of you had your own ideas and weren't afraid to say them to improve our dance. That influenced me."

On the next day, I told our plan to our classmates, but some students didn't like the plan. They said, "Old American rock music isn't cool." So Aki showed a CD of old American rock music to our classmates. We listened to it together, and Ryo danced. Thanks to their support, all of the classmates agreed with us, and we chose an old American rock song and a popular Japanese song. I said to Aki and Ryo, "I realized that things which I can do without your help are limited. Let's create a wonderful dance performance together."

（注） sports day：運動会　leader：リーダー　meeting：会議　melody：メロディー
rock music：ロック音楽　put ～ together：～をまとめる
influence：～に影響を与える　thanks to ～：～のおかげで

(1) 本文中のⓐ，ⓑの（　　　）の中の語を，それぞれ適切な形に直しなさい。

(2) 次の質問に対して，英語で答えなさい。

① What did the dance leaders want to decide at the first meeting?

② What was Ryo doing before Shota and Aki stopped talking?

(3) 本文中の［ A ］，［ B ］の中に補う英語の組み合わせとして，次の**ア**～**エ**の中から最も適切なものを1つ選び，記号で答えなさい。

ア A：many students already know　B：follow the other classes

イ A：many students already know　B：make our dance unique

ウ A：only a few students know　B：follow the other classes

エ A：only a few students know　B：make our dance unique

(4) 本文中の［　　　］の中に補う英語として，次の**ア**～**エ**の中から最も適切なものを1つ選び，記号で答えなさい。

ア to use a famous English song for our dance

イ to show other students that you're good at dancing

ウ our classmates to dance quickly

エ people watching our dance to enjoy it

(5) 良は，正太と亜希のどのようなようすが自分に影響を与えたと述べているか，日本語で書きなさい。

(6) 正太がクラスメートに計画を話した日，正太はどのようなことに気付いたと亜希と良に伝えているか。亜希と良に伝えている，正太が気付いたことを，日本語で書きなさい。

(7) 次の**ア**～**エ**の中から，本文の内容と合うものを1つ選び，記号で答えなさい。

ア Aki, Ryo, and Shota had the first meeting, and they told all of the classmates to join it.

イ Ryo told Shota that popular Japanese songs were always used at the dance performance.

ウ Aki and Shota had different opinions at first, but Ryo helped them have a better idea.

エ Shota's class chose two Japanese songs because some students didn't like English songs.

令 和 5 年 度

高等学校入学者選抜学力検査問題

理　　　科

（50分）

注 意 事 項

1　問題は，1ページから7ページまであります。

2　解答は，すべて解答用紙に記入しなさい。

1 次の(1)〜(4)の問いに答えなさい。(6点)

(1) 月のように，惑星のまわりを公転する天体は何とよばれるか。その名称を書きなさい。

(2) **図1**のように，同じ材質のプラスチックでできているストロー**A**とストロー**B**を一緒にティッシュペーパーでこすった。その後，**図2**のように，ストロー**A**を洗たくばさみでつるした。

図2のストロー**A**に，ストロー**B**と，こすったティッシュペーパーをそれぞれ近づけると，電気の力がはたらいて，ストロー**A**が動いた。**図2**のストロー**A**が動いたときの，ストロー**A**に近づけたものとストロー**A**との間にはたらいた力の組み合わせとして最も適切なものを，右の**ア**〜**エ**の中から1つ選び，記号で答えなさい。

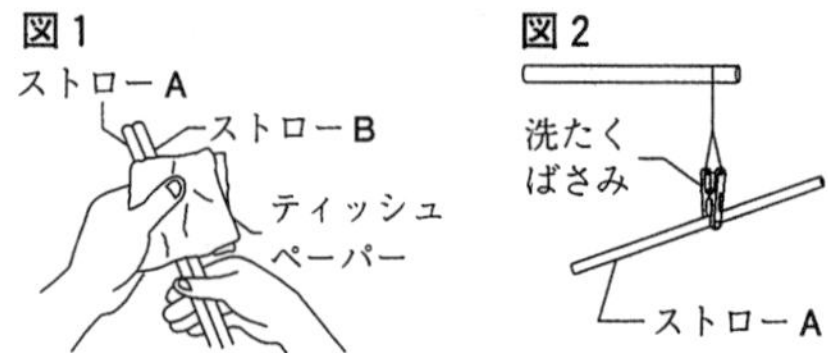

	ストローAに近づけたもの	
	ストローB	ティッシュペーパー
ア	退け合う力	引き合う力
イ	退け合う力	退け合う力
ウ	引き合う力	引き合う力
エ	引き合う力	退け合う力

(3) 有性生殖において，子の形質が親の形質と異なることがある理由を，**受精**，**染色体**という2つの言葉を用いて，簡単に書きなさい。

(4) **表1**は，硝酸(しょうさん)カリウムの，水100gに溶ける最大の質量と温度の関係を表したものである。30℃の水が入っているビーカーに，硝酸カリウムを加え，質量パーセント濃度が20%の硝酸カリウム水溶液250gをつくる。この水溶液250gの温度を30℃から10℃まで下げると，硝酸カリウムが結晶となって出てきた。結晶となって出てきた硝酸カリウムは何gか。**表1**をもとに，計算して答えなさい。

表1

温度(℃)	硝酸カリウム(g)
10	22
30	46

2 いろいろな生物とその共通点及び生物の体のつくりとはたらきに関する(1)，(2)の問いに答えなさい。(11点)

(1) ある湖とその周辺の植物を調査したところ，オオカナダモ，ツバキ，アサガオが見られた。

① オオカナダモの葉を1枚とって，プレパラートをつくり，**図3**のように，顕微鏡を用いて観察した。

図3

プレパラート

a 次の[　　]の中の文が，低倍率で観察してから，高倍率に変えて観察するときの，**図3**の顕微鏡の操作について適切に述べたものとなるように，文中の(　Ⓐ　)，(　Ⓘ　)のそれぞれに補う言葉の組み合わせとして，下の**ア**〜**エ**の中から正しいものを1つ選び，記号で答えなさい。

> 倍率を高くするときは，レボルバーを回し，高倍率の(　Ⓐ　)にする。倍率を高くすると，視野全体が(　Ⓘ　)なるので，しぼりを調節してから観察する。

ア Ⓐ 対物レンズ　Ⓘ 明るく　　**イ** Ⓐ 接眼レンズ　Ⓘ 明るく
ウ Ⓐ 対物レンズ　Ⓘ 暗く　　**エ** Ⓐ 接眼レンズ　Ⓘ 暗く

b　オオカナダモの葉の細胞の中に，緑色の粒が見られた。この緑色の粒では光合成が行われている。細胞の中にある，光合成が行われる緑色の粒は何とよばれるか。その名称を書きなさい。

② ツバキとアサガオは，双子葉類に分類される。次のア～エの中から，双子葉類に共通して見られる特徴を２つ選び，記号で答えなさい。

ア　胚珠（はいしゅ）が子房の中にある。　　イ　根はひげ根からなる。

ウ　胚珠がむき出しになっている。　　エ　根は主根と側根からなる。

③ 図4のように，葉の枚数や大きさ，枝の長さや太さがほぼ同じツバキを３本用意し，装置A～Cをつくり，蒸散について調べた。装置A～Cを，室内の明るくて風通しのよい場所に３時間置き，それぞれの三角フラスコ内の，水の質量の減少量を測定した。その後，アサガオを用いて，同様の実験を行った。表2は，その結果をまとめたものである。表2をもとにして，a，bの問いに答えなさい。ただし，三角フラスコ内には油が少量加えられており，三角フラスコ内の水面からの水の蒸発はないものとする。

図4

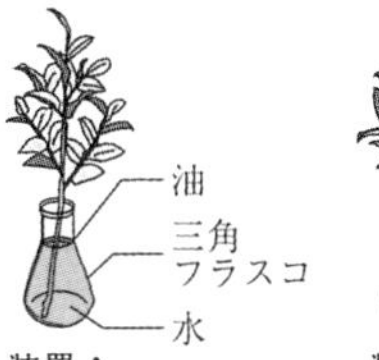

装置A

装置B

装置C

（注）ワセリンは，白色のクリーム状の物質で，水を通さない性質をもつ。

表2

	水の質量の減少量（g）	
	ツバキ	アサガオ
すべての葉の表にワセリンを塗る	6.0	2.8
すべての葉の裏にワセリンを塗る	1.3	1.7
何も塗らない	6.8	4.2

a　表2から，ツバキとアサガオは，葉以外からも蒸散していることが分かる。この実験において，１本のツバキが葉以外から蒸散した量は何gであると考えられるか。計算して答えなさい。

b　ツバキとアサガオを比べた場合，１枚の葉における，葉の全体にある気孔の数に対する葉の表側にある気孔の数の割合は，どのようであると考えられるか。次のア～ウの中から１つ選び，記号で答えなさい。ただし，気孔１つ当たりからの蒸散量は，気孔が葉の表と裏のどちらにあっても同じであるものとする。

ア　ツバキの方が大きい。　　イ　どちらも同じである。　　ウ　アサガオの方が大きい。

(2) 海の中には，多くの植物プランクトンが存在している。次の□の中の文は，植物プランクトンの大量発生により引き起こされる現象についてまとめた資料の一部である。

> 生活排水が大量に海に流れ込むと，これを栄養源として植物プランクトンが大量に発生することがある。大量に発生した植物プランクトンの多くは，水中を浮遊後，死んで海底へ沈む。<u>死んだ大量の植物プランクトンを，微生物が海底で分解することで，海底に生息する生物が死ぬことがある。</u>植物プランクトンを分解する微生物の中には，分解するときに硫化水素などの物質を発生させるものも存在し，海底に生息する生物が死ぬ原因の１つになっている。

① 植物プランクトンには，体が１つの細胞からできているものがいる。体が１つの細胞からできているものは，一般に何とよばれるか。その名称を書きなさい。

② 下線部のような現象が起こるのは，硫化水素などの物質の発生のほかにも理由がある。硫化水素などの物質の発生のほかに，微生物が大量の植物プランクトンを分解することによって，海底に生息する生物が死ぬことがある理由を，簡単に書きなさい。

3 化学変化とイオン及び化学変化と原子・分子に関する(1)~(3)の問いに答えなさい。(11点)

(1) **図5**のように，ビーカー内の硫酸亜鉛水溶液に，硫酸銅水溶液が入ったセロハンの袋を入れ，硫酸亜鉛水溶液の中に亜鉛板を，硫酸銅水溶液の中に銅板を入れて電池をつくる。この電池の，亜鉛板と銅板に光電池用モーターを接続すると，光電池用モーターは回転した。

図5

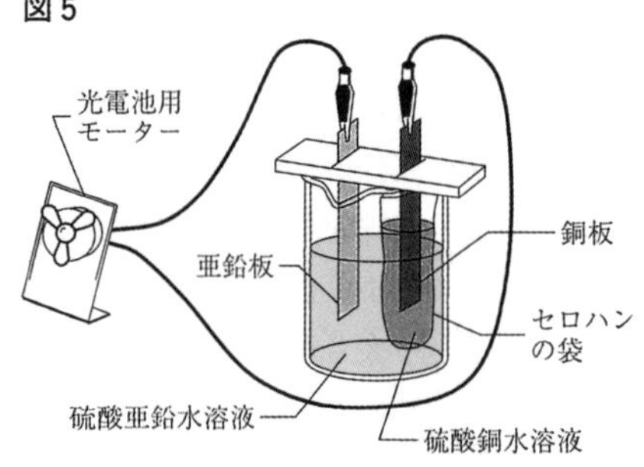

図5の電池のしくみを理解したRさんとSさんは，光電池用モーターの回転を速くする方法について話している。このとき，次の①~③の問いに答えなさい。

> Rさん：ⓐ<u>**図5**の電池は，金属のイオンへのなりやすさによって，銅板と亜鉛板で起こる反応が決まっていた</u>よね。
>
> Sさん：そうだね。光電池用モーターの回転の速さは，使用した金属のイオンへのなりやすさと関係していると思うよ。
>
> Rさん：銅は変えずに，亜鉛を，亜鉛よりイオンになりやすいマグネシウムに変えて試してみよう。そうすれば，光電池用モーターの回転が速くなりそうだね。
>
> Sさん：金属板の面積を大きくしても，電子を放出したり受け取ったりする場所が増えて，光電池用モーターの回転が速くなりそうだね。
>
> Rさん：なるほど。ⓑ<u>**図5**の，亜鉛板と硫酸亜鉛水溶液を，マグネシウム板と硫酸マグネシウム水溶液に変えて，銅板，マグネシウム板の面積を，**図5**の，銅板，亜鉛板の面積よりも大きくして，光電池用モーターの回転が速くなるかを調べてみよう</u>。

① 硫酸銅や硫酸亜鉛は，電解質であり，水に溶けると陽イオンと陰イオンに分かれる。電解質が水に溶けて陽イオンと陰イオンに分かれることは何とよばれるか。その名称を書きなさい。

② 下線部ⓐの銅板で起こる化学変化を，電子1個を e^- として，化学反応式で表すと，$Cu^{2+} + 2e^- \rightarrow Cu$ となる。

a 下線部ⓐの銅板で起こる化学変化を表した化学反応式を参考にして，下線部ⓐの亜鉛板で起こる化学変化を，化学反応式で表しなさい。

b 次の**ア**~**エ**の中から，**図5**の電池における，電極と，電子の移動について，適切に述べたものを1つ選び，記号で答えなさい。

ア 銅板は＋極であり，電子は銅板から導線を通って亜鉛板へ移動する。
イ 銅板は＋極であり，電子は亜鉛板から導線を通って銅板へ移動する。
ウ 亜鉛板は＋極であり，電子は銅板から導線を通って亜鉛板へ移動する。
エ 亜鉛板は＋極であり，電子は亜鉛板から導線を通って銅板へ移動する。

③ 下線部ⓑの方法で実験を行うと，光電池用モーターの回転が速くなった。しかし，この実験の結果だけでは，光電池用モーターの回転の速さは使用した金属のイオンへのなりやすさと関係していることが確認できたとはいえない。その理由を，簡単に書きなさい。ただし，硫酸銅水溶液，硫酸亜鉛水溶液，硫酸マグネシウム水溶液の濃度と体積は，光電池用モーターの回転が速くなったことには影響していないものとする。

(2)　Sさんは，水素と酸素が反応することで電気が発生する燃料電池に興味をもち，燃料電池について調べた。**資料1**は，燃料電池で反応する水素と酸素の体積比を調べるために，Sさんが行った実験の結果をまとめたレポートの一部を示したものである。

<資料1>

準備　燃料電池，タンクP，タンクQ，光電池用モーター

実験　**図6**のように，タンクPに気体の水素 8 cm³を，タンクQに気体の酸素 2 cm³を入れ，水素と酸素を反応させる。燃料電池に接続した光電池用モーターの回転が終わってから，タンクP，Qに残った気体の体積を，それぞれ測定する。その後，タンクQに入れる気体の酸素の体積を 4 cm³，6 cm³，8 cm³に変えて，同様の実験を行う。

図6

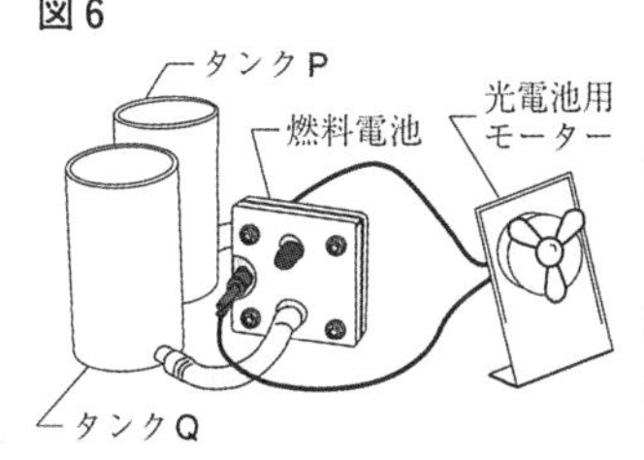

結果　**表3**のようになった。

考察　**表3**から，反応する水素と酸素の体積比は2：1である。

表3

入れた水素の体積(cm³)	8	8	8	8
入れた酸素の体積(cm³)	2	4	6	8
残った水素の体積(cm³)	4	0	0	0
残った酸素の体積(cm³)	0	0	2	4

①　この実験で用いた水素は，水を電気分解して発生させたが，ほかの方法でも水素を発生させることができる。次の**ア**～**エ**の中から，水素が発生する反応として適切なものを1つ選び，記号で答えなさい。

ア　酸化銀を試験管に入れて加熱する。　　**イ**　酸化銅と炭素を試験管に入れて加熱する。

ウ　硫酸と水酸化バリウム水溶液を混ぜる。　　**エ**　塩酸にスチールウール(鉄)を入れる。

②　燃料電池に接続した光電池用モーターが回転しているとき，反応する水素と酸素の体積比は2：1であり，水素 1 cm³が減少するのにかかる時間は5分であった。**表3**をもとにして，タンクPに入れる水素の体積を 8 cm³にしたときの，タンクQに入れる酸素の体積と光電池用モーターが回転する時間の関係を表すグラフを，**図7**にかきなさい。ただし，光電池用モーターが回転しているとき，水素は一定の割合で減少しているものとする。

図7

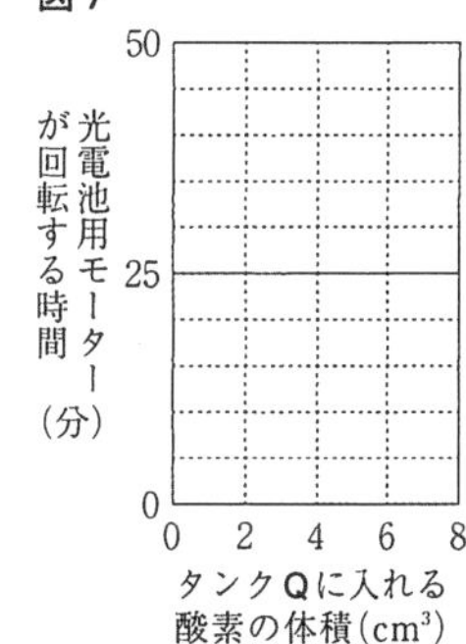

(3)　**図8**のように，ポリエチレンの袋の中に，同じ体積の，水素と空気を入れて密閉し，点火装置で点火すると，水素と酸素が2：1の体積の割合で反応し，水が発生した。反応後，ポリエチレンの袋の中に残った気体の温度が点火前の気体の温度と等しくなるまでポリエチレンの袋を放置したところ，発生した水はすべて液体になり，ポリエチレンの袋の中に残った気体の体積は28cm³になった。ポリエチレンの袋の中の酸素はすべて反応したとすると，反応後にポリエチレンの袋の中に残っている水素の体積は何 cm³であると考えられるか。計算して答えなさい。ただし，空気には窒素と酸素だけが含まれており，窒素と酸素は4：1の体積比で混ざっているものとする。また，水素と酸素の反応以外の反応は起こらないものとする。

図8

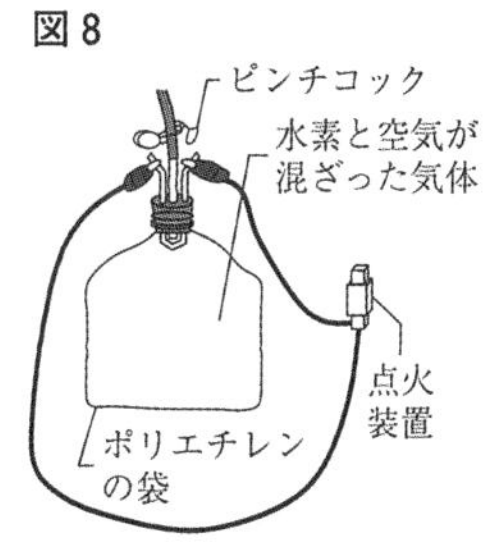

4 気象とその変化に関する(1)～(3)の問いに答えなさい。(6点)

図9は，ある年の4月7日9時における天気図である。

図9

(1) **図9**の岩見沢市における4月7日9時の気象情報を調べたところ，天気はくもり，風向は南，風力は4であった。岩見沢市における4月7日9時の，天気，風向，風力を，天気図記号で，**図10**にかきなさい。

図10

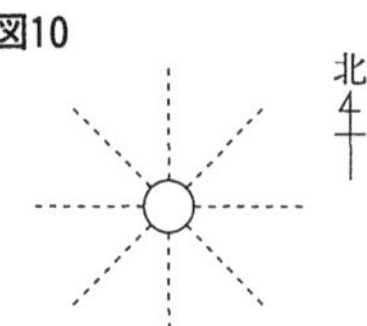

(2) **表4**は，**図9**の御前崎(おまえざき)市における4月7日の4時から20時までの，1時間ごとの気象情報の一部をまとめたものである。

① **表4**で示された期間中に，**図9**の前線**A**が御前崎市を通過した。前線**A**が御前崎市を通過したと考えられる時間帯として最も適切なものを，次の**ア**～**エ**の中から1つ選び，記号で答えなさい。

ア 4時～7時　　**イ** 8時～11時

ウ 13時～16時　　**エ** 17時～20時

② 前線に沿ったところや低気圧の中心付近では雲ができやすいが，高気圧の中心付近では，雲ができにくく，晴れることが多い。高気圧の中心付近では，雲ができにくく，晴れることが多い理由を，簡単に書きなさい。

表4

	時刻	気温	風向	風力
4月7日	4	14.7	北東	3
	5	15.0	北東	3
	6	14.8	北東	3
	7	14.3	北北東	3
	8	14.1	北東	3
	9	11.4	北北東	4
	10	11.3	北北東	4
	11	12.3	北東	4
	12	12.4	北北東	4
	13	12.7	北東	3
	14	13.2	北東	3
	15	18.6	南西	4
	16	18.7	南西	5
	17	18.9	南西	5
	18	18.9	南西	6
	19	19.1	南西	6
	20	19.2	南西	6

(3) 御前崎市では，前線**A**が通過した数日後，湿度が低下したので，Rさんは，部屋で加湿器を使用した。Rさんは，飽和水蒸気量を計算して求めるために，部屋の大きさ，加湿器を使用する前後の湿度，加湿器使用後の貯水タンクの水の減少量を調べた。**資料2**は，その結果をまとめたものである。加湿器使用後の部屋の気温が加湿器使用前と同じであるとすると，この気温に対する飽和水蒸気量は何 g/m^3 か。**資料2**をもとに，計算して答えなさい。ただし，加湿器の貯水タンクの減少した水はすべて部屋の中の空気中の水蒸気に含まれており，加湿器を使用している間の気圧の変化は無視できるものとする。また，部屋は密閉されているものとする。

<**資料2**>

部屋の大きさ　$50m^3$

加湿器使用前　湿度は35%

加湿器使用後　湿度は50%

貯水タンクの水は120g減少。

5 大地の成り立ちと変化に関する(1)，(2)の問いに答えなさい。(5点)

(1) 静岡県内を流れる天竜川の河口付近の川原を調査したところ，堆積岩が多く見られた。堆積岩は，れき，砂，泥などの堆積物が固まってできた岩石である。

① 岩石は，長い間に気温の変化や水のはたらきによって，表面からぼろぼろになってくずれていく。長い間に気温の変化や水のはたらきによって，岩石が表面からぼろぼろになってくずれていく現象は何とよばれるか。その名称を書きなさい。

② 川の水のはたらきによって海まで運ばれた，れき，砂，泥は海底に堆積する。一般に，れき，砂，泥のうち，河口から最も遠くまで運ばれるものはどれか。次の**ア**～**ウ**の中から１つ選び，記号で答えなさい。また，そのように判断した理由を，粒の大きさに着目して，簡単に書きなさい。

ア れき　　**イ** 砂　　**ウ** 泥

(2) 天竜川の流域で採取した火成岩を，ルーペを使って観察した。**表５**は，観察した火成岩の特徴を示したものであり，**ア**～**エ**は，玄武岩，流紋岩，はんれい岩，花こう岩のいずれかを表している。また，**図11**は，火成岩の種類と，マグマのねばりけの関係を示したものである。**表５**の**ア**～**エ**の中から，花こう岩に当たるものを１つ選び，記号で答えなさい。

表５

	特徴
ア	つくりは等粒状組織からなる。 色は黒っぽい。
イ	つくりは等粒状組織からなる。 色は白っぽい。
ウ	つくりは斑状組織からなる。 色は黒っぽい。
エ	つくりは斑状組織からなる。 色は白っぽい。

図11

火山岩	玄武岩	安山岩	流紋岩
深成岩	はんれい岩	せん緑岩	花こう岩
マグマのねばりけ	弱い ←――――――――→ 強い		

6 身近な物理現象及び運動とエネルギーに関する(1)～(3)の問いに答えなさい。(11点)

(1) **図12**のように，斜面上に質量120g の金属球を置き，金属球とばねばかりを糸で結び，糸が斜面と平行になるようにばねばかりを引いて金属球を静止させた。ただし，糸の質量は無視でき，空気の抵抗や摩擦はないものとする。

図12

ばねばかり　金属球　斜面　水平面　斜面の角度

① ばねばかりは，フックの法則を利用した装置である。次の［　　］の中の文が，フックの法則について適切に述べたものとなるように，［　　］に言葉を補いなさい。

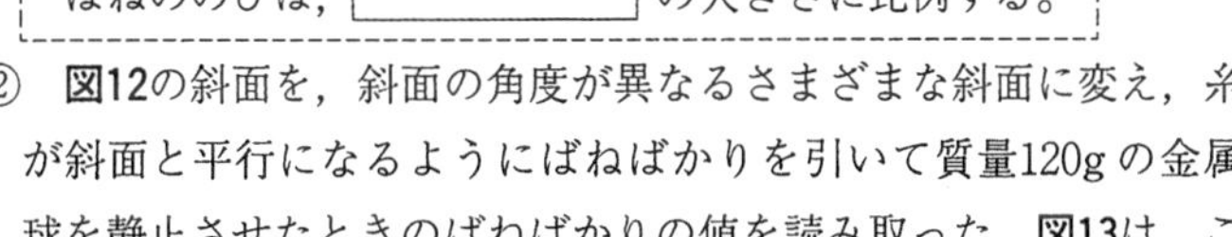
ばねののびは，［　　　　］の大きさに比例する。

② **図12**の斜面を，斜面の角度が異なるさまざまな斜面に変え，糸が斜面と平行になるようにばねばかりを引いて質量120g の金属球を静止させたときのばねばかりの値を読み取った。**図13**は，このときの，斜面の角度とばねばかりの値の関係を表したものである。

図13

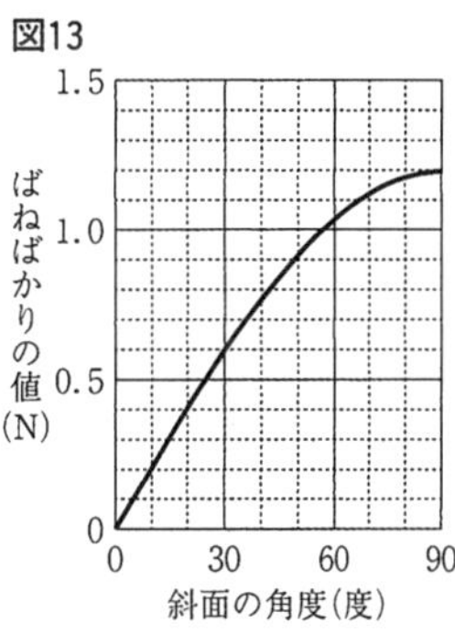

a 斜面の角度が大きくなると，ばねばかりの値が大きくなる。その理由を，**分力**という言葉を用いて，簡単に書きなさい。

b **図12**の質量120g の金属球を，質量60g の金属球に変え，糸が斜面と平行になるようにばねばかりを引いて静止させた。このとき，ばねばかりの値は0.45N であった。**図13**をもとにすると，このときの斜面の角度は何度であると考えられるか。次の**ア**～**カ**の中から，最も近いものを１つ選び，記号で答えなさい。

ア 10°　**イ** 20°　**ウ** 30°　**エ** 40°　**オ** 50°　**カ** 60°

［次のページに続く］

(2) **図14**のように，レールを用いて，区間**ＡＢ**が斜面，区間**ＢＣ**が水平面である装置をつくり，区間**ＢＣ**の間に木片を置く。ただし，区間**ＡＢ**と区間**ＢＣ**はなめらかにつながっているものとする。

図14

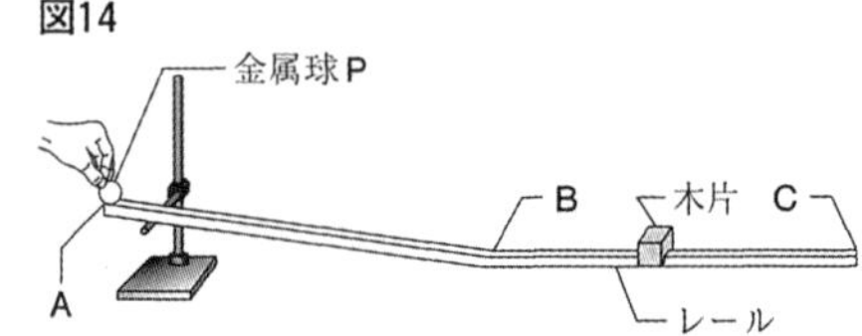

金属球**Ｐ**を**Ａ**に置き，静かにはなして，木片に当てたところ，木片は金属球**Ｐ**とともに動いて，やがてレール上で静止した。次に，金属球**Ｐ**を，金属球**Ｐ**より質量が大きい金属球**Ｑ**に変えて，同様の実験を行ったところ，木片は金属球**Ｑ**とともに動いて，やがてレール上で静止した。ただし，空気の抵抗はないものとする。また，摩擦は，木片とレールの間にのみはたらくものとする。

① 位置エネルギーと運動エネルギーの和は何とよばれるか。その名称を書きなさい。

② 金属球**Ｐ**，**Ｑ**が木片に当たる直前の速さは同じであった。このとき，金属球**Ｐ**を当てた場合と比べて，金属球**Ｑ**を当てた場合の，木片の移動距離は，どのようになると考えられるか。運動エネルギーに関連付けて，簡単に書きなさい。

(3) **図15**のように，**図14**の装置に置いた木片を取り除く。金属球**Ｐ**を**Ａ**に置き，静かにはなしたところ，金属球**Ｐ**は斜面を下り，**Ｃ**に達した。**図16**は，金属球**Ｐ**が動き始めてから**Ｃ**に達するまでの，時間と金属球**Ｐ**の速さの関係を，**Ｃ**に達したときの金属球**Ｐ**の速さを１として表したものである。ただし，空気の抵抗や摩擦はないものとする。

図15

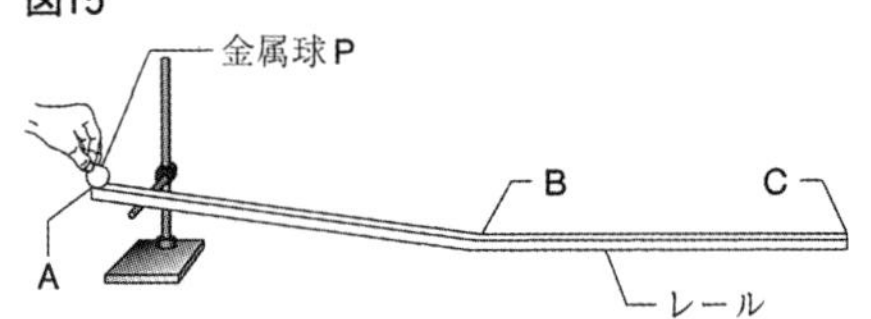

図16

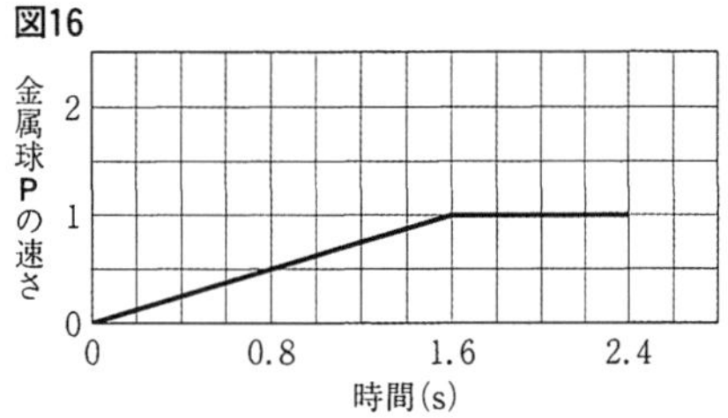

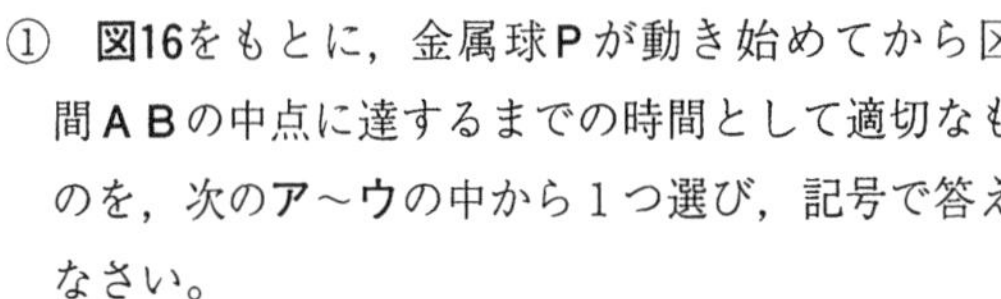

① **図16**をもとに，金属球**Ｐ**が動き始めてから区間**ＡＢ**の中点に達するまでの時間として適切なものを，次の**ア**～**ウ**の中から１つ選び，記号で答えなさい。

ア 0.8秒より長い時間

イ 0.8秒

ウ 0.8秒より短い時間

② **図17**のように，**図15**の装置の区間**ＡＢ**，**ＢＣ**の長さを変えずに水平面からの**Ａ**の高さを高くする。金属球**Ｐ**と，同じ材質でできた，質量が等しい金属球**Ｒ**を**Ａ**に置き，静かにはなしたところ，金属球**Ｒ**は斜面を下り，**Ｃ**に達した。金属球**Ｒ**が動き始めてから**Ｃ**に達するまでの時間は1.2秒であった。また，金属球**Ｒ**が**Ｃ**に達したときの速さは，金属球**Ｐ**が**図15**の装置で**Ｃ**に達したときの速さの２倍であった。金属球**Ｒ**の速さが，金属球**Ｐ**が**図15**の装置で**Ｃ**に達したときの速さと同じになるのは，金属球**Ｒ**が動き始めてから何秒後か。**図16**をもとにして，答えなさい。

図17

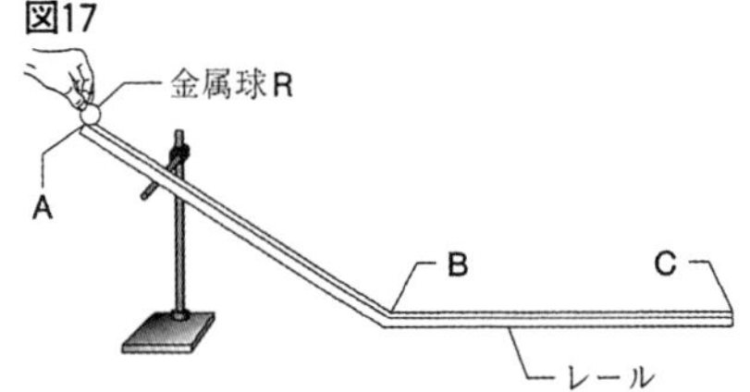

令 和 5 年 度

高等学校入学者選抜学力検査問題

社　　　会

(50分)

注 意 事 項

1　問題は，１ページから７ページまであります。

2　解答は，すべて解答用紙に記入しなさい。

1 次の略年表を見て，(1)～(9)の問いに答えなさい。(18点)

時代	飛鳥(あすか)	奈良(なら)	平安	鎌倉	室町	安土(あづち)桃山	江戸	明治	大正	昭和	平成
日本のできごと	①小野妹子(おののいもこ)を中国に派遣する	②天平(てんぴょう)文化が栄える	③院政が始まる	鎌倉幕府が成立する	④勘合貿易が始まる ⑤応仁(おうにん)の乱がおこる	太閤(たいこう)検地が始まる	田沼意次(たぬまおきつぐ)が老中になる Ⓐ ペリーが浦賀に来る	⑥明治維新が始まる	大正デモクラシーが始まる	⑦太平洋戦争が始まる ⑧高度経済成長が終わる	京都議定書が採択される

(1) 傍線部①は，中国の進んだ制度や文化を取り入れるために派遣された。傍線部①が派遣された中国の王朝の名称を，次の**ア**～**エ**の中から１つ選び，記号で答えなさい。

ア 漢　**イ** 隋(ずい)　**ウ** 唐　**エ** 宋(そう)

(2) 傍線部②が栄えたころにつくられた，地方の国ごとに，自然，産物，伝承などをまとめて記したものは何とよばれるか。その名称を書きなさい。

(3) 傍線部③が行われていた平安時代の末期には，武士が政治のうえで力をもつようになった。武士として初めて，政治の実権を握り，太政大臣(だいじょうだいじん)となった人物はだれか。その人物名を書きなさい。

(4) 傍線部④が行われていた15世紀には，琉球(りゅうきゅう)王国が中継貿易で栄えていた。このことに関する**a**，**b**の問いに答えなさい。

a 琉球王国の都を，次の**ア**～**エ**の中から１つ選び，記号で答えなさい。

ア 十三湊(とさみなと)　**イ** 漢城　**ウ** 首里　**エ** 大都

b **資料１**は，琉球王国が中継貿易で栄えたようすを表した文章が刻まれた鐘と，その文章の一部を要約したものである。**図１**は，東アジアの一部と東南アジアの一部を表した地図である。**資料１**から読み取れる，琉球王国が中継貿易で果たした役割を，**図１**から読み取れる，琉球王国の位置に関連付けて，簡単に書きなさい。

資料１

琉球王国は，……船で各国へ渡って万国のかけ橋となり，異国の産物は国中に満ちている。
(「万国津梁(しんりょう)の鐘」より，一部を要約)

図１

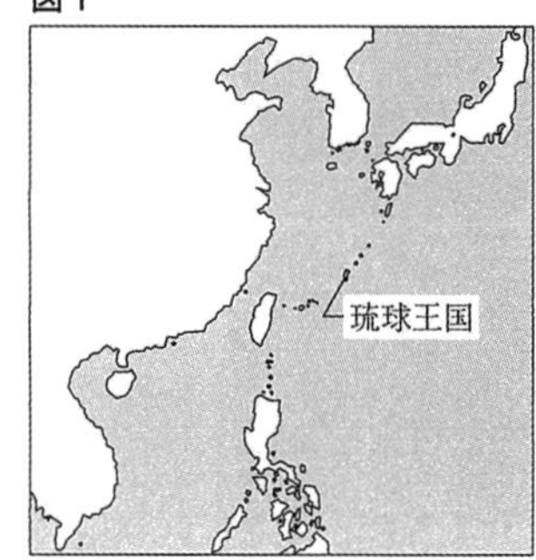

(5) 傍線部⑤の後に，戦乱が全国に広がり，戦国大名が各地に登場した。戦国大名が，領国を支配するためにつくった独自のきまりは何とよばれるか。その名称を書きなさい。

(6) 略年表中のⒶの期間に関する**a**，**b**の問いに答えなさい。

a Ⓐの期間の半ばには，化政文化が栄えた。化政文化に最もかかわりの深いものを，次の**ア**～**エ**の中から１つ選び，記号で答えなさい。

ア 歌川(安藤)広重(うたがわ(あんどう)ひろしげ)が，宿場町の風景画を描いた。
イ 井原西鶴(いはらさいかく)が，町人の生活をもとに小説を書いた。
ウ 出雲(いずも)の阿国(おくに)が，京都でかぶき踊りを始めた。
エ 兼好(けんこう)法師が，民衆の姿を取り上げた随筆を書いた。

b　Ⓐの期間に，北アメリカでは，イギリスの植民地が，本国であるイギリスに対してアメリカ独立戦争をおこした。**資料2**は，アメリカ独立戦争に関するできごとを示した資料である。アメリカ独立戦争で植民地側がイギリスに勝利した理由を，**資料2**から考えられる，イギリスとフランスの関係に関連付けて，簡単に書きなさい。

資料2

1754年	北アメリカの支配をめぐる，イギリスとフランスの戦争開戦
1763年	イギリスがフランスに勝利し，北アメリカでの支配地を拡大
1775年	アメリカ独立戦争開戦
1778年	フランスが植民地側で参戦
1783年	イギリスが植民地の独立を承認

(7)　傍線部⑥において，新政府は富国強兵をめざして改革を行った。このことに関する**a**，**b**の問いに答えなさい。

a　国民による軍隊をつくるために，1873年に新政府が発布した，原則として満20歳になった男子に兵役を義務づけた法令は何とよばれるか。その名称を書きなさい。

b　新政府は，財政の安定を目的として1873年に地租改正を行い，その後，1877年に地租改正の内容の一部を変更した。**資料3**は，地租改正の内容の変更が記載された，ある土地所有者に与えられた地券の内容の一部を要約したものである。**資料4**は，1876年におこったできごとを示した資料である。**資料4**から考えられる，1877年に新政府が地租改正の内容の一部を変更した目的を，**資料3**から読み取れることに関連付けて，簡単に書きなさい。

資料3

地価　四円七十三銭
地価の百分の三　　金　十四銭二厘（りん）
明治十年より
地価の百分の二ヶ半　金　十一銭八厘

注1　明治十年は1877年。
注2　1円は100銭，1銭は10厘。

資料4

真壁暴動	茨城（いばらき）県でおこった地租改正に反対する農民の一揆（いっき）。
伊勢（いせ）暴動	三重県でおこった地租改正に反対する農民の一揆。岐阜県，愛知県に広がった。

(8)　次の**ア**～**ウ**は，傍線部⑦以前におこったできごとについて述べた文である。**ア**～**ウ**を時代の古い順に並べ，記号で答えなさい。

ア　中国では，国民党(国民政府)と共産党が協力し，抗日民族統一戦線を結成した。

イ　日本の関東軍は，南満州鉄道の線路を爆破し，満州の大部分を占領した。

ウ　アメリカは，日本への石油の輸出を制限し，イギリスやオランダも同調した。

(9)　傍線部⑧は1970年代に終わった。**グラフ1**は，1970年から2000年における，就業者数(15歳以上の人口のうち収入を伴う仕事をしている人の数)と，就業者数全体に占める15～64歳の就業者の割合の推移を示している。**グラフ1**に関する**a**，**b**の問いに答えなさい。

グラフ1

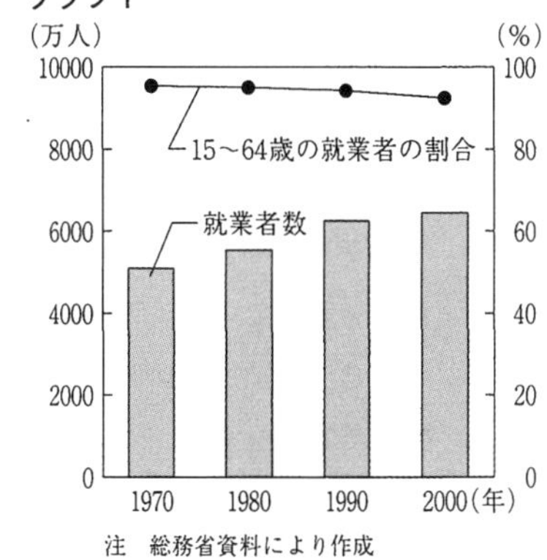

注　総務省資料により作成

a　**グラフ1**の，1970年の統計には，沖縄県のデータは含まれておらず，1980年以降の統計には含まれている。**グラフ1**の1980年以降の統計に，沖縄県のデータが含まれるようになったのは，1970年から1980年までの間にどのようなできごとがあったからか。そのできごとを書きなさい。

b　**グラフ1**から，65歳以上の就業者数はどのように変化していると考えられるか。そのように考えられる理由として**グラフ1**から読み取れることとあわせて，簡単に書きなさい。

2 次の(1)～(4)の問いに答えなさい。なお，**地図１**の中の A ～ E は県を示している。(13点)

(1) A に関するａ，ｂの問いに答えなさい。

ａ A では，りんごの栽培が盛んである。A の県名を書きなさい。

ｂ りんごの栽培が盛んな A では，ももの栽培にも取り組み，近年，ももの栽培面積が増えている。一般に，果樹は，一度植えると30年程度は栽培が続くため，気候変動の影響を受けやすい。**表１**は，りんごとももの，栽培に適する自然的条件の一部を示している。**表１**から考えられる，A で，ももの栽培面積が増えている理由を，近年の気候変動に関連付けて，簡単に書きなさい。

地図１

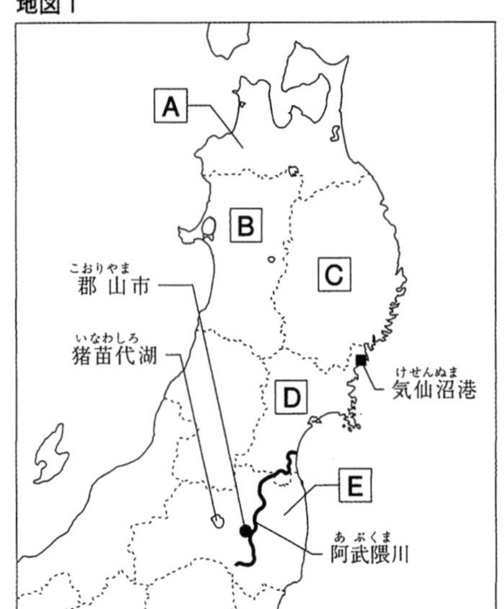

表１

	年間の平均気温	４月１日～10月31日の平均気温	冬期の最低極温	低温要求時間
りんご	６℃以上14℃以下	13℃以上21℃以下	－25℃以上	1,400時間以上
もも	９℃以上	15℃以上	－15℃以上	1,000時間以上

注１　農林水産省資料により作成
注２　最低極温は，１年を通して最も低い気温であり，低温要求時間は，気温が7.2℃以下になる期間の延べ時間である。

(2) C に関するａ，ｂの問いに答えなさい。

ａ C について述べた文として正しいものを，次の**ア**～**エ**の中から１つ選び，記号で答えなさい。

ア 県の西部に奥羽山脈があり，県庁所在地は仙台市である。

イ 県の東部に奥羽山脈があり，県庁所在地は仙台市である。

ウ 県の西部にリアス海岸が見られ，県庁所在地は盛岡市である。

エ 県の東部にリアス海岸が見られ，県庁所在地は盛岡市である。

ｂ **表２**は，2019年における，B ～ E の，人口，農業産出額の内訳，工業出荷額を示している。**表２**の中の**ア**～**エ**は，B ～ E のいずれかを表している。**ア**～**エ**の中から，C に当たるものを１つ選び，記号で答えなさい。

表２

	人口(千人)	農業産出額の内訳(億円)				工業出荷額(億円)
		米	果実	畜産	その他	
ア	2,306	839	27	736	330	45,590
イ	1,846	814	273	435	564	51,232
ウ	1,227	603	130	1,569	374	26,435
エ	966	1,126	84	362	359	12,998

注　「データでみる県勢2022」などにより作成

(3) 漁業に関するａ，ｂの問いに答えなさい。

ａ **地図１**の気仙沼港は三陸海岸の漁港である。三陸海岸の沖合いは，海底の栄養分がまき上げられてプランクトンが集まり，さまざまな魚がとれる豊かな漁場になっているため，沿岸部には水あげ量の多い漁港が点在している。三陸海岸の沖合いが，このような豊かな漁場になっている理由を，海流に着目して，簡単に書きなさい。

令和五年度

高等学校入学者選抜学力検査

国語

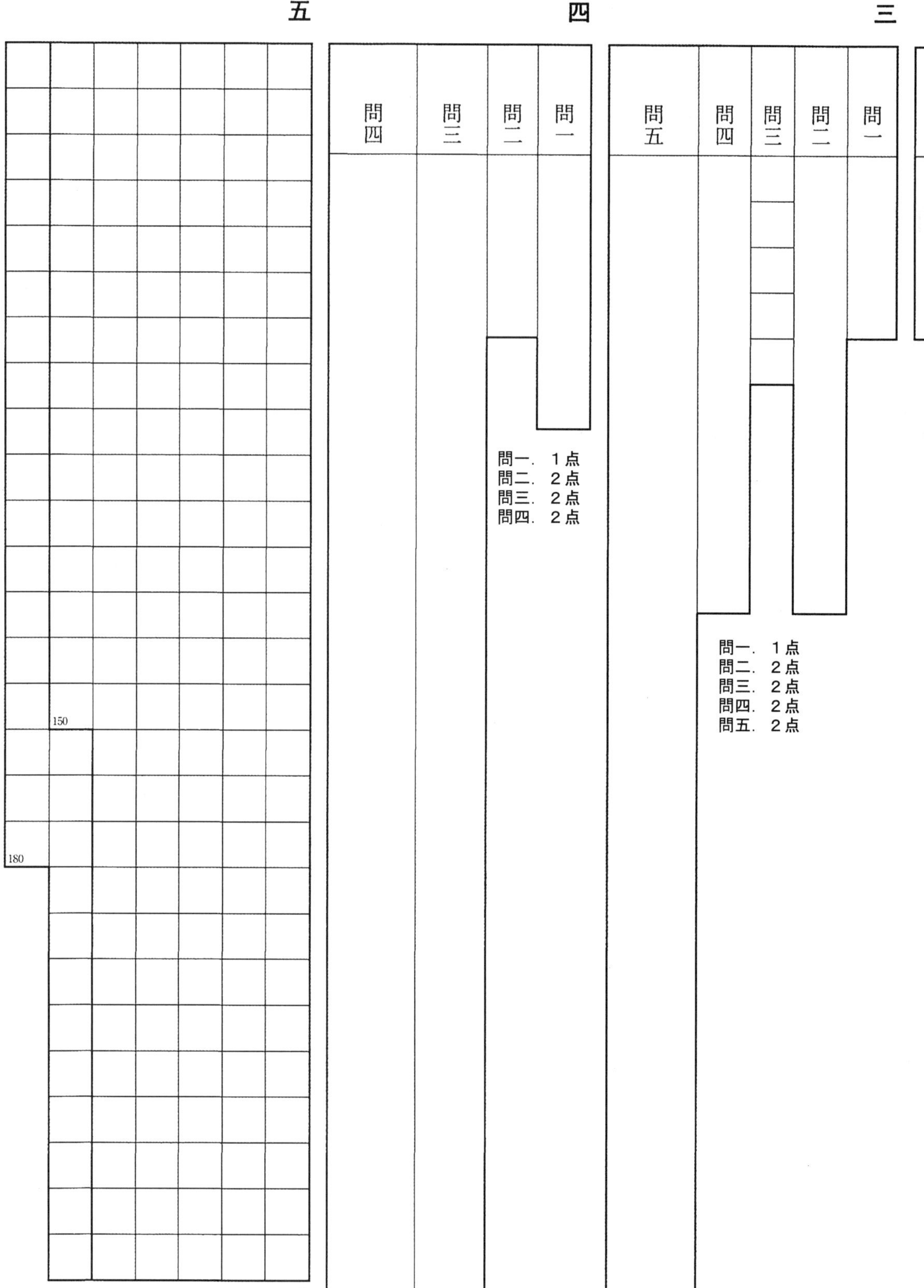
五
四
三
問四
問三
問二
問一
問五
問四
問三
問二
問一
150
180
問一. 1点
問二. 2点
問三. 2点
問四. 2点
問一. 1点
問二. 2点
問三. 2点
問四. 2点
問五. 2点
6点

1　解答用紙はこの裏面です。

2　解答用紙に，受検番号と氏名を記入しなさい。

3　解答は，問題ごとに解答用紙の所定欄に記入しなさい。

4　問題は別紙にあります。

3 (1) 2点 (2) 2点				
(1)	あ		四分位範囲	m
(2)				

4 5点
（方程式と計算の過程）
（答） 鉛筆　　　本，　ボールペン　　　本

（答） $a=$

7 (1) 6点 (2) 3点	
(1)	（証明）
(2)	cm

1　解答用紙はこの裏面です。

2　解答用紙に，受検番号と氏名を記入しなさい。

3　解答は，問題ごとに解答用紙の所定欄に記入しなさい。

4　問題は別紙にあります。

5　最初に放送による問題があります。放送による問題が終わったら，続けて，ほかの問題を解きなさい。

3

〈 To Alex 〉

〈 From Riku 〉

4点

4

(1) ⓐ (　　　　) ⓑ (　　　　)

(2)

①

②

(3)

(4)

(5)

(6)

(7)

(1) 1点×2
(2) 2点×2
(3) 2点
(4) 2点
(5) 2点
(6) 2点
(7) 2点

【解答用

1　解答用紙はこの裏面です。

2　解答用紙に，受検番号と氏名を記入しなさい。

3　解答は，問題ごとに解答用紙の所定欄に記入しなさい。

4　問題は別紙にあります。

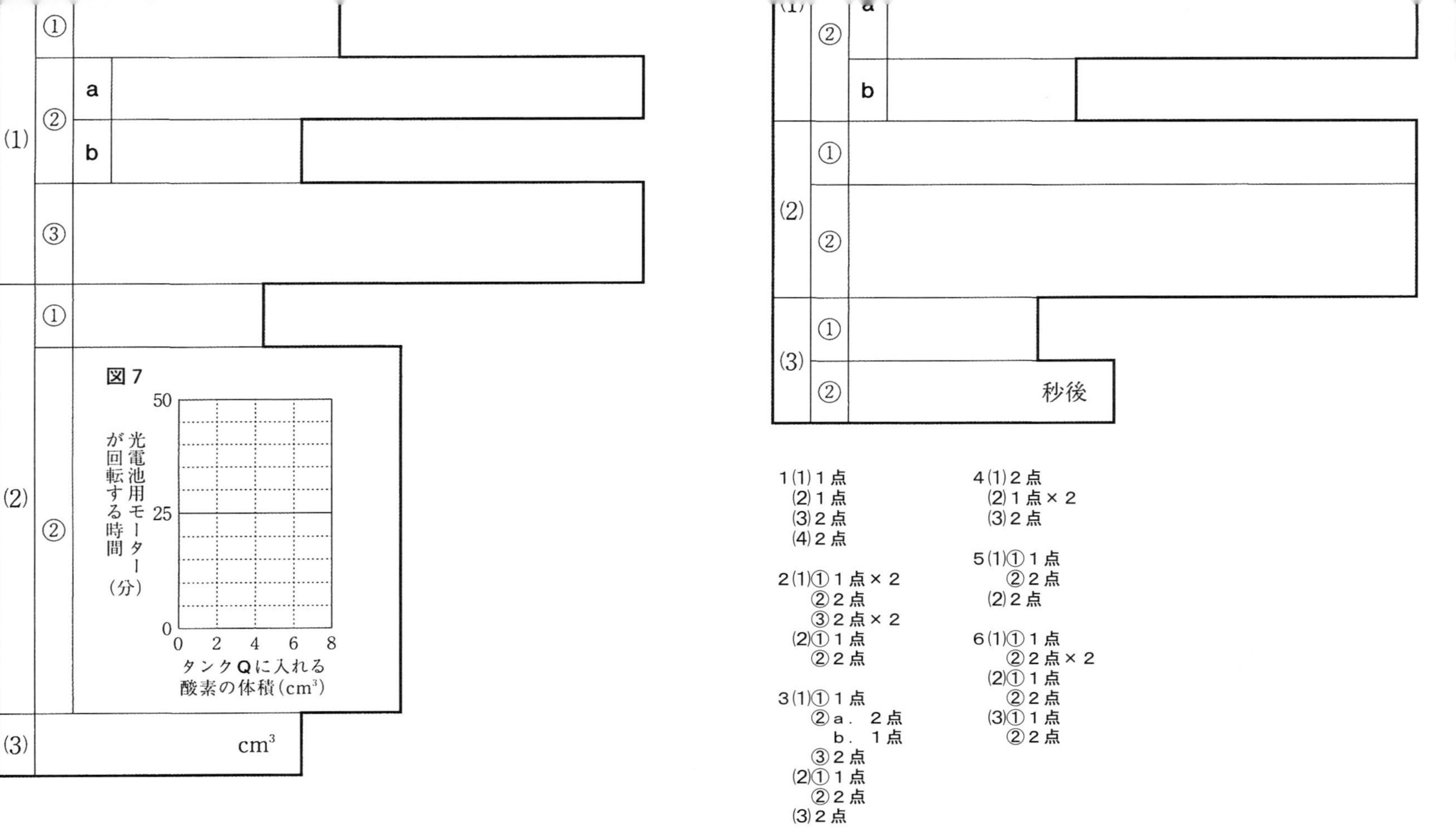

1 (1) 1点
(2) 1点
(3) 2点
(4) 2点

2 (1)① 1点×2
② 2点
③ 2点×2
(2)① 1点
② 2点

3 (1)① 1点
② a. 2点
b. 1点
③ 2点
(2)① 1点
② 2点
(3) 2点

4 (1) 2点
(2) 1点×2
(3) 2点

5 (1)① 1点
② 2点
(2) 2点

6 (1)① 1点
② 2点×2
(2)① 1点
② 2点
(3)① 1点
② 2点

1　解答用紙はこの裏面です。

2　解答用紙に，受検番号と氏名を記入しなさい。

3　解答は，問題ごとに解答用紙の所定欄に記入しなさい。

4　問題は別紙にあります。

a	
b	

2

(1)

a	県
b	

(2)

a	
b	

(3)

a	
b	

(4)

a		
b	理　由	
	土地の利　用	
c	→ →	

(3)

70

1 (1) 1点	2 (1) a．1点	3 (1) 1点×2	4 (1) a．1点
(2) 1点	b．2点	(2) 1点	b．2点
(3) 1点	(2) 1点×2	(3) 1点	(2) 1点×3
(4) a．1点	(3) 1点×2	(4) a．1点	(3) 4点
b．2点	(4) 2点×3	b．2点	
(5) 1点		c．2点	
(6) a．1点			
b．2点			
(7) a．1点			
b．2点			
(8) 2点			
(9) a．1点			
b．2点			

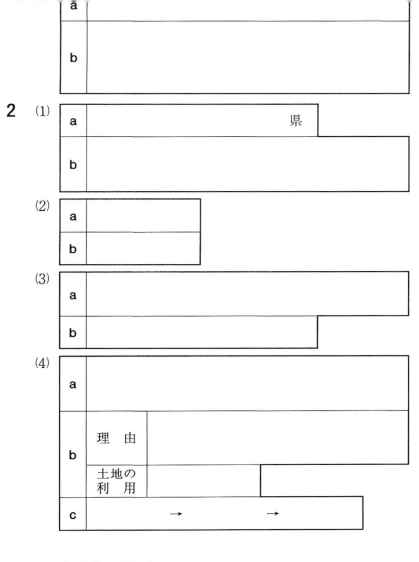

社　会　解答用紙

受検番号		氏　名	

※50点満点

1 (1)

(2)

(3)

(4) a

b

(5)

(6) a

b

(7) a

b

3 (1) a

b

(2)

(3)

(4) a

b

c

4 (1) a

b

(2) a

令和５年度

高等学校入学者選抜学力検査

社　会

【解答用

理　科　解答用紙

受検番号		氏　名	

※50点満点

1

(1)	
(2)	
(3)	
(4)	g

2

(1)	①	a	
		b	
	②		
	③	a	g
		b	
(2)	①		

4

(1)	図10 北	
(2)	①	
	②	
(3)	g /m³	

5

(1)	①		
	②	記号	
		理由	
(2)			

6

①	

令和５年度

高等学校入学者選抜学力検査

理　科

【解答用

英　語　解答用紙

受検番号		氏　名	

※50点満点

1 (1) A[ ]　B[ ]　C[ ]　D[ ]

(1) 2点×4
(2) 2点×3

(2) 質問1（　　　）　質問2　ⓐ（　　　）　ⓑ（　　　）

質問3 ________________ after walking.

2 (1) A[ ]　B[ ]　C[ ]　(2) [ ][ ][ ][ ][ ]

(1) 1点×3
(2) 2点
(3) 1点×3
(4) 2点
(5) 2点
(6) 2点×2

(3) ⓐ[ ]　ⓑ[ ]　ⓒ[ ]

(4) ________________

(5) ________________

(6) D ________________

令 和 5 年 度

高 等 学 校 入 学 者 選 抜 学 力 検 査

英　語

【解答用

数　学　解答用紙

受検番号		氏　名	

※50点満点

1
(1) 2点 × 4
(2) 2点
(3) 2点

(1)	ア		イ	
	ウ		エ	
(2)		(3)		

2
2点 × 3

(1)

図1

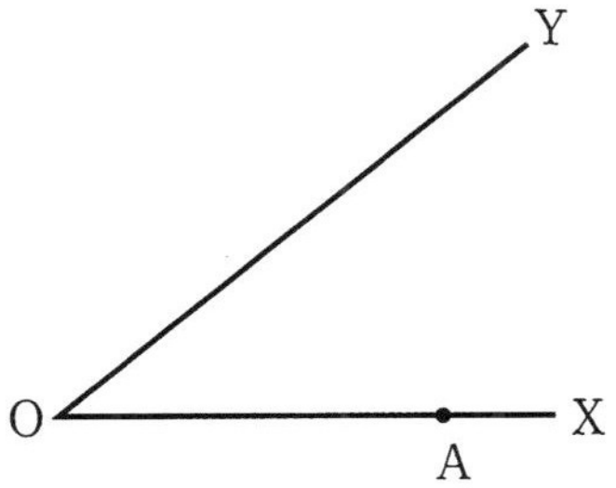

(2)

逆

反例

5
(1) 1点
(2) 2点
(3) 3点

(1)		(2)	cm
(3)	cm^2		

6
(1) 2点
(2) 2点
(3) 4点

(1)		(2)	
(3)	（求める過程）		

令和5年度

高等学校入学者選抜学力検査

数学

【解答用

国語　解答用紙

受検番号

氏名

※50点満点

一

問一　あ　い　う（んで）

問二

問三

問四

問五

問六

問一．　１点×３
問二．　２点
問三．　２点
問四．　２点
問五．　２点
問六．　３点

二

問一　あ（らして）　い　う

問二

問三

問四

問五

問一．　１点×３
問二．　２点
問三．　２点
問四．　２点
問五．　３点
問六．　２点

一　解答用紙はこの裏面です。
二　解答用紙に、受検番号と氏名を記入しなさい。
三　解答は、問題ごとに解答用紙の所定欄に記入しなさい。
四　問題は別紙にあります。

b　近年，遠洋漁業のような「とる漁業」に加えて，栽培漁業のような「育てる漁業」にも力が入れられるようになっている。「育てる漁業」のうち，三陸海岸でも盛んな，いけすやいかだなどで，魚介類を大きく育てたのち出荷する漁業は何とよばれるか。その名称を書きなさい。

(4)　**地図1**の猪苗代湖に関する**a**～**c**の問いに答えなさい。

a　**図2**は，猪苗代湖に面した猪苗代町にある信号機を撮影した写真である。猪苗代町の気候には日本海側の気候の特色があり，**図2**の信号機には猪苗代町の気候に適応するための工夫が見られる。**図2**の信号機に見られる工夫が，猪苗代町の気候に適応している理由を，日本海側の気候の特色が分かるように，簡単に書きなさい。

図2

b　**図3**は，**地図1**の郡山市の一部の地域を示した地形図である。**図3**の安積疏水（あさかそすい）は，明治時代に整備が始められた，猪苗代湖の水を引くための水路である。**図3**の X の付近では，近くを流れる阿武隈川の水は引けず，安積疏水を整備して，より遠くの猪苗代湖の水を引いて利用した。X の付近では阿武隈川の水が引けなかった理由を，**図3**から読み取れる，地形上の特色に着目して，簡単に書きなさい。また，X の付近の土地は，主に何に利用されているか。次の**ア**～**エ**の中から最も適切なものを1つ選び，記号で答えなさい。

ア　田　　**イ**　畑　　**ウ**　広葉樹林　　**エ**　針葉樹林

図3

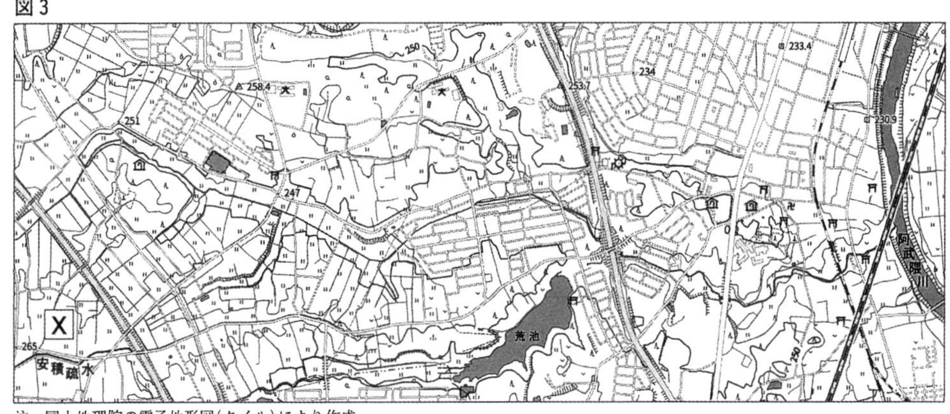

注　国土地理院の電子地形図(タイル)により作成

c　猪苗代湖から日本海に流れる川では水力発電が行われている。**グラフ2**は，日本の，1960年，1980年，2000年，2020年における，それぞれの総発電量に占めるエネルギー源別発電量の割合を示している。また，**グラフ2**の**ア**～**ウ**は，1960年，1980年，2000年のいずれかを，ⓐ～ⓒは，水力，火力，原子力のいずれかを表している。**ア**～**ウ**を時代の古い順に並べ，記号で答えなさい。

グラフ2

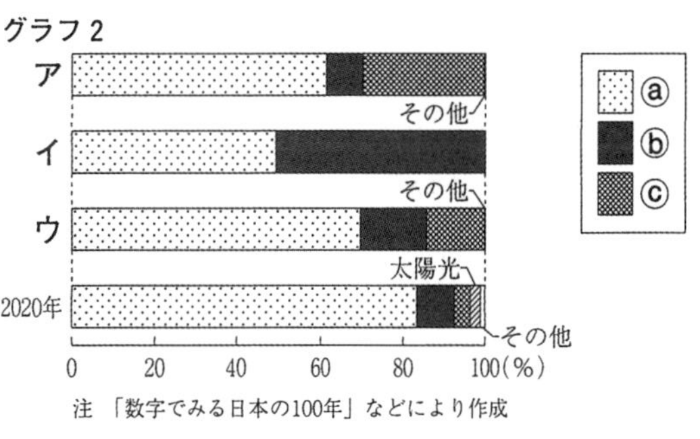

注 「数字でみる日本の100年」などにより作成

3 次の(1)～(4)の問いに答えなさい。なお，**地図2**は，緯線と経線が直角に交わった地図であり，**地図2**の中の A ～ D は国を，ⓐ～ⓓは都市を，X は経線を，それぞれ示している。（9点）

地図2

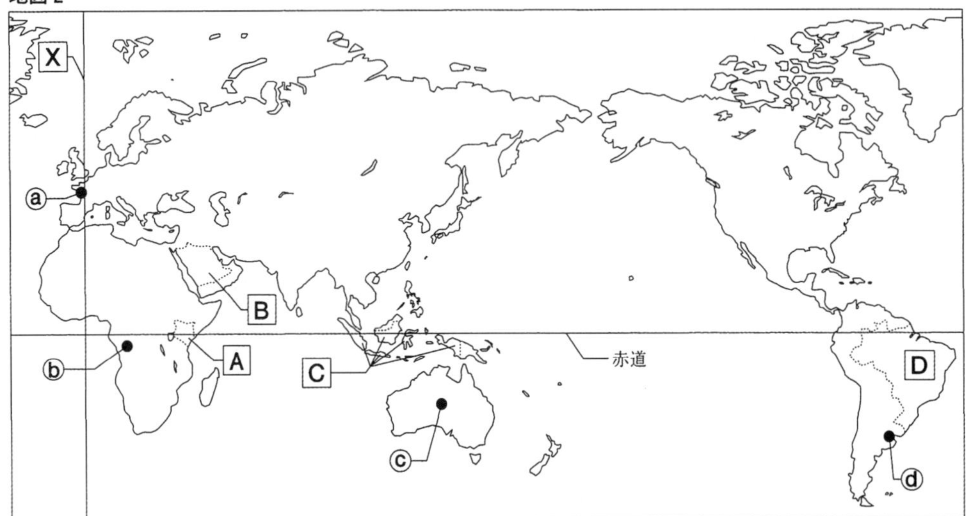

(1) **地図2**に関するa，bの問いに答えなさい。

a X は，イギリスを通る経度0度の経線である。X の名称を書きなさい。

b **地図2**のⓐの地点から，地球の中心を通った反対側の地点には，三海洋（三大洋）のうちの1つがある。その海洋（大洋）の名称を書きなさい。

(2) **グラフ3**は，**地図2**のⓐ～ⓓのいずれかの都市の，気温と降水量を示したものである。**グラフ3**に当たる都市として適切なものを，ⓐ～ⓓの中から1つ選び，記号で答えなさい。

グラフ3

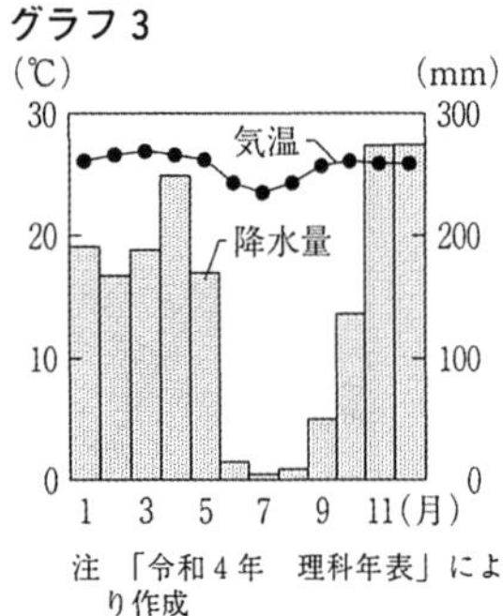

注 「令和4年 理科年表」により作成

(3) **表3**は，2019年における，A ～ D の，人口，1人当たりの国民総所得，輸出額の多い上位3品目を示している。**表3**の中のあ～えは，A ～ D のいずれかを表している。あに当たる国を，A ～ D の中から1つ選び，記号で答えなさい。

表3

	人口（千人）	1人当たりの国民総所得（ドル）	輸出額の多い上位3品目
あ	270,626	4,012	石炭，パーム油，機械類
い	34,269	23,372	原油，石油製品，プラスチック
う	52,574	1,780	紅茶，園芸作物，石油製品
え	211,050	8,523	大豆，原油，鉄鉱石

注 「世界国勢図会2021/22」などにより作成

⑷　アフリカ州に関する**a**～**c**の問いに答えなさい。

a　アフリカ州では，スマートフォンなどの電子機器に使われるコバルトなどの金属が産出される。コバルトなどの，地球上の存在量が少ない金属や，純粋なものを取り出すことが技術的，経済的に難しい金属の総称は何か。その総称を書きなさい。

b　アフリカ州では，民族によって異なるさまざまな言語が使われている。**グラフ4**は，2009年における，[A]の民族構成を示している。[A]では，英語とスワヒリ語が公用語に定められており，国会などでは英語が使われ，小学校ではスワヒリ語の授業がある。[A]において公用語が定められている理由を，**グラフ4**から読み取れることに関連付けて，簡単に書きなさい。

グラフ4

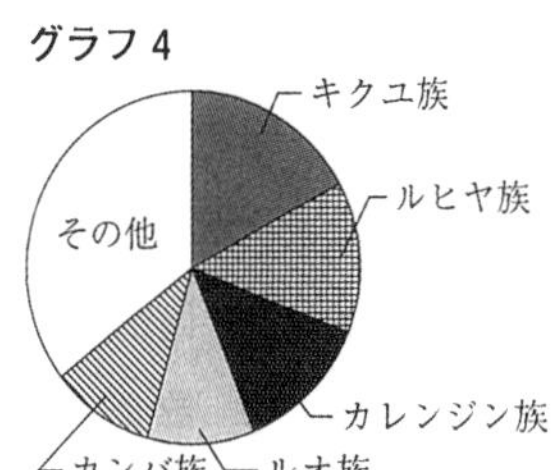

注 「世界の統計2022」により作成

c　**図4**は，[A]を含めた東アフリカ地域の一部を表した地図であり，**図4**の中の○は[A]にある港を，●は[A]の隣国のウガンダの首都を，━━は整備が進められている道路の一部を示している。━━の道路の整備は，東アフリカ地域の経済発展につながると考えられている。━━の道路が整備されることの，ウガンダにとっての経済発展上の利点を，**図4**から読み取れる，ウガンダの国の位置に関連付けて，簡単に書きなさい。

図4

4　次の⑴～⑶の問いに答えなさい。(10点)

⑴　貿易に関する**a**，**b**の問いに答えなさい。

a　外国との間で異なる通貨を交換する際の比率を為替レート(為替相場)という。**表4**は，2022年2月と2022年4月における，1ドルに対する円の為替レートを示したものである。次の[　　　]の中の文は，**表4**について述べたものである。文中の(　あ　)，(　い　)に当てはまる語として正しい組み合わせを，次の**ア**～**エ**の中から1つ選び，記号で答えなさい。

表4

年月	1ドルに対する円の為替レート
2022年2月	115.2円
2022年4月	126.1円

注1　日本銀行資料により作成
注2　為替レートは1か月の平均。

> **表4**の為替レートで考えると，2022年2月より2022年4月の方が，1ドルに対する円の価値が(　あ　)なっており，2022年2月と2022年4月では，同じ金額の円をドルに交換するとき，ドルの金額が高くなるのは，2022年(　い　)である。

ア　あ　高く　　い　2月　　　**イ**　あ　低く　　い　2月
ウ　あ　高く　　い　4月　　　**エ**　あ　低く　　い　4月

b　輸入品に関税をかけることには，税収入の確保のほかにも利点がある。税収入の確保とは異なる，輸入品に関税をかけることの利点を，関税をかけることによっておこる輸入品の価格の変化に関連付けて，簡単に書きなさい。

[次のページに続く]

(2) 国の権力と国民の関係に関する**a**～**c**の問いに答えなさい。

a **図5**は，「法の支配」と「人の支配」のしくみを表したものである。権力者が思うままに権力を行使する「人の支配」では，国民は自由な生活をうばわれるおそれがあるため，政治は「法の支配」に基づいて行われる必要がある。**図5**の㋐～㋒に当てはまる語として正しい組み合わせを，次の**ア**～**カ**の中から1つ選び，記号で答えなさい。

図5

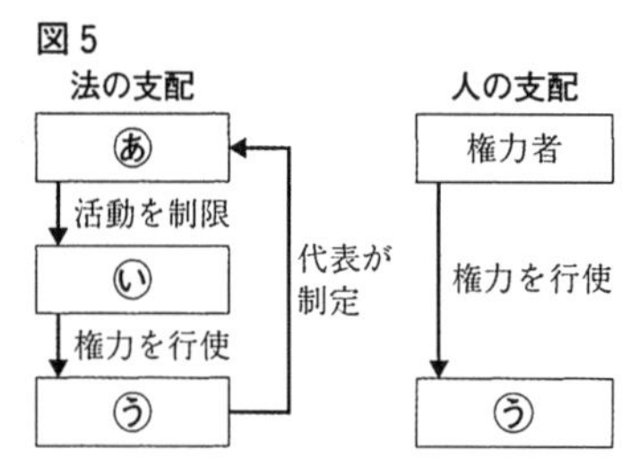

ア ㋐ 国民 ㋑ 政府 ㋒ 法　　**イ** ㋐ 国民 ㋑ 法 ㋒ 政府
ウ ㋐ 政府 ㋑ 国民 ㋒ 法　　**エ** ㋐ 政府 ㋑ 法 ㋒ 国民
オ ㋐ 法 ㋑ 国民 ㋒ 政府　　**カ** ㋐ 法 ㋑ 政府 ㋒ 国民

b 日本の政治では，国の権力のうち，立法権を国会，行政権を内閣，司法権を裁判所が担当し，相互に抑制し合い均衡を保つしくみがとられている。このしくみは何とよばれるか。その名称を書きなさい。

c 請求権(国務請求権)は，国民の権利が侵害されたり，不利益な扱いを受けたりしたときに，国に対して一定の行いをすることを求める権利である。日本国憲法が保障する請求権に当たるものを，次の**ア**～**エ**の中から1つ選び，記号で答えなさい。

ア 選挙権　**イ** 環境権　**ウ** 教育を受ける権利　**エ** 裁判を受ける権利

(3) 我が国では，「働き方改革」が進められている。**資料5**は，「働き方改革」に関する政策の一部をまとめたものである。**表5**は，2016年における，企業規模別の，労働者1人当たりの年次有給休暇(一定期間勤続した労働者に与えられる，取得しても賃金が減額されない休暇)の取得率を示している。**グラフ5**は，2016年における，全国の企業数に占める，大企業と中小企業の割合を示している。**表5**から考えられる，**資料5**の政策を国が打ち出したねらいを，**グラフ5**から読み取れることと，**資料5**の政策の内容に関連付けて，70字程度で書きなさい。

資料5

・年次有給休暇取得の促進などに向けた環境整備に取り組む中小企業に対して，その実施に要した費用の一部を支援する。
・各都道府県の労働局に専門家を配置し，中小企業を中心とした企業からの，年次有給休暇取得などに関する相談に応じるなどの支援を行う。

注　厚生労働省資料により作成

表5

常用労働者の人数	年次有給休暇の取得率(%)
1,000人以上	55.3
300～999人	48.0
100～299人	46.5
30～ 99人	43.8

注1　厚生労働省資料により作成
注2　常用労働者は，期間を定めずに雇われている労働者，または1か月以上の期間を定めて雇われている労働者。
注3　取得率は，与えられた日数の合計に対する，実際に取得した日数の合計の割合。

グラフ5

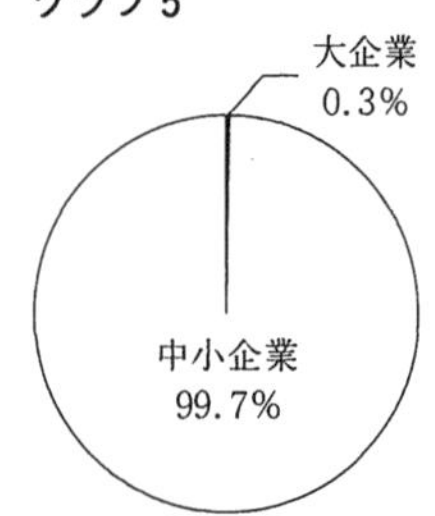

注　中小企業庁資料により作成

静岡県公立高等学校

令和四年度

高等学校入学者選抜学力検査問題

国　語

（50分）

注意事項

一　問題は、一ページから七ページまであります。

二　解答は、すべて解答用紙に記入しなさい。

K 教英出版

一　次の文章を読んで、あとの問いに答えなさい。（14点）

ハセとは小三で同じクラスになった。そのころの僕は、いまよりもっとうじうじしていてクラスに友達がひとりもいなかった。もともと消極的だし、㋐臆病なので、友達ができるのに人より何倍も時間がかかる。それまで時間をかけて仲が良くなった同級生はみな別のクラスになってしまい、にぎやかな教室の中で、僕はいつもひとりだった。やることがないので、僕はよくノートに絵を描いていた。当時流行っていたアニメのキャラクターの絵だ。べつに、絵が好きなわけではなかった。休み時間にひとりぼっちであるという情けない状況から［　　］ための行動だった。

その日の休み時間も、僕は絵を描いていた。窓際の席だった。ノートに突然人影が落ちて、声がした。「すげえ。おまえ、絵、うまいな！」顔を上げると、今年から同じクラスになった、声の大きな男子がいた。たしか、はせがわくん……と僕は思った。うまいなあ、と彼はもう一度言った。僕の絵はべつにうまくなかったし、ほめられるようなものでもなかった。ただ、休み時間にひとり、窓際で絵を描いている僕に気をつかってくれたのだろう。もしかしたら、本当にうまいと思って話しかけてくれたのかもしれないけど、それはわからない。

「なあ、ほかのも見せてくれよ。」

ハセは持ち前の無邪気さで、僕のノートをぐっと覗きこんできた。僕1は急に話しかけられた驚きと、ひっそりと描いていた絵を見られた恥ずかしさで動転し、その瞬間に、なぜかハセを左手で強く払いのけてしまった。ハセは「うおっ」と言ってよろめいた。体勢をくずした拍子に、窓際に飾られていた植木鉢に肘をぶつけた。

2僕はその瞬間を、いまでもスローモーションで思い出すことができる。植木鉢が落ちて床にぶつかり、割れた。落下はおそらく一秒にも満たないくらいの時間だったが、僕には永遠にも感じられた。でも永遠なわけはなく、ちゃんと床にぶつかって割れた。すごく、大きな音がした。肥料の混ざった茶色い土が床に散らばり、むっとしたにおいが鼻をついた。

終わった。瞬間的に、僕はそう思った。大げさではなく、当時八歳だった僕は、本当にそう思ったのだ。教室で植木鉢を割るなんて、人生が終わるくらいの最悪な出来事だった。そして何よりもこたえたのが、これで間違いなく長谷川君には嫌われただろうし、彼は僕を、注①根暗のうえに話しかけただけで突き飛ばしてきたイヤなやつとして、クラス中に注②吹聴して回るだろう、ということだった。

いまこの瞬間に、消えてなくなりたいと思った。でも、僕は一歩も動くことができなかった。せめて謝らなければ、と思ったが、㋑喉がカラカラに渇いて、まともに声が出なかった。すぐに先生が駆けつけてきた。

「どうしたの！」

近くで見ていた女子が、佐久田君が長谷川君を、と言いかけた瞬間、

「佐久田君と㋒あそんでたら植木鉢にぶつかって割ってしまいました。」

さえぎるようにハセは言った。

先生は僕たちを廊下に連れて行って短く説教し、それから一緒に、割れた植木鉢と散らばった土を片づけ、汚れた床をきれいに雑巾で拭いた。雑巾がけをする最中、ぽろぽろと涙がこぼれて床に落ちるたび、それを気づかれないように素早く拭き取るのに、僕はいそがしかった。

「植木鉢は先生が片づけておくから、二人とも、雑巾、水道で洗ってちゃんと干しておきなさい。」先生は優しい口調で言った。

――ⓐ――

僕たちは土のにおいのする雑巾を持って廊下に出た。すでに三時間目

が始まっていたので、廊下には誰もいなかった。

僕は、雑巾がけをしているあいだじゅう、この人はどうして僕をかばったのかと、ずっと考えていた。どう考えても僕が悪いのだ。面倒だから告げ口みたいなことをしなかっただけで、本当は怒っているに違いない。とにかく謝らなければいけないと思った。

唾を飲みこんで、今度こそ声が出ますようにと祈った。でも、このときもうまく声が出せなかった。謝るという簡単なことが、どうして僕にはできないんだ。

3もじもじしていると、僕より先にハセが口を開いた。「いけね、怒られちゃったな。むりやりノート覗きこんでごめん。でもさっきの絵、おれにも描いてくれよ。ほんとはずっと前から描いてほしいと思ってたんだ。おれ、絵、へただからさ。」

日焼けした顔が、無邪気に笑っていた。その笑顔に、僕は、4またぽろぽろと涙をこぼしながら、首を縦に振ることしかできなかった。

このときからずっと、いつだってハセは僕が躊躇(ちゅうちょ)(注③)してできないことを簡単にこなして、僕の前を歩いていく。僕には、そんなハセの背中がたまにまぶしく見える。

(小嶋陽太郎(こじまようたろう)『ぼくのとなりにきみ』による。)

(注) ① 性格の明るくない人。 ② 言いふらすこと。 ③ ためらうこと。

問一 二重傍線(═)部ⓐ、ⓘの漢字に読みがなをつけ、ⓤのひらがなを漢字に直しなさい。

問二 次のア～エの中から、本文中の[　　]の中に補う言葉として、最も適切なものを一つ選び、記号で答えなさい。

ア 気をまぎらわす　**イ** 心を合わせる

ウ 気を悪くする　**エ** 心を痛める

問三 本文には、教室にいた「僕」が、傍線部**1**と感じたことが分かる一文がある。その一文の、最初の五字を抜き出しなさい。

問四 本文には、植木鉢が床に落ちて割れた場面があり、傍線部**2**のように述べている。本文中から、「僕」は、植木鉢が床に落ちていく時間を、どのように感じていたと読み取ることができるか。植木鉢の落下にかかった実際の時間を含めて、簡単に書きなさい。

問五 「僕」が、傍線部**3**のようになっていたのはなぜか。その理由を、本文中のⓐで示した部分から分かる、植木鉢が割れた原因に対しての「僕」の認識と、「僕」が考える「僕」のとるべき行動を含めて、四十字程度で書きなさい。

問六 次の**ア**～**エ**の中から、「僕」が傍線部**4**のようになっていた理由として、最も適切なものを一つ選び、記号で答えなさい。

ア 「近くで見ていた女子」に、「ハセ」を突き飛ばしたことを先生に言われそうになったから。

イ 「ハセ」にむりやりノートを覗きこまれたことを、まだ許す気持ちにはなれなかったから。

ウ 「僕」にできないことを簡単にこなす「ハセ」の姿をずっと見てきて、「ハセ」に嫌われたくなかったから。

エ 「僕」に対して謝罪する「ハセ」の発言を聞き、「ハセ」の素直で悪意のない表情を見たから。

二　次の文章を読んで、あとの問いに答えなさい。（14点）

注①　見テ　知リソ　知リテ　ナ見ソ

見てから知るべきである、知ったのちに見ようとしないほうがいい、という意味でしょうが、実はもっと深い意味があるような気がする。つまり、われわれは〈知る〉ということをとても大事なこととして考えています。しかし、ものごとを判断したり、それを味わったりするときには、そのおよび知識や固定観念がかえって邪魔になることがある。だから、まず見ること、それに触れること、体験すること、そしてそこから得る直感を大事にすること、それが大切なのだ、と言っているのではないでしょうか。

ひとつの美術作品にむかいあうときに、その作家の経歴や、その作品の意図するものや、そして世間でその作品がどのように評価されているか、また、有名な評論家たちがどんなふうにその作品を批評しているか、などという知識が頭の中にたくさんあればあるほど、一点の美術品をすなおに、自分の心のおもむくままに見ることが困難になってくる。それが人間というものなのです。実際にものを見たり接したりするときには、これまでの知識をいったん横へ置いておき、そして裸の心で自然に、また無心にそのものと接し、そこからうけた直感を大切にし、そのあとであらためて、横に置いていた知識をふたたび引きもどして、それと照らしあわせる、こんなことができれば素晴らしいことです。そうできれば、私たちの得る感動というものは、知識の光をうけてより深く、より遠近感を持った、ゆたかなものになることはまちがいありません。［　　］、実はこれはなかなかできないことです。

では、われわれは知る必要がないのか、勉強する必要もなく、知識を得る必要もないのか、というふうに問われそうですが、これもまたちがいます。そのへんが非常に微妙なのですが、柳宗悦（やなぎむねよし）が戒めているのは、知識にがんじがらめ（注②）にされてしまって自由で柔軟な感覚を失うな、ということでしょう。おのれの直感を信じて感動しよう、というのです。どんなに偉い人が、どんなに有名な評論家が、自分とまったく正反対の意見をのべていたり解説をしていたとしても、その言葉に惑わされるなということです。

作品と対するのは、この世界でただひとりの自分です。自分には自分流の感じかたがあり、見かたがあります。たとえ百万人の人が正反対のことを言っていたとしても、自分が感じたことは絶対なのです。しかし、また、その絶対に安易によりかかってしまうと人間は単なる独断と偏見におちいってしまう。

自分の感性を信じつつ、なお一般的な知識や、他の人々の声に耳をかたむける余裕、このきわどいバランスの上に私たちの感受性というものは成り立たねばなりません。それは難しいことですが、少なくとも柳宗悦の言葉は、私たちに〈知〉の危険性というものを教えてくれます。

（五木寛之『生きるヒント』KADOKAWAによる。）

（注）① 日本の美術評論家である柳宗悦の言葉。
② 縛られて身動きの取れない状態。

問一 二重傍線（‖）部あ、いのひらがなを漢字に直し、うの漢字に読みがなをつけなさい。

問二 波線（〰）部ア～オの中には、品詞の分類からみて同じものがある。それは、どれとどれか。記号で答えなさい。

問三 傍線部1は、本文全体の中で、どのような働きをしているか。その説明として、最も適切なものを、次のア～エの中から一つ選び、記号で答えなさい。

ア 柳宗悦の言葉をそのまま引用することで、本文の展開に対する興味や関心を読者に持たせる働き。

イ 引用した柳宗悦の言葉を筆者自身が解釈することで、本文で述べたい内容を読者に提示する働き。

ウ 筆者の言葉を抽象的な表現で言い換えることで、本文の展開を読者に分かりやすく説明する働き。

エ 筆者の考え方を柳宗悦の言葉を用いて表現することで、柳宗悦の主張への疑問を読者に投げかける働き。

問四 次のア～エの中から、本文中の □ の中に補う語として、最も適切なものを一つ選び、記号で答えなさい。

ア それとも　イ もしくは　ウ しかし　エ なぜなら

問五 本文には、筆者の考える、ものごとに対するときの理想的な過程について述べた一文がある。その一文の、最初の五字を抜き出しなさい。

問六 筆者は、本文で、作品に対するときの危険性の一つとして、傍線部2について述べているが、傍線部2とは異なる危険性についても述べている。筆者が述べている、傍線部2とは異なる危険性を、五十字程度で書きなさい。

三　次の文章は、図書委員会の委員長が、昼の放送で連絡事項を伝達するためにまとめている原稿である。あなたは、図書委員会の委員長から原稿についての助言を頼まれた。この文章を読んで、あとの問いに答えなさい。（9点）

図書委員会では、図書室を快適に利用してもらうために、今年は本の整頓や図書室の清掃を重点的に行っています。

このような努力が十分な結果として現れた（1）ためか、先月と先々月の図書室の来室者数の合計は、昨年度の同時期に比べて二割増加していました。

一方で、本の貸出冊数はそれほど増えてはいませんでした。貸出冊数が増えていない原因について、本を選ぶ際に、タイトルや表紙からだけでは本の面白さが伝わらず、読む本を選べないからではないか、と図書委員会の顧問の先生は言って（2）いました。図書委員会では、これを課題と考えています。

これまで、毎月一回のペースで作ってきた図書通信を通じて、本の紹介する活動を行ってきました（3）。しかし、それだけでは、本の魅力を十分に伝えきることができていなかったのではないか、と考えました。

そこで、新たな企画として、本の人気投票を実施したいと思います。1 皆さんに投票してもらうため、図書委員が毎月、候補の本を数冊選びます。2 その情報を参考にして、興味をもった本について、図書室に置いてある投票箱へ投票してもらいます。3 皆さんの投票の結果は毎月、昇降口へ掲示します。4 人気の出そうな本は、早めの貸出手続きをお勧めします。

問一　傍線部1を簡潔に表すために、慣用句を使った表現にしたい。傍線部1とほぼ同じ意味を表すように、次の（　　）に適切な漢字一字を入れて、慣用句を使った表現を完成させなさい。

（　　）を結んだ

問二　傍線部2を、「図書委員会の顧問の先生」に対する敬意を表す表現にしたい。傍線部2を、敬意を表す表現に改めなさい。

問三　傍線部3を、助詞だけを一語直すことによって、適切な表現にしたい。傍線部3の中の、直すべき助詞を含む一つの文節を、適切な形に直して書きなさい。

問四　本文中に、次の［　　］の一文を補いたい。補うのに最も適切な箇所を、1～4の、いずれかの番号で答えなさい。

それらのあらすじやおすすめポイントなどを図書委員がまとめ、図書室の壁に掲示します。

問五　あなたは、原稿が企画の説明で終わっていると考え、原稿の最後に次の［　　］の中の文を付け加えたほうがよいと委員長に提案した。［　　］の中の文が、本文で図書委員会が伝えたかった内容となるように、【　　】の中に入る適切な言葉を考えて、十字以内で書きなさい。

図書委員会としては、この企画を通して、皆さんに、本の面白さや魅力を感じてもらい、【　　　　】につなげたいと思いますので、ぜひ投票に来てください。

四　次の文章を読んで、あとの問いに答えなさい。（7点）

注①東下野守（とうしもつけのかみ）は、和歌の道に達し（深く通じ）、注②古今伝授（こきんでんじゅ）の人なりしが、注③宗祇（そうぎ）法師が、はるばる東国にくだりてア、野州（やしゅう）に謁して（東下野守　お会いして）古今の伝授を得けり（受けた）。然る（しか）に（さて）、下野守、注④小倉山（をぐらやま）の色紙、百枚所持したまひけるに、宗祇が志（宗祇の思い）を感じて五十枚与へらる（お与えになる）。宗祇、京都へ帰りしイ時、いづれにてかありけん（どこの誰かもわからない）注⑤水主（かこ）に、かの（その）色紙一枚くれてウ、これは天下の重宝（ちょうほう）にて、汝（なんぢ）、水主をやめて世を安くおくる（安心して生活できる）程の注⑥料（しろ）となるものなりといひふくむ（言い聞かせる）。水主へ与へくる（与えてやる）程の事なれば、知れる人（知り合い）毎（ごと）に一枚づつ、五十枚を皆くれたり。当時（現在）、世に残りしエは、宗祇の散らされたる（宗祇によって）色紙なり。野州の方にありし五十枚は、野州没落の時（領地を奪われた時）、焼失して一字も残らずとなり。宗祇の意（考え）は、天下の重宝なれば、私にすべきにあらず（一人だけで所有するべき）、諸方（しょはう）に散らしおきなば（あちこちに散らしておけば）、時うつり世変わりしても少しは残るべし（残るだろう）、一所（ひとところ）（同じ所）にありては、不慮の変（思いがけない出来事）にて皆うするなるべし（失ってしまうだろう）と思ひてのことなり。

誠に宗祇の志（考え）、ありがたきことにあり（立派なことである）。

（日夏繁高（ひなつしげたか）『兵家茶話（へいかちゃわ）』による。）

（注）① 東常縁（とうつねより）。室町時代の歌人で、美濃国郡上（みののくにぐじょう）の領主。
② 「古今和歌集」の解釈の秘話を弟子に伝えること。東常縁が始めたとされる。
③ 室町時代の連歌師。　④ 百人一首が、一枚に一首ずつ書かれた色紙。
⑤ 船頭。小舟を操ることを職業とする人。　⑥ 金銭。

問一　二重傍線（══）部を、現代かなづかいで書きなさい。

問二　波線（〰〰）部ア～エの中で、その主語に当たるものが他と異なるものを一つ選び、記号で答えなさい。

問三　宗祇が船頭（水主）に渡した天下の重宝である「小倉山の色紙」一枚には、どれくらいの価値があると、宗祇は船頭に伝えているか。宗祇が船頭に伝えている「小倉山の色紙」一枚の価値を、現代語で簡単に書きなさい。

問四　「小倉山の色紙」を傍線（――）部のように考えた宗祇は、どのような行動をとったか。「小倉山の色紙」を傍線（――）部のように考えた宗祇がとった行動を、宗祇が「小倉山の色紙」を一人だけで所有することでおこりうる問題を含めて、簡単に書きなさい。

五　あなたのクラスでは、総合的な学習の時間の授業で環境問題について調べたことを、班ごとに発表することになった。あなたの班は、マイクロプラスチックによる環境への影響を調べ、調べた内容を**図**のようにまとめた。そして、調べた内容を他の班の生徒へ効果的に伝えるために、発表の際、**図**とともに、**A**、**B**のポスターのどちらかを掲示することにした。

あなたなら、マイクロプラスチックによる環境への影響について調べた内容を他の班の生徒へ効果的に伝えるために、**図**とともに掲示するポスターとして、**A**と**B**のどちらがより適切と考えるか。**A**と**B**のどちらかを選び、それを選んだ理由を含めて、あなたの考えを書きなさい。ただし、次の**条件1**、**2**にしたがうこと。（6点）

条件1　一マス目から書き始め、段落は設けないこと。
条件2　字数は、百五十字以上、百八十字以内とすること。

図

マイクロプラスチックによる環境への影響

○マイクロプラスチックとは？
大きさが5㎜以下のプラスチック片

○どのようにできるの？
ビニール袋や**ペットボトル**等のプラスチック製品が適切に処理されずに、主に川から海に流れ出る。
⇒海に流れ出た**プラスチック製品**が、波や紫外線などの影響により細かくなってできる。

○マイクロプラスチックは有害？
・マイクロプラスチックは自然には分解されにくい。
・マイクロプラスチックには有害な化学汚染物質が付着しやすい。
・海洋生物がえさと間違えて食べてしまい、成長に影響が出たり、死亡率が上昇したりする可能性がある。
・海洋生物が取り込んだ化学汚染物質は、その生物の体内にたまっていき、その生物を食べた別の生物の体内にもたまっていく可能性がある。

参考：『海洋プラスチックごみ問題の真実』
磯辺篤彦著　令和2年　化学同人　など

A

ぼくの声は小さくて
君に届いていないかな
お願いだよ
ぼくも生きたいんだ

B

（令和二年度「こども教育支援財団　環境教育ポスター公募展」による。）

★教英出版注
音声は，解答集の書籍ＩＤ番号を教英出版ウェブサイトで入力して聴くことができます。

放送による問題

はじめに，(1)を行います。これから，中学生の健太(Kenta)と留学生のメアリー(Mary)が，英語で A, B, C, D の４つの会話をします。それぞれの会話のあとに，英語で質問をします。その質問の答えとして最も適切なものを，ア，イ，ウ，エの４つの中から１つ選び，記号で答えなさい。なお，会話と質問は２回繰り返します。

では，始めます。

A

Kenta：You look tired, Mary.　What time did you go to bed yesterday?
Mary：At eleven thirty.
Kenta：Oh, that's late.　I always go to bed between ten and eleven.
Mary：I usually go to bed at ten thirty, but I had many things to do yesterday.

質問　What time did Mary go to bed yesterday?

（６秒休止）

B

Mary：I have a presentation about Japanese food next week.　What should I do?
Kenta：First, you should go to the library.　Then, how about visiting a Japanese restaurant to ask some questions?　After that, you can cook some Japanese food at your house.
Mary：Thank you, but I went to the library yesterday.　So, first, to find a Japanese restaurant, I'll use the Internet in the computer room this afternoon.
Kenta：That's a good idea.

質問　What will Mary do first this afternoon?

（６秒休止）

C

Kenta：Did you see my dictionary?
Mary：I saw a dictionary on the table by the window.
Kenta：It's yours.　I checked my bag, too, but I couldn't find mine.
Mary：Umm...　Look!　There is a dictionary under that desk.
Kenta：The desk by my bag?
Mary：No, the desk by the door.　Some pencils are on it.
Kenta：Oh, that's mine.

質問　Where is Kenta's dictionary?

（６秒休止）

D

Kenta：What is the most popular thing to do at home in your class, Mary?

Mary：Look at this paper.　Watching TV is the most popular in my class.

Kenta：Really?　In my class, listening to music is more popular than watching TV.　Reading books is not popular.

Mary：In my class, reading books is as popular as listening to music.

質問　Which is Mary's class?

（6秒休止）

次に，(2)を行います。これから，中学生の健太(Kenta)が，英語で話をします。その話の内容について，問題用紙にある３つの質問をします。それぞれの質問に対する正しい答えとなるように，(　　　　)の中に，適切な数字や語，語句を記入しなさい。なお，先に問題用紙にある質問を２回繰り返し，そのあとで話を２回繰り返します。

では，始めます。

質問１　How long did Kenta's parents stay in Nagano?

（２秒休止）

質問２　What did Kenta do with his sister before breakfast?

（２秒休止）

質問３　Why were Kenta's parents surprised when they came home?

（２秒休止）

続いて，話をします。

I live with my father, mother, and sister.　My parents and my sister work hard every day.

Last summer, my parents went to Nagano to meet their friends and stayed there for seven days.　My sister and I didn't go with them.　When my parents stayed in Nagano, we did different things in our house.　I cooked breakfast and dinner.　My sister washed the dishes.　But we cleaned the house together before breakfast.　Life without our parents was hard but fun.

When my parents came home, they were surprised because I made a cake for them.　They ate the cake and told me it was very good.　So, I was happy.

Now I sometimes cook dinner for my family.

(20秒休止)

令 和 4 年 度

高等学校入学者選抜学力検査問題

数　　学

（50分）

注 意 事 項

1　問題は，1ページから6ページまであります。

2　解答は，すべて解答用紙に記入しなさい。

1 次の(1)～(3)の問いに答えなさい。(12 点)

(1) 次の計算をしなさい。

ア $6+8\times(-3)$

イ $(8a^2b+36ab^2)\div 4ab$

ウ $\dfrac{4x+y}{5}-\dfrac{x-y}{2}$

エ $\sqrt{7}(9-\sqrt{21})-\sqrt{27}$

(2) $a=\dfrac{2}{7}$ のとき，$(a-5)(a-6)-a(a+3)$ の式の値を求めなさい。

(3) 次の２次方程式を解きなさい。

$(x-2)^2=16$

2　次の(1)～(3)の問いに答えなさい。（６点）

(1)　図１において，点Ａは直線ℓ上の点である。２点Ａ，Ｂから等しい距離にあり，直線 AP が直線ℓの垂線となる点Ｐを作図しなさい。

　ただし，作図には定規とコンパスを使用し，作図に用いた線は残しておくこと。

図１

Ｂ•

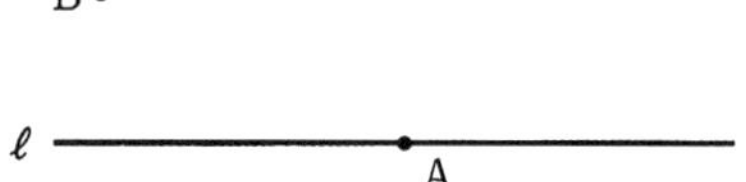

(2)　水４Ｌが入っている加湿器がある。この加湿器を使い続けると水がなくなるまでにx時間かかるとする。このときの，１時間当たりの水の減る量をy mL とする。yをxの式で表しなさい。

(3)　袋の中に６個の玉が入っており，それぞれの玉には，図２のように，－３，－２，－１，０，１，２の数字が１つずつ書いてある。この袋の中から同時に２個の玉を取り出すとき，取り出した２個の玉に書いてある数の和が正の数になる確率を求めなさい。ただし，袋から玉を取り出すとき，どの玉が取り出されることも同様に確からしいものとする。

図２

袋に入っている玉

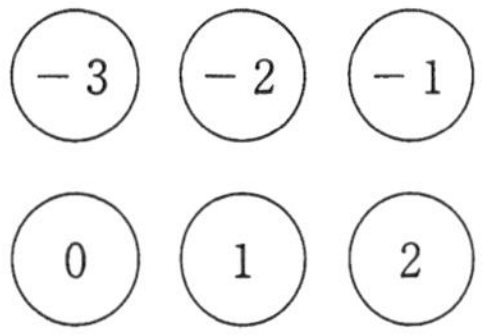

－３　－２　－１

０　１　２

3 ある場所における，毎年4月の1か月間に富士山が見えた日数を調べた。表1は，2010年から2019年までの10年間について調べた結果をまとめたものである。

このとき，次の(1)，(2)の問いに答えなさい。（3点）

表1

富士山が見えた日数(日)	年数(年)
1	1
2	0
3	1
4	3
5	0
6	1
7	3
8	0
9	0
10	0
11	0
12	1
計	10

(1) 表1について，富士山が見えた日数の範囲を求めなさい。

(2) 2020年の4月の1か月間に富士山が見えた日数が分かったので，2011年から2020年までの10年間で，表1をつくり直したところ，富士山が見えた日数の中央値は6.5日になった。また，2011年から2020年までの10年間の，富士山が見えた日数の平均値は，2010年から2019年までの10年間の平均値より0.3日大きかった。2010年と2020年の，4月の1か月間に富士山が見えた日数は，それぞれ何日であったか，答えなさい。

4 Sさんは，2つの水槽A，Bで，合わせて86匹のメダカを飼育していた。水の量に対してメダカの数が多かったので，水だけが入った水槽Cを用意し，水槽Aのメダカの$\frac{1}{5}$と，水槽Bのメダカの$\frac{1}{3}$を，それぞれ水槽Cに移した。移した後のメダカの数は，水槽Cの方が水槽Aより4匹少なかった。

このとき，水槽Cに移したメダカは全部で何匹であったか。方程式をつくり，計算の過程を書き，答えを求めなさい。（5点）

5 図3の立体は，△ABCを1つの底面とする三角柱である。この三角柱において，∠ACB＝90°，AC＝BC，AB＝12 cm，AD＝3 cmであり，側面はすべて長方形である。また，点Pは，点Eを出発し，毎秒1 cmの速さで3辺ED，DA，AB上を，点D，Aを通って点Bまで移動する。

このとき，次の(1)～(3)の問いに答えなさい。（7点）

図3

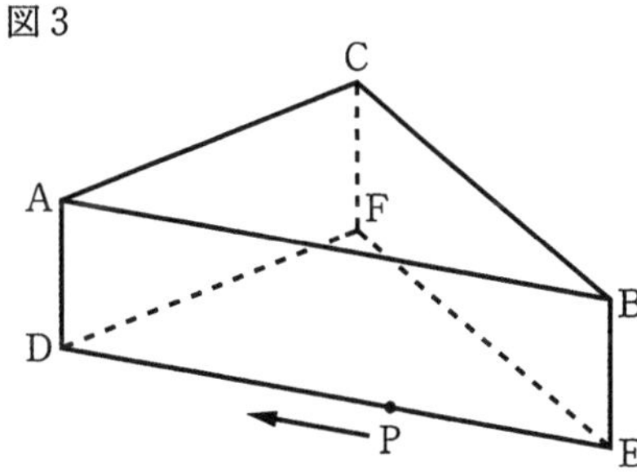

(1) 点Pが辺ED上にあり，△ADPの面積が6 cm²となるのは，点Pが点Eを出発してから何秒後か，答えなさい。

(2) 点Pが点Eを出発してから14秒後のとき，△APEを，辺APを軸として1回転させてできる立体の体積を求めなさい。ただし，円周率はπとする。

(3) この三角柱において，図4のように点Pが辺AB上にあり，CP＋PDが最小となるときの，線分PFの長さを求めなさい。

図4

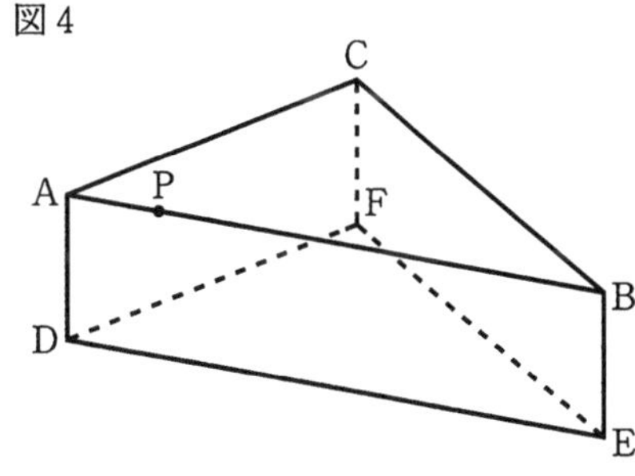

6 図5において，①は関数 $y = ax^2$（$a > 0$）のグラフである。2点A，Bは，放物線①上の点であり，その x 座標は，それぞれ -2，4 である。また，点Cの座標は（-2，-3）である。

このとき，次の(1)〜(3)の問いに答えなさい。（8点）

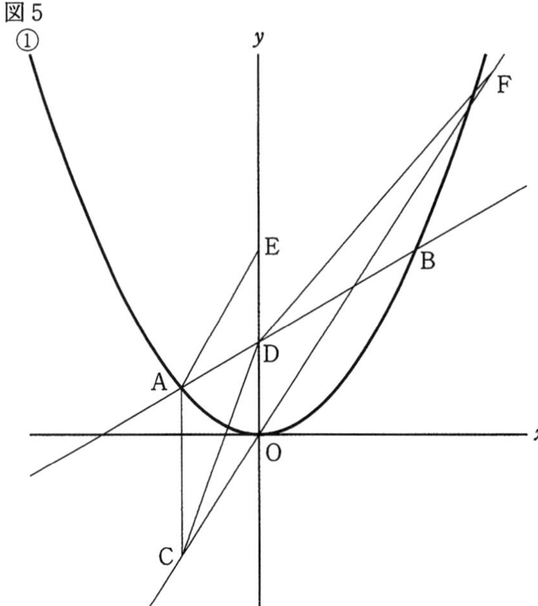

図5

(1) x の変域が $-3 \leqq x \leqq 2$ であるとき，関数 $y = ax^2$ の y の変域を，a を用いて表しなさい。

(2) 点Cを通り，直線 $y = -3x + 1$ に平行な直線の式を求めなさい。

(3) 直線ABと y 軸との交点をDとし，y 軸上にOD＝DEとなる点Eをとる。点Fは直線CO上の点であり，その y 座標は9である。△DCFの面積が四角形ACDEの面積の2倍となるときの，a の値を求めなさい。求める過程も書きなさい。

7 図6において，3点A，B，Cは円Oの円周上の点である。∠ABCの二等分線と円Oとの交点をDとし，BDとACとの交点をEとする。$\overset{\frown}{AB}$上にAD＝AFとなる点Fをとり，FDとABとの交点をGとする。

このとき，次の(1)，(2)の問いに答えなさい。（9点）

(1) △AGD ∽ △ECBであることを証明しなさい。

図6

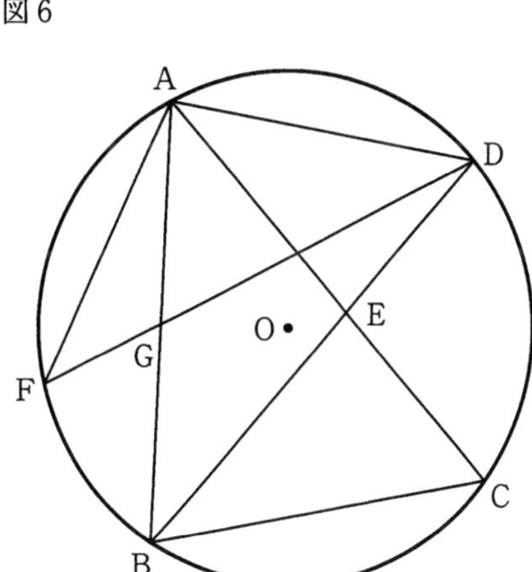

(2) $\overset{\frown}{AF}$ ： $\overset{\frown}{FB}$ ＝5 ： 3，∠BEC＝76°のとき，∠BACの大きさを求めなさい。

2022(R4) 静岡県公立高
教英出版

令 和 4 年 度

高等学校入学者選抜学力検査問題

英　　　語

（50分）

注 意 事 項

1　問題は，1ページから6ページまであります。

2　解答は，すべて解答用紙に記入しなさい。

★教英出版注
音声は，解答集の書籍ＩＤ番号を教英出版ウェブサイトで入力して聴くことができます。

1　放送による問題（14 点）

(1)　健太(Kenta)とメアリー(Mary)の会話を聞いて，質問の答えとして最も適切なものを選ぶ問題

A

ア　イ　ウ　エ

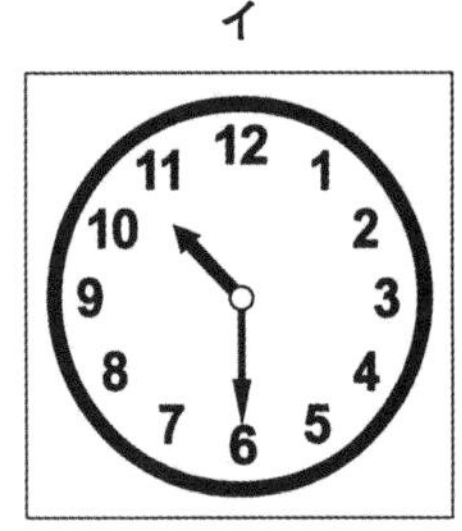

B

ア　イ　ウ　エ

貸出・返却→

C

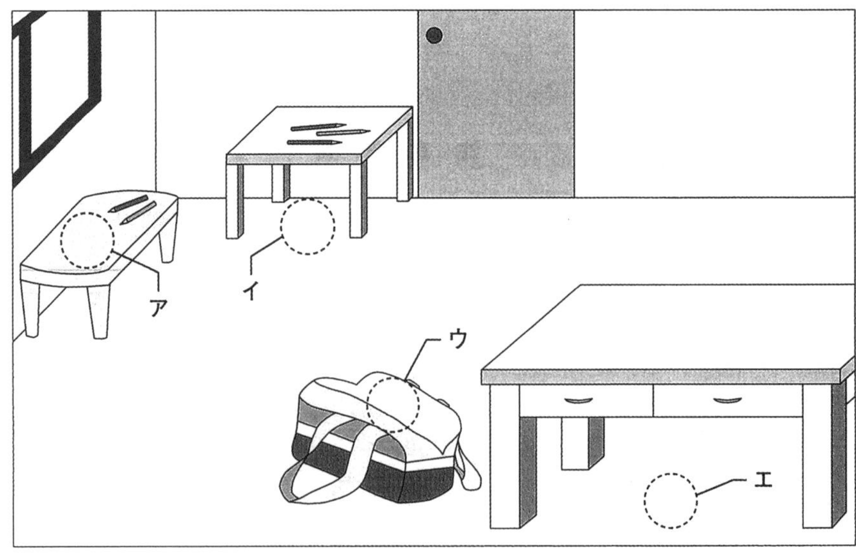

D

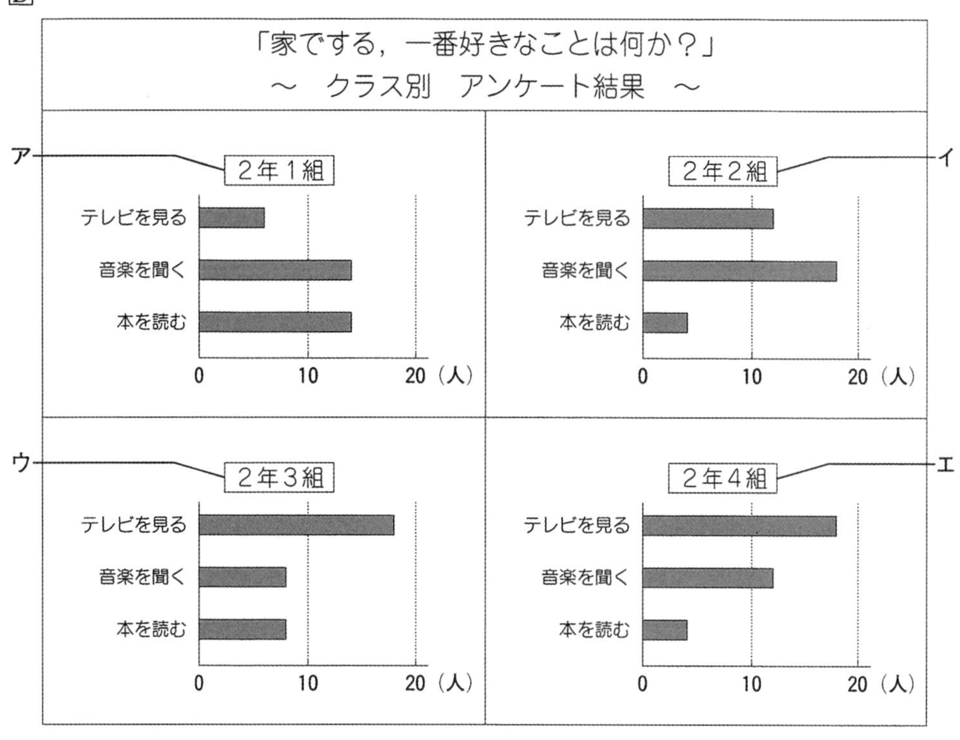

(2) 健太の話を聞いて，質問に対する答えとなるように(　　　　)の中に適切な数字や語，語句を記入する問題

質問 1　How long did Kenta's parents stay in Nagano?

They stayed there for (　　　　　　) days.

質問 2　What did Kenta do with his sister before breakfast?

He (　　ⓐ　　) the (　　ⓑ　　) with his sister.

質問 3　Why were Kenta's parents surprised when they came home?

Because Kenta (________________________________).

2 次の英文は，静岡県でホームステイをしているジュディ(Judy)と，クラスメートの京子(Kyoko)との会話である。この英文を読んで，(1)～(5)の問いに答えなさい。(12点)

(*After winter vacation, Judy and Kyoko are talking at school.*)

Judy: Thank you for your New Year's card, *nengajo.* It was very beautiful, so I showed it to all of my host family.

Kyoko: [A] It is made of traditional Japanese paper called *washi.*

Judy: I like *washi,* and my host family showed me an interesting video about it.

Kyoko: A video? [B]

Judy: The video was about old paper documents in Shosoin. The paper documents were made of *washi* about 1,300 years ago. People have used *washi* since then.

Kyoko: That's very long! I didn't know that.

Judy: When we read a variety (ⓐ) information written on *washi,* we can find things about the life in the past.

Kyoko: I see. *Washi* is important because we can (ⓑ) the long history of Japan, right? I've never thought of that. I'm happy I can understand Japanese culture more.

Judy: By the way, where did you get the beautiful postcard?

Kyoko: I made it at a history museum.

Judy: Do you mean you made *washi* by yourself?

Kyoko: [C] I made a small size of *washi,* and used it as a postcard.

Judy: Wonderful! But making *washi* isn't easy. (ⓒ) I were you, I would buy postcards at shops.

Kyoko: Well... You love traditional Japanese things, so I wanted to make a special thing for you by using *washi.* It was fun to [ア how イ think about ウ could エ create オ I] a great *nengajo.*

Judy: Your *nengajo* was amazing! The *nengajo* gave me a chance to know an interesting part of Japanese culture. I found *washi* is not only beautiful but also important in your culture.

Kyoko: You taught me something new about *washi,* and I enjoyed talking about it with you. If you want, let's go to the museum. [ ]

Judy: Yes, of course!

(注) card：あいさつ状　host family：ホストファミリー　be made of：～から作られている
document：文書　Shosoin：正倉院(東大寺の宝庫)　past：過去
think of：～について考える　by the way：ところで　postcard：はがき
by yourself：(あなたが)自分で　chance：機会

(1) 会話の流れが自然になるように，本文中の [A] ～ [C] の中に補う英語として，それぞれア～ウの中から最も適切なものを１つ選び，記号で答えなさい。

[A]	ア I'm glad to hear that.	イ Don't be angry.	ウ I'll do my best.
[B]	ア Here you are.	イ You're welcome.	ウ Tell me more.
[C]	ア That's right.	イ Did you?	ウ I don't think so.

(2) 本文中の(ⓐ)～(ⓒ)の中に補う英語として，それぞれア～エの中から最も適切なものを１つ選び，記号で答えなさい。

(ⓐ)	ア for	イ of	ウ at	エ with
(ⓑ)	ア borrow	イ lose	ウ finish	エ learn
(ⓒ)	ア Because	イ When	ウ If	エ Before

(3) 本文中の [　　　　] の中のア～オを，意味が通るように並べかえ，記号で答えなさい。

(4) 本文中の [　　　　] で，京子は，今度の日曜日の都合はよいかという内容の質問をしている。その内容となるように，[　　　　] の中に，適切な英語を補いなさい。

(5) 次の英文は，ジュディがこの日に書いた日記の一部である。本文の内容と合うように，次の [　　　　] の中に補うものとして，本文中から最も適切な部分を３語で抜き出しなさい。

During winter vacation, Kyoko sent me a *nengajo* made of *washi* and I watched a video about it. So, I found *washi* is beautiful and important. Today, I told her about the video, and she found *washi* has a long history. I think her *nengajo* helped us [　　　　] very well. Also, she wanted to send me something special. She is wonderful!

3 次の英文は，正太(Shota)とマーク(Mark)との会話である。会話の流れが自然になるように，次の [(1)]， [(2)] の中に，それぞれ７語以上の英語を補いなさい。(４点)

Shota : Hi, Mark. Let's go to the sea next week.
Mark : OK. Let's go there by bike because [(1)]
Shota : I understand, but using a train is better. If we use a train, [(2)]
Mark : I see.

4 由美(Yumi)は，友人のルーシー(Lucy)にメールを送ることにした。伝えたいことは，来月，英語を勉強している子供たちに英語の歌を歌ってあげるつもりなので，ルーシーも私の部屋に来てピアノを弾いてくれないかということである。あなたが由美なら，このことを伝えるために，どのようなメールを書くか。次の [　　　　] の中に英語を補い，メールを完成させなさい。(４点)

Hello, Lucy.

Bye,
Yumi

5 次の英文は，バスケットボール部に所属する中学生の直人(Naoto)が，祖母とのできごとを振り返って書いたものである。この英文を読んで，(1)～(7)の問いに答えなさい。(16 点)

One day in spring, I saw a poster in my classroom. The poster said, "Let's plant sunflowers in the town park together!" It was an event planned by a volunteer group in our town. I didn't think it was interesting, so I ⓐ(take) my bag and left the classroom.

Next Saturday morning, I went to school to practice basketball. When I was walking by the town park, I saw my grandmother was planting sunflowers with some people in the park. Then, I remembered that poster. I asked her, "Are you in this volunteer group?" She answered, "Yes. We pick up trash in this park every Saturday. But today, we came here to plant sunflowers. I planned this new event." I said to her, "Really? Why did you plan it?" She said, "Many young people in this town want to live in big cities in the future. It's sad to me. If beautiful sunflowers are in this large park, I think some of them will find this town is a wonderful place." She also said, "How about joining us, Naoto? I sent posters to many places, but we have only ten people now." I thought, "This park is large. Planting sunflowers with only ten people is hard. She [A], but I have my basketball practice." So, I said to her, "Sorry, I have to go to school," and started [B]. She looked sad.

When I arrived at my school gym, I thought it was too large. Our team had eight members, but two of them didn't come on that day. Three members and I practiced hard, but two members didn't. They sometimes stopped ⓑ(run) and sat down during the practice. They said, "We always have to practice the same things because we are a small team. We can't win the games without more teammates." When I listened to them, I felt sad. I thought, "[ ], but I believe that there is a way to become a strong team." I wanted to say something to them, but I didn't.

After the practice, I walked by the town park again. Then, I was surprised. About thirty people were planting sunflowers in the park. I found my grandmother there. I asked her, "Why are there so many people here?" She answered, "I saw many people in the park, so I told them why we were planting sunflowers. Then, many of them joined us." I asked her, "Is that everything you did?" "Yes, I just talked with them," she answered. Her words gave me an answer to my problem. Then, I joined the event and worked with her.

After the event, I told her about my basketball team and said, "Today, I found that talking with other people is necessary to change something. Next week, I'll tell my teammates that I want to make a strong team together. I hope they will understand me." She listened to me and smiled.

(注) The poster said：ポスターに～と書いてある　plant：～を植える
sunflower：ひまわり　volunteer：ボランティアの　pick up：～を拾う
trash：ごみ　member：部員　teammate：チームメート

(1) 本文中のⓐ，ⓑの(　　　)の中の語を，それぞれ適切な形に直しなさい。

(2) 次の質問に対して，英語で答えなさい。

① What was Naoto's grandmother doing when Naoto was walking by the park on Saturday morning?

② How many students were there at the basketball practice on Saturday?

(3) 本文中の［ A ］，［ B ］の中に補う英語の組み合わせとして，次の**ア**～**エ**の中から最も適切なものを1つ選び，記号で答えなさい。

ア A：needs more people　B：working in the park
イ A：needs more people　B：walking to school
ウ A：doesn't need any people　B：working in the park
エ A：doesn't need any people　B：walking to school

(4) 本文中の［　　　］の中に補う英語として，次の**ア**～**エ**の中から最も適切なものを1つ選び，記号で答えなさい。

ア We don't have many members
イ We don't have a place to practice
ウ Our team always win the games
エ Our team always enjoy the practice

(5) 直人の祖母がイベントを計画したのは，祖母がどのようなことを悲しいと感じているからか。祖母が悲しいと感じていることを，日本語で書きなさい。

(6) 直人は，バスケットボールの練習のあとに祖母と会話をし，どのようなことが分かったと話しているか。直人が話している，祖母と会話をして分かったことを，日本語で書きなさい。

(7) 次の**ア**～**エ**の中から，本文の内容と合うものを1つ選び，記号で答えなさい。

ア When Naoto saw a poster at school, he wanted to be a member of the volunteer group.
イ Naoto's grandmother was in a volunteer group and planted sunflowers every spring.
ウ Because Naoto's grandmother sent posters to schools, about thirty people joined the event.
エ Naoto planted sunflowers with his grandmother in the park after his basketball practice.

令 和 4 年 度

高等学校入学者選抜学力検査問題

理　　　科

（50分）

注　意　事　項

1　問題は，1ページから7ページまであります。

2　解答は，すべて解答用紙に記入しなさい。

1 次の⑴～⑷の問いに答えなさい。（６点）

⑴ **図１**は，アブラナのめしべをカッターナイフで縦に切り，その断面をルーペで観察したときのスケッチである。**図１**の**A**は，めしべの根元のふくらんだ部分であり，**A**の内部には胚珠（はいしゅ）があった。**A**は何とよばれるか。その名称を書きなさい。

図１

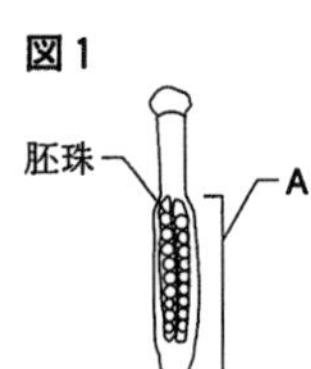

⑵ **図２**のように，モノコードを用いて音の高さを調べる実験を行った。はじめに，弦をはじいたところ，440Hz の音が出た。次に，弦の張りを強くし，440Hz の音を出すために，木片を移動させた。次の［　　］の中の文が，弦の張りを強くしたときに 440Hz の音を出すための操作について適切に述べたものとなるように，文中の（ ⓐ ），（ ⓘ ）のそれぞれに補う言葉の組み合わせとして，下の**ア**～**エ**の中から正しいものを１つ選び，記号で答えなさい。ただし，木片と三角台の中央付近の弦をはじくものとし，弦をはじく強さは変えないものとする。

図２

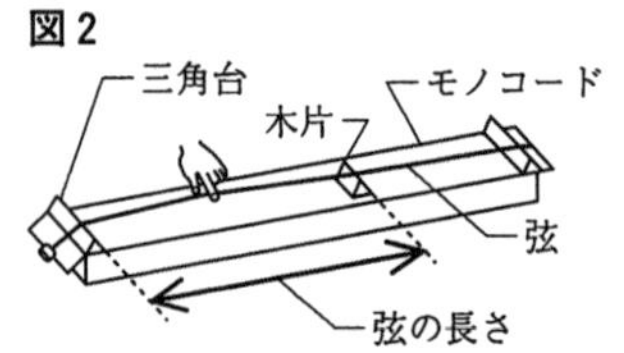

> 弦の張りを強くすると振動数が（ ⓐ ）なり，440Hz の音よりも高い音が出る。そこで，440Hz の音を出すためには，**図２**の「弦の長さ」を（ ⓘ ）する方向に木片を移動させる。

ア ⓐ 少なく（小さく）　ⓘ 長く　　**イ** ⓐ 多く（大きく）　ⓘ 長く

ウ ⓐ 少なく（小さく）　ⓘ 短く　　**エ** ⓐ 多く（大きく）　ⓘ 短く

⑶ マグネシウムを加熱すると，激しく熱と光を出して酸素と化合し，酸化マグネシウムができる。この化学変化を，化学反応式で表しなさい。なお，酸化マグネシウムの化学式は MgO である。

⑷ 海に比べると，陸の方があたたまりやすく，冷めやすい。そのため，夏のおだやかな晴れた日の昼間に，陸上と海上で気温差が生じて，海岸付近で風が吹く。夏のおだやかな晴れた日の昼間に，陸上と海上で気温差が生じて，海岸付近で吹く風の向きを，そのときの陸上と海上の気圧の違いとあわせて，簡単に書きなさい。

2 いろいろな生物とその共通点，生物の体のつくりとはたらき及び自然と人間に関する⑴～⑶の問いに答えなさい。（11点）

⑴ **図３**は，ある森林の中の一部の生物を，食物連鎖に着目して分けた模式図である。

① ⓑのネズミはホニュウ類，ⓒのタカは鳥類に分類される。次の**ア**～**エ**の中から，ネズミとタカに共通してみられる特徴として，適切なものを２つ選び，記号で答えなさい。

ア えらで呼吸する。

イ 肺で呼吸する。

ウ 背骨がある。

エ 体の表面はうろこでおおわれている。

図３

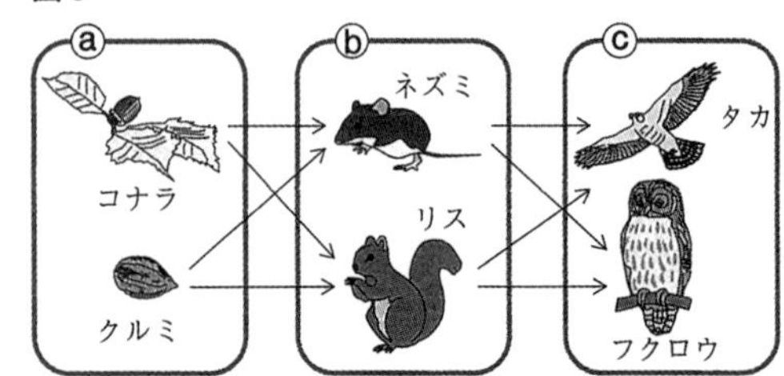

（注） 矢印（⟶）は食べる・食べられるの関係を表し，矢印の先の生物は，矢印のもとの生物を食べる。

② ネズミには，ヒトと同様に，外界の刺激に対して反応するしくみが備わっている。**図4**は，ヒトの神経系の構成についてまとめたものである。**図4**の（ あ ），（ い ）のそれぞれに適切な言葉を補い，**図4**を完成させなさい。

図4

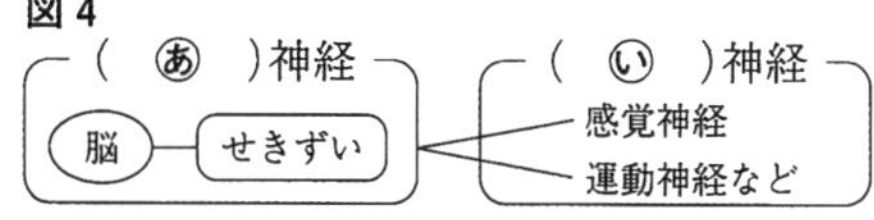

③ 森林にある池を観察すると，水中にコイの卵があった。また，池の近くにはトカゲの卵があった。コイは水中に産卵するのに対して，トカゲは陸上に産卵する。トカゲの卵のつくりは，体のつくりと同様に，陸上の生活環境に適していると考えられる。トカゲの卵のつくりが陸上の生活環境に適している理由を，コイの卵のつくりと比べたときの，トカゲの卵のつくりの特徴が分かるように，簡単に書きなさい。

④ **図3**の，ⓑの生物とⓒの生物の数量のつり合いがとれた状態から，何らかの原因でⓒの生物の数量が減少した状態になり，その状態が続いたとする。**図5**は，このときの，ⓑの生物とⓒの生物の数量の変化を模式的に表したものである。**図5**のように，ⓑの生物の数量が増加すると考えられる理由と，その後減少すると考えられる理由を，食物連鎖の食べる・食べられるの関係が分かるように，それぞれ簡単に書きなさい。ただし，ⓑの生物の増減は，**図3**の食物連鎖のみに影響されるものとする。

図5

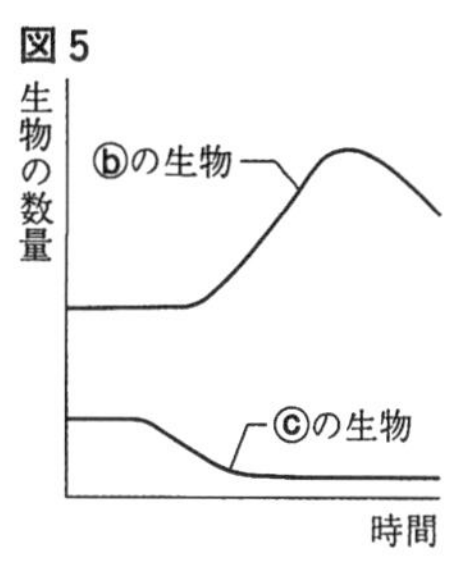

(2) **図6**のように，森林の土が入ったビーカーに水を入れて，よくかき混ぜてから放置し，上ずみ液を試験管**A**，**B**に移した。試験管**B**内の液だけを沸騰させたのちに，それぞれの試験管に，こまごめピペットでデンプン溶液を加えて，ふたをして数日間放置した。その後，それぞれの試験管にヨウ素液を加えて色の変化を調べたところ，試験管内の液の色は，一方は青紫色に変化し，もう一方は青紫色に変化しなかった。

ヨウ素液を加えたとき，試験管内の液の色が青紫色に変化しなかったのは，**A**，**B**どちらの試験管か。記号で答えなさい。また，そのように考えられる理由を，微生物のはたらきに着目して，簡単に書きなさい。

図6

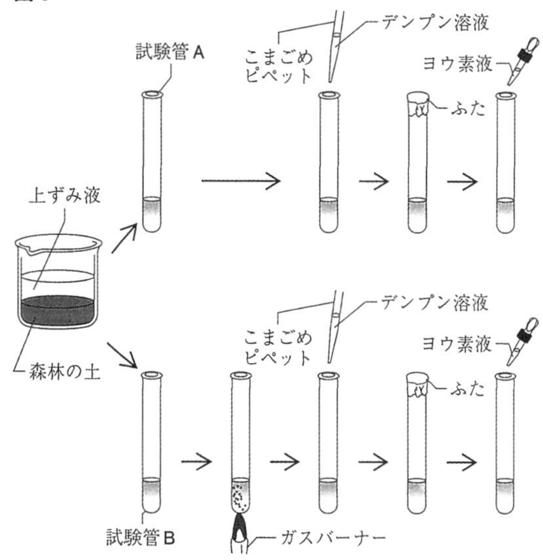

(3) 植物などの生産者が地球上からすべていなくなると，水や酸素があっても，地球上のほとんどすべての動物は生きていくことができない。植物などの生産者が地球上からすべていなくなると，水や酸素があっても，地球上のほとんどすべての動物が生きていくことができない理由を，植物などの生産者の果たす役割に関連づけて，簡単に書きなさい。

3 電流とその利用及び運動とエネルギーに関する(1)～(3)の問いに答えなさい。(11点)

(1) **図7**のように，厚紙でできた水平面の上に方位磁針を置いて，導線に矢印(⟶)の向きに電流を流した。また，**図8**は，方位磁針を模式的に表したものである。

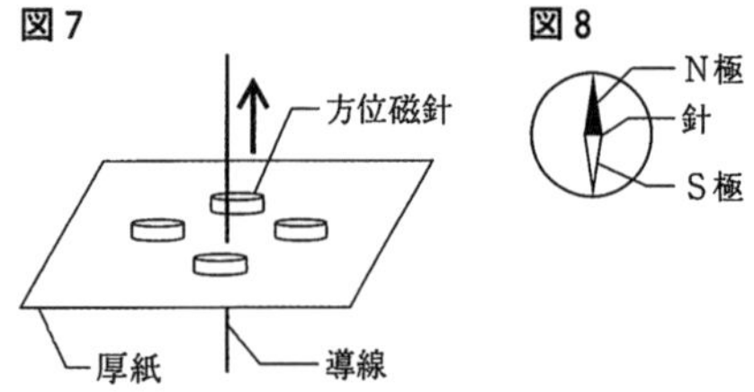

① **図7**で用いた導線は，電流を通しやすい銅の線が，電流をほとんど通さないポリ塩化ビニルにおおわれてできている。ポリ塩化ビニルのように，電流をほとんど通さない物質は何とよばれるか。その名称を書きなさい。

② 次の**ア**～**エ**の中から，**図7**を真上から見たときの，方位磁針の針の向きを表した図として，最も適切なものを1つ選び，記号で答えなさい。ただし，導線に流れる電流がつくる磁界以外の影響は無視できるものとする。

ア
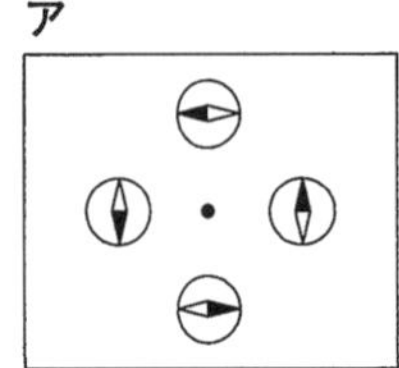
イ
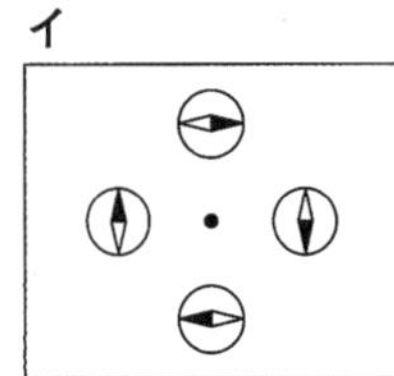
ウ
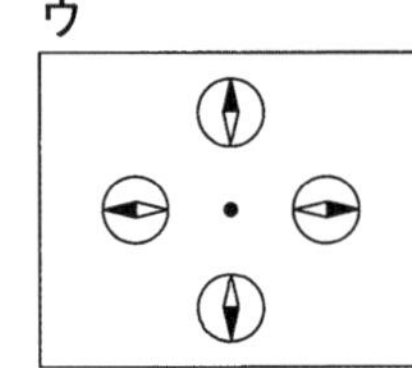
エ
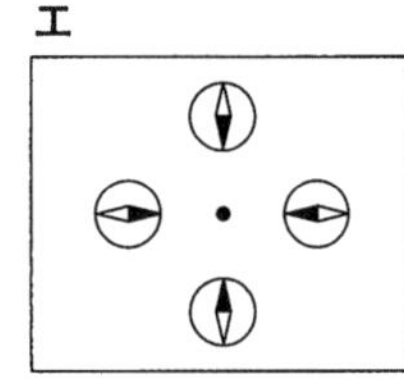

(2) **図9**のように，水平面に置いた2つの直方体の磁石の間にコイルがある。コイルの導線**AB**が水平面に対して平行であるとき，**A**から**B**の向きに電流が流れるように，コイルに電流を流したところ，コイルは矢印(⟹)の向きに力を受けて，**P**－**Q**を軸として回転を始めたが，1回転することはなかった。

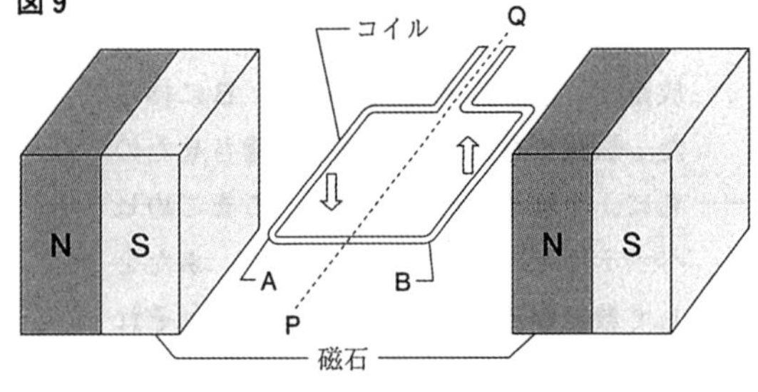

① **図10**は，**図9**のコイルを**P**の方向から見た模式図であり，導線**AB**は，水平面に対して平行である。コイルに電流を流したとき，コイルが，**図10**の位置から矢印(➡)の向きに，回転を妨げられることなく1回転するためには，コイルが回転を始めてから，**A**から**B**の向きに流れている電流の向きを，**B**から**A**の向きに変え，その後，さらに**A**から**B**の向きに変える必要がある。コイルが，回転を妨げられることなく1回転するためには，コイルが回転を始めてから，コイルの**B**がどの位置にきたときに，コイルに流れる電流の向きを変えればよいか。**図10**の**ア**～**エ**の中から，その位置として，適切なものを2つ選び，記号で答えなさい。

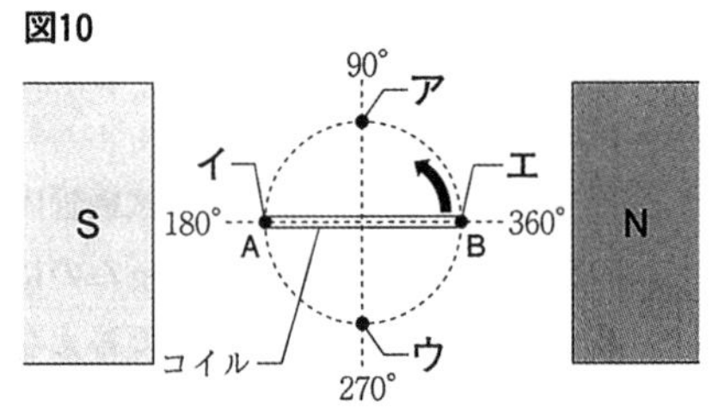

② **図9**のコイルを，電流を流さずに手で回転させると，電磁誘導が起こり，電気エネルギーがつくられる。家庭で利用する電気エネルギーの多くは，この現象を利用して，水力発電所や火力発電所などの発電所でつくられている。次の［　　］の中の文が，水力発電所で電気エネルギーがつくられるまでの，エネルギーの移り変わりについて適切に述べたものとなるように，文中の（ あ ），（ い ）に補う言葉を，下の**ア**～**エ**の中から１つずつ選び，記号で答えなさい。

> ダムにためた水がもつ（ あ ）は，水路を通って発電機まで水が流れている間に（ い ）となり，電磁誘導を利用した発電機で（ い ）は電気エネルギーに変換される。

ア 熱エネルギー　**イ** 位置エネルギー　**ウ** 化学エネルギー　**エ** 運動エネルギー

(3) 同じ材質でできた，３種類の電熱線**P**，**Q**，**R**を用意する。電熱線**P**，**Q**，**R**のそれぞれに４Vの電圧を加えたときの消費電力は，４W，８W，16Wである。**図11**のように，発泡ポリスチレンの容器に入っている100gの水に，電熱線**P**を入れる。電熱線**P**に加える電圧を４Vに保ち，ガラス棒で水をかき混ぜながら１分ごとの水の温度を温度計で測定した。その後，電熱線**Q**，**R**について，水の量を100g，加える電圧を４Vに保ち，同様の実験を行った。**図12**は，このときの，電熱線**P**，**Q**，**R**のそれぞれにおける，電流を流した時間と水の上昇温度の関係を示している。ただし，室温は常に一定であり，電熱線**P**，**Q**，**R**のそれぞれに電流を流す前の水の温度は，室温と同じものとする。

図11

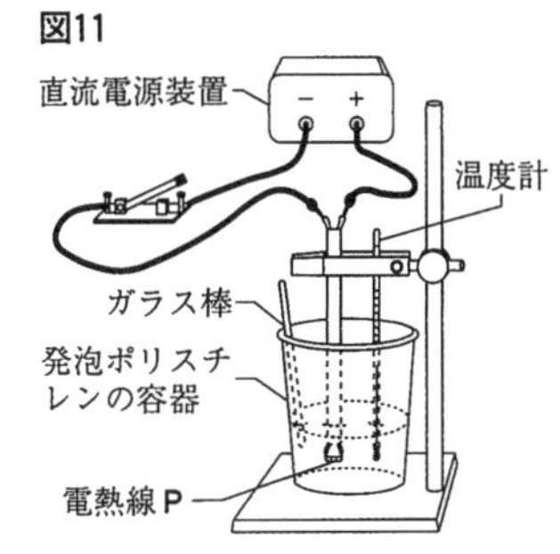

図12

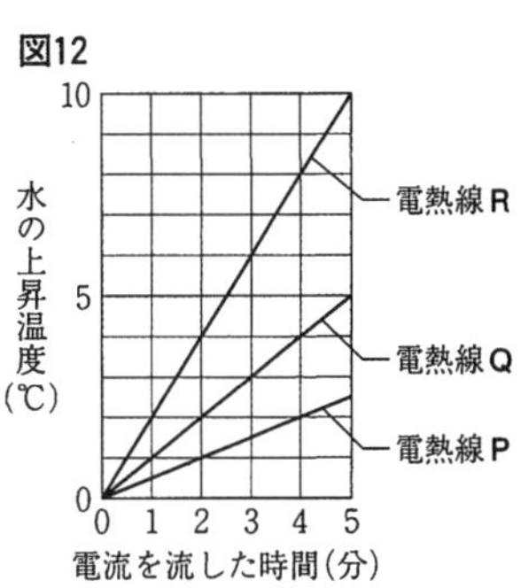

① 電圧計と電流計を１台ずつ用いて，**図11**の，電熱線**P**に加わる電圧と電熱線**P**に流れる電流を調べた。**図11**の，電熱線**P**に加わる電圧と電熱線**P**に流れる電流を調べるための回路を，回路図で表すとどのようになるか。**図13**の電気用図記号を用いて，**図14**を適切に補い，回路図を完成させなさい。

図13

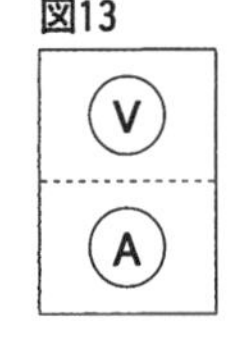

図14

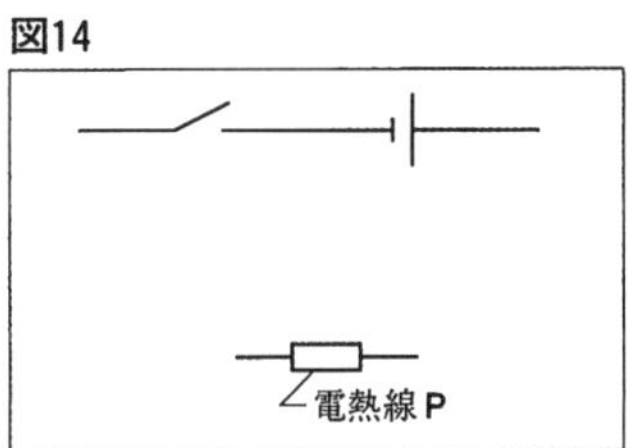

② **図12**をもとにして，電熱線に４分間電流を流したときの，電熱線の消費電力と100gの水の上昇温度の関係を表すグラフを，**図15**にかきなさい。

③ 電熱線**Q**と電熱線**R**を直列につないだ。電熱線**Q**と電熱線**R**に加えた電圧の和が7.5Vのとき，電熱線**Q**の消費電力は何Wか。計算して答えなさい。

図15

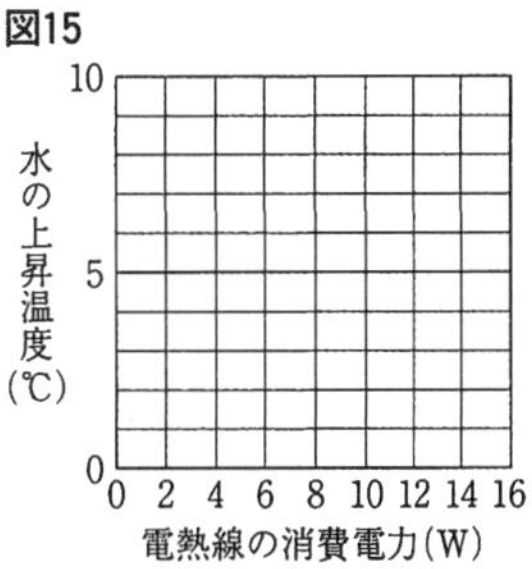

4 大地の成り立ちと変化に関する(1)，(2)の問いに答えなさい。（5点）

(1) 地層に見られる化石の中には，ある限られた年代の地層にしか見られないものがあり，それらの化石を手がかりに地層ができた年代を推定することができる。地層ができた年代を知る手がかりとなる化石は，一般に何とよばれるか。その名称を書きなさい。

(2) **図16**は，ある地域の**A**地点～**C**地点における，地表から地下15mまでの地層のようすを表した柱状図である。また，標高は，**A**地点が38m，**B**地点が40m，**C**地点が50mである。

図16

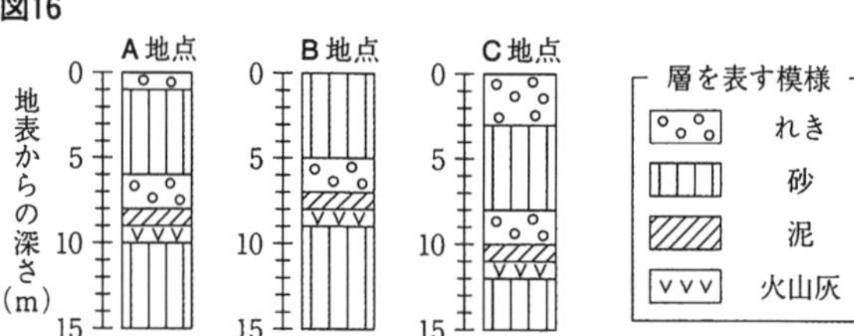

① れき岩，砂岩，泥岩(でいがん)は，一般に，岩石をつくる粒の特徴によって区別されている。次の**ア**～**エ**の中から，れき岩，砂岩，泥岩を区別する粒の特徴として，最も適切なものを1つ選び，記号で答えなさい。

ア 粒の成分　　**イ** 粒の色　　**ウ** 粒のかたさ　　**エ** 粒の大きさ

② **図16**のれきの層には，角がけずられて丸みを帯びたれきが多かった。**図16**のれきが，角がけずられて丸みを帯びた理由を，簡単に書きなさい。

③ **A**地点～**C**地点を含む地域の地層は，**A**地点から**C**地点に向かって，一定の傾きをもって平行に積み重なっている。**A**地点～**C**地点を上空から見ると，**A**地点，**B**地点，**C**地点の順に一直線上に並んでおり，**A**地点から**B**地点までの水平距離は0.6kmである。このとき，**B**地点から**C**地点までの水平距離は何kmか。**図16**をもとにして，答えなさい。ただし，この地域の地層は連続して広がっており，曲がったりずれたりしていないものとする。

5 地球と宇宙に関する(1)，(2)の問いに答えなさい。（6点）

(1) 月に関する①，②の問いに答えなさい。

① 次の**ア**～**エ**の中から，月について述べた文として，適切なものを1つ選び，記号で答えなさい。

ア 太陽系の惑星である。　　**イ** 地球のまわりを公転している天体である。

ウ 自ら光を出している天体である。　　**エ** 地球から見た月の形は1週間でもとの形になる。

② 次の［　　］の中の文が，月食が起こるしくみについて述べたものとなるように，［　　］を，**影**という言葉を用いて，適切に補いなさい。

> 月食は，月が［　　　　　　　　］ことで起こる。

(2) **図17**のⓐ～ⓒは，静岡県内のある場所で，ある年の1月2日から1か月ごとに，南西の空を観察し，おうし座のようすをスケッチしたものであり，観察した時刻が示されている。また，ⓐには，おうし座の近くで見えた金星もスケッチした。

図17

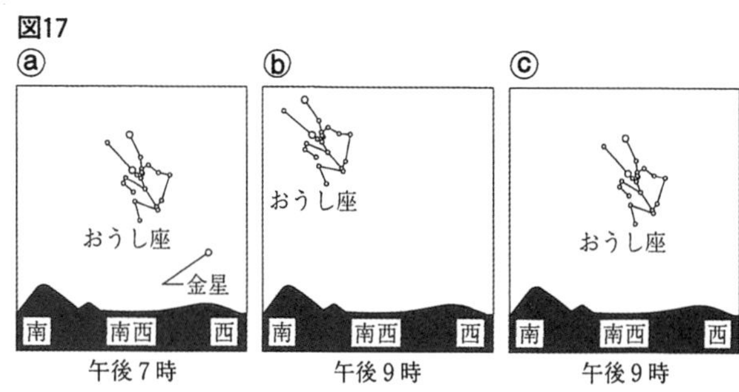

① **図17**のⓐ〜ⓒのスケッチを，観察した日の早い順に並べ，記号で答えなさい。

② **図18**は，**図17**のⓐを観察した日の，地球と金星の，軌道上のそれぞれの位置を表した模式図であり，このときの金星を天体望遠鏡で観察したところ，半月のような形に見えた。この日の金星と比べて，この日から2か月後の午後7時に天体望遠鏡で観察した金星の，形と大きさはどのように見えるか。次の**ア**〜**エ**の中から，最も適切なものを1つ選び，記号で答えなさい。ただし，地球の公転周期を1年，金星の公転周期を0.62年とし，金星は同じ倍率の天体望遠鏡で観察したものとする。

ア　2か月前よりも，細長い形で，小さく見える。
イ　2か月前よりも，丸い形で，小さく見える。
ウ　2か月前よりも，細長い形で，大きく見える。
エ　2か月前よりも，丸い形で，大きく見える。

図18

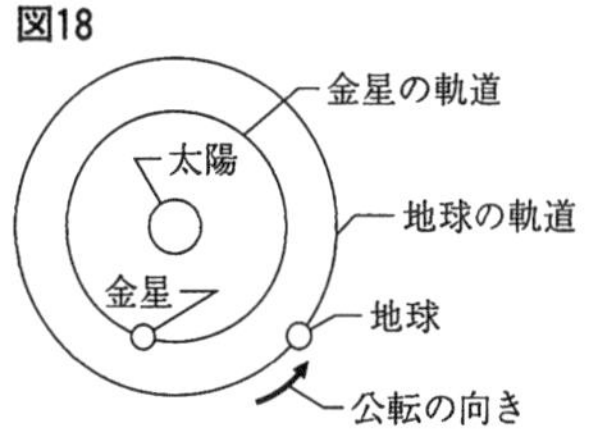

6　身の回りの物質及び化学変化とイオンに関する(1)，(2)の問いに答えなさい。(11点)

(1)　気体に関する①，②の問いに答えなさい。

① 次の**ア**〜**エ**の中から，二酸化マンガンを入れた試験管に過酸化水素水(オキシドール)を加えたときに発生する気体を1つ選び，記号で答えなさい。

ア　塩素　　**イ**　酸素　　**ウ**　アンモニア　　**エ**　水素

② **図19**のように，石灰石を入れた試験管**P**にうすい塩酸を加えると二酸化炭素が発生する。ガラス管から気体が出始めたところで，試験管**Q**，**R**の順に試験管2本分の気体を集めた。

図19

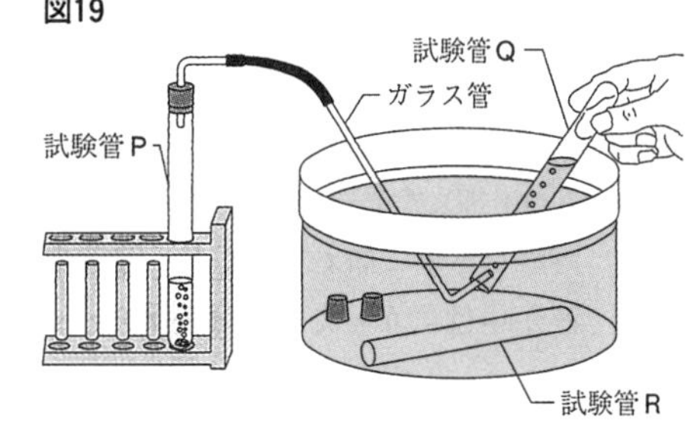

a　試験管**R**に集めた気体に比べて，試験管**Q**に集めた気体は，二酸化炭素の性質を調べる実験には適さない。その理由を，簡単に書きなさい。

b　二酸化炭素は，水上置換法のほかに，下方置換法でも集めることができる。二酸化炭素を集めるとき，下方置換法で集めることができる理由を，**密度**という言葉を用いて，簡単に書きなさい。

c　二酸化炭素を水に溶かした溶液を青色リトマス紙につけると，青色リトマス紙の色が赤色に変化した。次の**ア**〜**エ**の中から，二酸化炭素を水に溶かした溶液のように，青色リトマス紙の色を赤色に変化させるものを1つ選び，記号で答えなさい。

ア　うすい硫酸　　**イ**　食塩水　　**ウ**　エタノール　　**エ**　水酸化バリウム水溶液

[次のページに続く]

⑵ 塩酸に含まれている水素イオンの数と，水酸化ナトリウム水溶液に含まれている水酸化物イオンの数が等しいときに，この２つの溶液をすべて混ぜ合わせると，溶液は中性になる。

質量パーセント濃度が３％の水酸化ナトリウム水溶液が入ったビーカー**X**を用意する。また，ビーカー**A**を用意し，うすい塩酸20cm³を入れ，ＢＴＢ溶液を数滴加える。**図20**のように，ビーカー**A**に，ビーカー**X**の水酸化ナトリウム水溶液を，ガラス棒でかき混ぜながらこまごめピペットで少しずつ加えていくと，８cm³加えたところで溶液は中性となり，このときの溶液の色は緑色であった。**図21**は，ビーカー**A**について，加えたビーカー**X**の水酸化ナトリウム水溶液の体積と，ビーカー**A**内の溶液中に含まれている水素イオンの数の関係を表したものである。ただし，水酸化ナトリウム水溶液を加える前のビーカー**A**内の溶液中に含まれている水素イオンの数を**n**個とし，塩化水素と水酸化ナトリウムは，溶液中において，すべて電離しているものとする。

図20

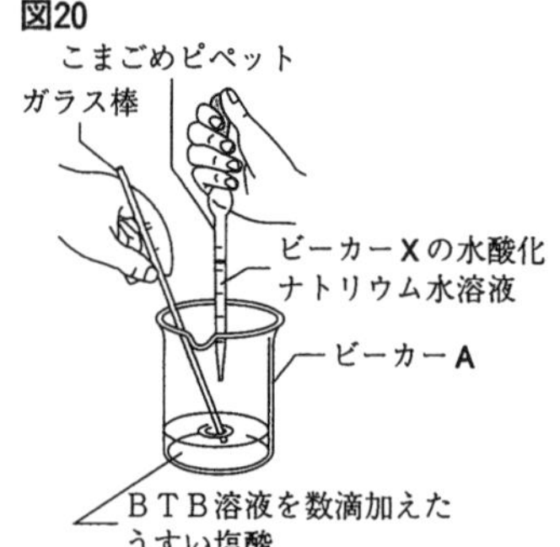

図21

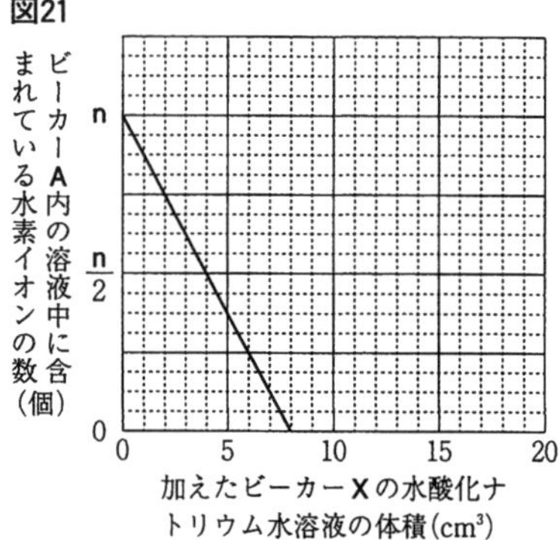

① 質量パーセント濃度が３％の水酸化ナトリウム水溶液が50gあるとき，この水溶液の溶質の質量は何gか。計算して答えなさい。

② 酸の水溶液とアルカリの水溶液を混ぜ合わせると，水素イオンと水酸化物イオンが結びついて水が生じ，酸とアルカリの性質を打ち消し合う反応が起こる。この反応は何とよばれるか。その名称を書きなさい。

③ ビーカー**A**内の溶液が中性になった後，ビーカー**X**の水酸化ナトリウム水溶液をさらに６cm³加えたところ，溶液の色は青色になった。溶液が中性になった後，水酸化ナトリウム水溶液をさらに加えていくと，溶液中の水酸化物イオンの数は増加していく。ビーカー**A**内の溶液が中性になった後，ビーカー**X**の水酸化ナトリウム水溶液をさらに６cm³加えたときの，ビーカー**A**内の溶液中に含まれている水酸化物イオンの数を，**n**を用いて表しなさい。

④ ビーカー**X**とは異なる濃度の水酸化ナトリウム水溶液が入ったビーカー**Y**を用意する。また，ビーカー**B**，**C**を用意し，それぞれに，ビーカー**A**に入れたものと同じ濃度のうすい塩酸20cm³を入れる。ビーカー**B**にはビーカー**X**，**Y**の両方の水酸化ナトリウム水溶液を，ビーカー**C**にはビーカー**Y**の水酸化ナトリウム水溶液だけを，それぞれ加える。ビーカー**B**，**C**に，**表１**で示した体積の水酸化ナトリウム水溶液を加えたところ，ビーカー**B**，**C**内の溶液は，それぞれ中性になった。**表１**の㋐に適切な値を補いなさい。

表１

	X	Y
B	3 cm³	15cm³
C	0	(㋐)cm³

令 和 4 年 度

高等学校入学者選抜学力検査問題

社　　会

（50分）

注 意 事 項

1　問題は，1ページから7ページまであります。

2　解答は，すべて解答用紙に記入しなさい。

1 次の略年表を見て，(1)～(7)の問いに答えなさい。(18点)

時代	飛鳥	奈良	平安	鎌倉	室町	安土桃山	江戸	明治	大正	昭和	平成
日本のできごと	①大化の改新が始まる	荘園ができ始める	②国風文化が栄える	③鎌倉幕府がほろびる	④ヨーロッパ人が来航する	太閤検地が始まる	Ⓐ	⑤産業革命が進む	大正デモクラシーが始まる	⑥国際連合に加盟する	京都議定書が採択される

(1) 傍線部①に関するａ，ｂの問いに答えなさい。

ａ 傍線部①とよばれる政治改革を始め，のちに即位して天智天皇となった人物はだれか。その人物名を書きなさい。

ｂ 次の［　　］の中の文は，傍線部①が始まった後におこったできごとについてまとめたものである。文中の(あ)，(い)に当てはまる語として正しい組み合わせを，次の**ア**～**エ**の中から１つ選び，記号で答えなさい。

> 朝鮮半島に大軍を送った倭(日本)は，唐と(あ)の連合軍と戦った。この(い)に敗れた倭(日本)は朝鮮半島から退いた。その後，朝鮮半島は(あ)によって統一された。

ア あ 百済　い 白村江の戦い　　**イ** あ 新羅　い 白村江の戦い

ウ あ 百済　い 壬申の乱　　**エ** あ 新羅　い 壬申の乱

(2) 傍線部②の特色の１つとして，かな文字が発達したことがあげられる。かな文字を用いて，清少納言が書いた随筆は何とよばれるか。その名称を書きなさい。

(3) 傍線部③に関するａ～ｃの問いに答えなさい。

ａ 元寇(モンゴル帝国の襲来)の後に，傍線部③が行ったことを，次の**ア**～**エ**の中から１つ選び，記号で答えなさい。

ア 御成敗式目を制定した。　**イ** 銀閣を建てさせた。

ウ 勘合貿易を始めた。　**エ** 徳政令を出した。

ｂ **資料１**は，鎌倉時代に，ある御家人が，自らの家の相続について書いた文書の一部を要約したものである。**資料１**から，この文書を書いた御家人は，相続方法を変えたことが分かる。**資料１**から読み取れる，この御家人が相続方法を変えた理由を，今までの相続方法を続けた場合におこる領地への影響とあわせて，簡単に書きなさい。

資料１

> 私が先祖から受け継いできた領地を，嫡子(家の跡継ぎとなる子)に譲る。今までのように，嫡子以外の子にも，私が受け継いできた領地の一部を譲るべきだろうが，嫡子以外の子にも譲ってしまうと，幕府に緊急事態があったときに対応できないため，嫡子一人に譲ることとする。
> (「山内首藤家文書」より，一部を要約)

ｃ 後醍醐天皇は，傍線部③に不満を持つ悪党や武士を味方につけて，傍線部③をほろぼした。傍線部③をほろぼした後醍醐天皇が中心となって行った政治は何とよばれるか。その名称を書きなさい。

(4) **図1**は，傍線部④などの来航のようすが描かれたものである。**図1**に関するａ，ｂの問いに答えなさい。

図1

ａ　**図1**に描かれている傍線部④の多くは，ポルトガル人やスペイン人である。16世紀から17世紀にかけて来日したポルトガル人やスペイン人と，日本人との間で行われた貿易は何とよばれるか。その名称を書きなさい。

ｂ　**図1**には，宣教師が描かれている。1549年に来日したザビエル以降，イエズス会の宣教師が次々と来日した。ポルトガルがイエズス会の海外布教を支援した理由を，宗教改革の影響が分かるように，簡単に書きなさい。

(5) 次の**ア**～**ウ**は，略年表中のⒶの期間におこったできごとについて述べた文である。**ア**～**ウ**を時代の古い順に並べ，記号で答えなさい。

ア　田沼意次（たぬまおきつぐ）は，商工業者が株仲間をつくることを奨励した。

イ　徳川綱吉（とくがわつなよし）は，極端な動物愛護政策である生類憐（あわれ）みの令を出した。

ウ　井伊直弼（いいなおすけ）は，幕府の政策に反対する大名や公家（くげ）などを処罰した。

(6) 明治時代の中期に，日本では傍線部⑤が進んだ。**グラフ1**は，1882年と1897年における，日本の輸入総額に占める品目別の輸入額の割合を示している。**グラフ1**に関するａ，ｂの問いに答えなさい。

グラフ1

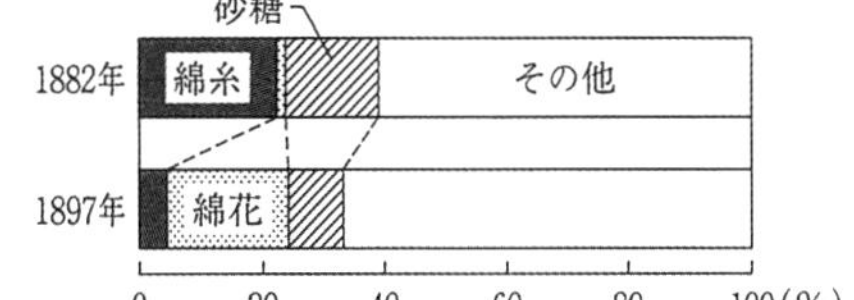

注 「大日本外国貿易年表」により作成

ａ　**グラフ1**から，1897年の綿花の輸入の割合が，1882年よりも上がっていることが分かる。**グラフ1**から考えられる，1882年から1897年の間に，綿花の輸入の割合が上がった理由を，傍線部⑤の影響による綿糸の国内生産量の変化に関連づけて，簡単に書きなさい。

ｂ　1882年における砂糖の主な輸入先は台湾であった。台湾は，1882年から1897年の間に結ばれた条約によって，日本に譲られた。台湾を日本に譲る内容が含まれている条約を，次の**ア**～**エ**の中から１つ選び，記号で答えなさい。

ア　下関（しものせき）条約　　**イ**　日米和親条約　　**ウ**　ベルサイユ条約　　**エ**　ポーツマス条約

(7) 傍線部⑥に関するａ，ｂの問いに答えなさい。

ａ　日本が傍線部⑥に加盟した年におこった，日本の傍線部⑥への加盟に影響を与えたできごとを，次の**ア**～**エ**の中から１つ選び，記号で答えなさい。

ア　ポツダム宣言を受諾した。　　**イ**　サンフランシスコ平和条約が結ばれた。

ウ　日本とソ連が国交を回復した。　　**エ**　日中共同声明に調印した。

ｂ　**表1**は，1945年と2019年における，傍線部⑥の加盟国数を，地域別に示したものである。**表1**から，1945年と比べて，2019年の総会における，地域別に見たときの影響力は，南北アメリカが最も低下していると考えられる。**表1**から考えられる，1945年と比べて，2019年の総会における南北アメリカの影響力が低下している理由を，総会における加盟国の投票権に関連づけて，簡単に書きなさい。

表1

	1945年（か国）	2019年（か国）
南北アメリカ	22	35
ヨーロッパ	14	43
アジア	9	47
アフリカ	4	54
オセアニア	2	14
合計	51	193

注　国際連合資料により作成

2 次の(1)～(6)の問いに答えなさい。なお，**地図1**の中のは県を示している。(12点)

(1) C に関するa，bの問いに答えなさい。

a C の県庁所在地には，世界文化遺産に登録された原爆ドームがある。C の県名を書きなさい。

b C の県庁所在地の中心部は，河口付近に広がった平地に位置している。一般に，河口付近には，川が運んできた細かい土砂が堆積して平地ができやすい。河口付近に川が運んできた細かい土砂が堆積してできた平地は何とよばれるか。その名称を書きなさい。

地図1

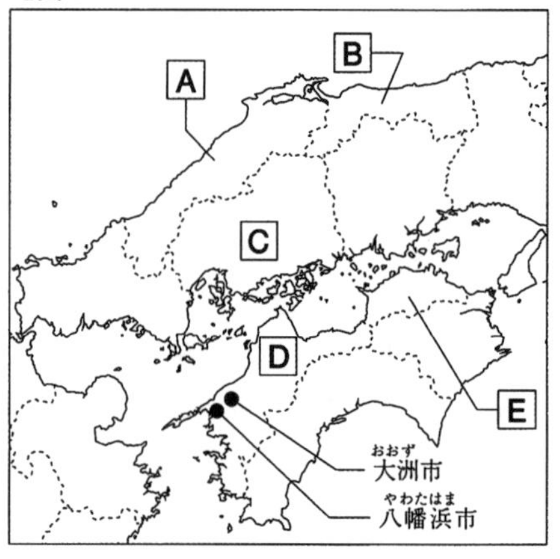

(2) **表2**は，2015年における，A ～ E の，総人口，65歳以上の人口，総面積，総面積に占める過疎地域の面積の割合を示している。**表2**から読み取れることとして正しいものを，次の**ア**～**エ**の中から1つ選び，記号で答えなさい。

ア 総面積が小さい県ほど，過疎地域の面積の割合が低い。

イ 総人口が少ない県ほど，過疎地域の面積の割合が低い。

ウ 総面積が大きい県ほど，65歳未満の人口が多い。

エ 総人口が多い県ほど，65歳未満の人口が多い。

表2

	総人口(千人)	65歳以上の人口(千人)	総面積(km²)	過疎地域の面積の割合(%)
A	694	223	6,708	85.4
B	573	169	3,507	56.5
C	2,844	774	8,479	63.3
D	1,385	417	5,676	65.2
E	976	286	1,877	36.8

注 総務省資料などにより作成

(3) **図2**は，**地図1**の八幡浜市と大洲市の，一部の地域を示した地形図である。**図2**には，━・・━(市の境界)が見られる。**図2**から読み取れる，━・・━の西側の土地のようすや利用について述べた文として正しいものを，次の**ア**～**エ**の中から1つ選び，記号で答えなさい。

ア ━・・━の東側と比べて斜面の傾きが急であり，果樹園として利用されている。

イ ━・・━の東側と比べて斜面の傾きが急であり，針葉樹林として利用されている。

ウ ━・・━の東側と比べて斜面の傾きがゆるやかであり，果樹園として利用されている。

エ ━・・━の東側と比べて斜面の傾きがゆるやかであり，針葉樹林として利用されている。

図2

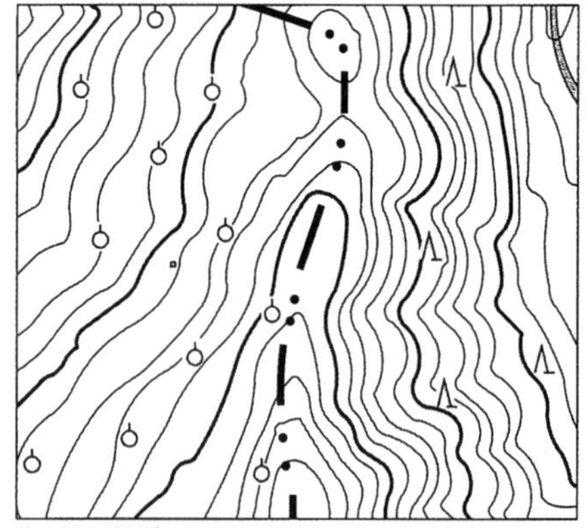

注 国土地理院の電子地形図(タイル)により作成

令和四年度

高等学校入学者選抜学力検査

国語

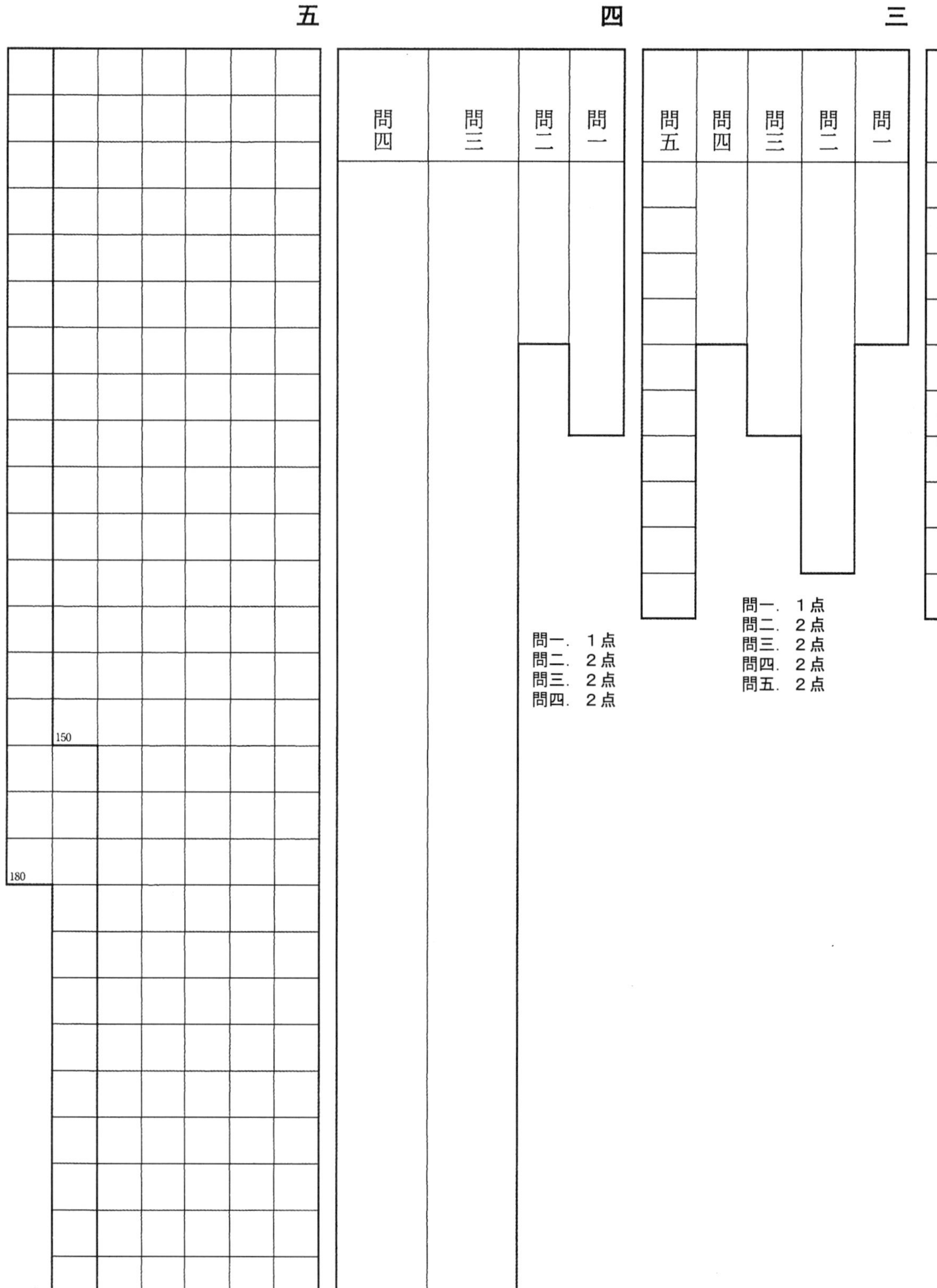
五
四
問四
問三
問二
問一
三
問五
問四
問三
問二
問一
150
180
問一. 1点
問二. 2点
問三. 2点
問四. 2点
問一. 1点
問二. 2点
問三. 2点
問四. 2点
問五. 2点
6点

1　解答用紙はこの裏面です。

2　解答用紙に，受検番号と氏名を記入しなさい。

3　解答は，問題ごとに解答用紙の所定欄に記入しなさい。

4　問題は別紙にあります。

(2)	2010年	日	2020年	日

		（答） $a=$

4
5点

（方程式と計算の過程）

（答）　　　　匹

7
(1) 6点
(2) 3点

(1)	（証明）
(2)	度

1　解答用紙はこの裏面です。

2　解答用紙に，受検番号と氏名を記入しなさい。

3　解答は，問題ごとに解答用紙の所定欄に記入しなさい。

4　問題は別紙にあります。

5　最初に放送による問題があります。放送による問題が終わったら，続けて，ほかの問題を解きなさい。

4

Hello, Lucy.

Bye,
Yumi

4 点

5

(1) ⓐ (　　　　　　) ⓑ (　　　　　　)

(2) ①

②

(3)

(4)

(5)

(6)

(7)

(1) 1 点 × 2
(2) 2 点 × 2
(3) 2 点
(4) 2 点
(5) 2 点
(6) 2 点
(7) 2 点

1　解答用紙はこの裏面です。

2　解答用紙に，受検番号と氏名を記入しなさい。

3　解答は，問題ごとに解答用紙の所定欄に記入しなさい。

4　問題は別紙にあります。

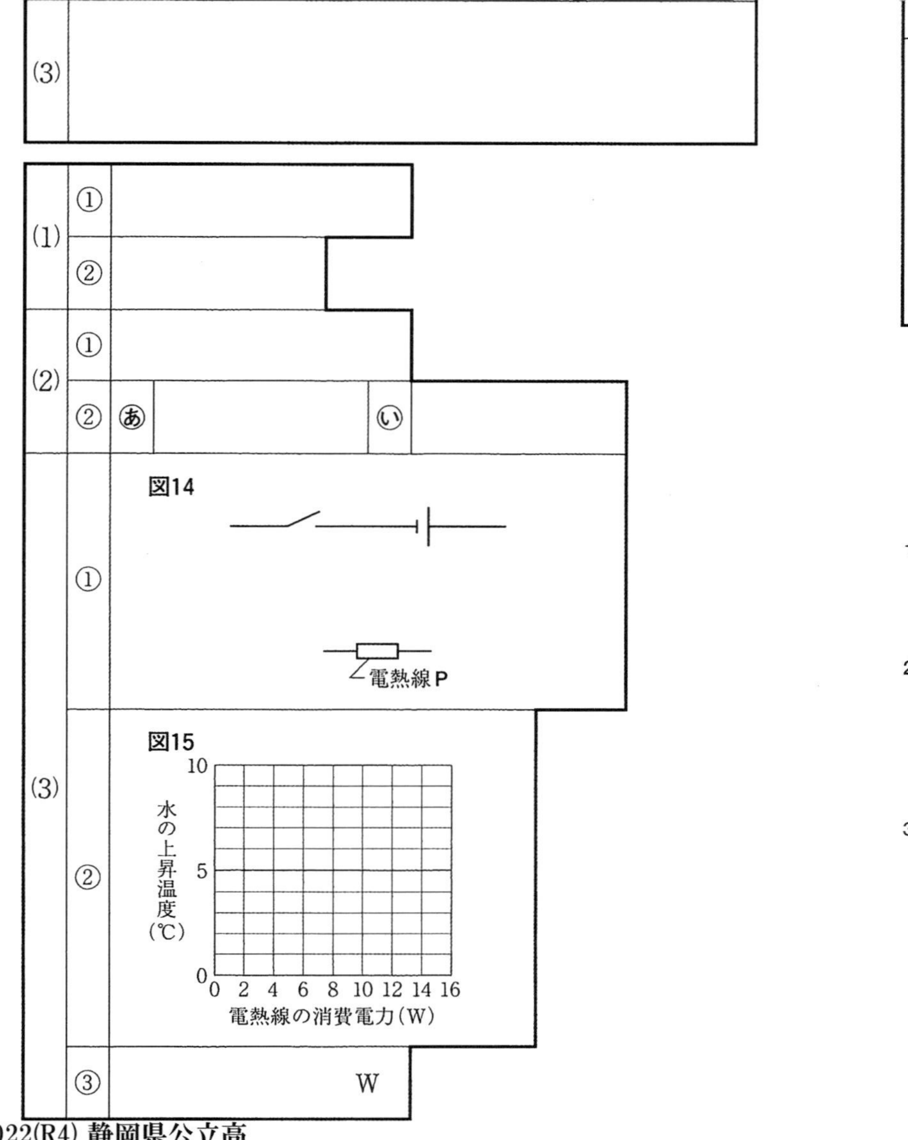

		c
(2)	①	g
	②	
	③	個
	④	

1(1) 1点
(2) 1点
(3) 2点
(4) 2点

2(1)① 1点
② 1点×2
③ 2点
④ 2点
(2) 2点
(3) 2点

3(1) 1点×2
(2)① 2点
② 1点
(3) 2点×3

4(1) 1点
(2)① 1点
② 1点
③ 2点

5(1) 1点×2
(2) 2点×2

6(1)① 1点
② 1点×3
(2)① 2点
② 1点
③ 2点
④ 2点

1　解答用紙はこの裏面です。

2　解答用紙に，受検番号と氏名を記入しなさい。

3　解答は，問題ごとに解答用紙の所定欄に記入しなさい。

4　問題は別紙にあります。

(7)

a	
b	

2

(1)

a	県
b	

(2)

(3)

(4)

果実の国内生産量	
果実の輸入量	

(5)

a	
b	

(6)

記号	
理由	

b	名称	
	理由	

(3)

70

1 (1) 1点×2
(2) 1点
(3) a. 1点
b. 2点
c. 1点
(4) a. 1点
b. 2点
(5) 2点
(6) a. 2点
b. 1点
(7) a. 1点
b. 2点

2 (1) 1点×2
(2) 1点
(3) 2点
(4) 2点
(5) a. 1点
b. 2点
(6) 2点

3 (1) 1点
(2) 1点×2
(3) a. 1点
b. 2点
(4) 記号…1点
理由…2点

4 (1) 1点×3
(2) a. 2点
b. 1点×2
(3) 4点

社　会 解答用紙

受検番号		氏　名	

※50点満点

1
(1)
a
b
(2)
(3)
a
b
c
(4)
a
b
(5)
→　→
(6)
a

3
(1)
(2)
a
b　月　日　時
(3)
a
b
(4)
記号
理由

4
(1)
a　制
b
c

令和４年度

高等学校入学者選抜学力検査

社　会

【解答用

理　　科　解答用紙

受検番号		氏　名	

※50点満点

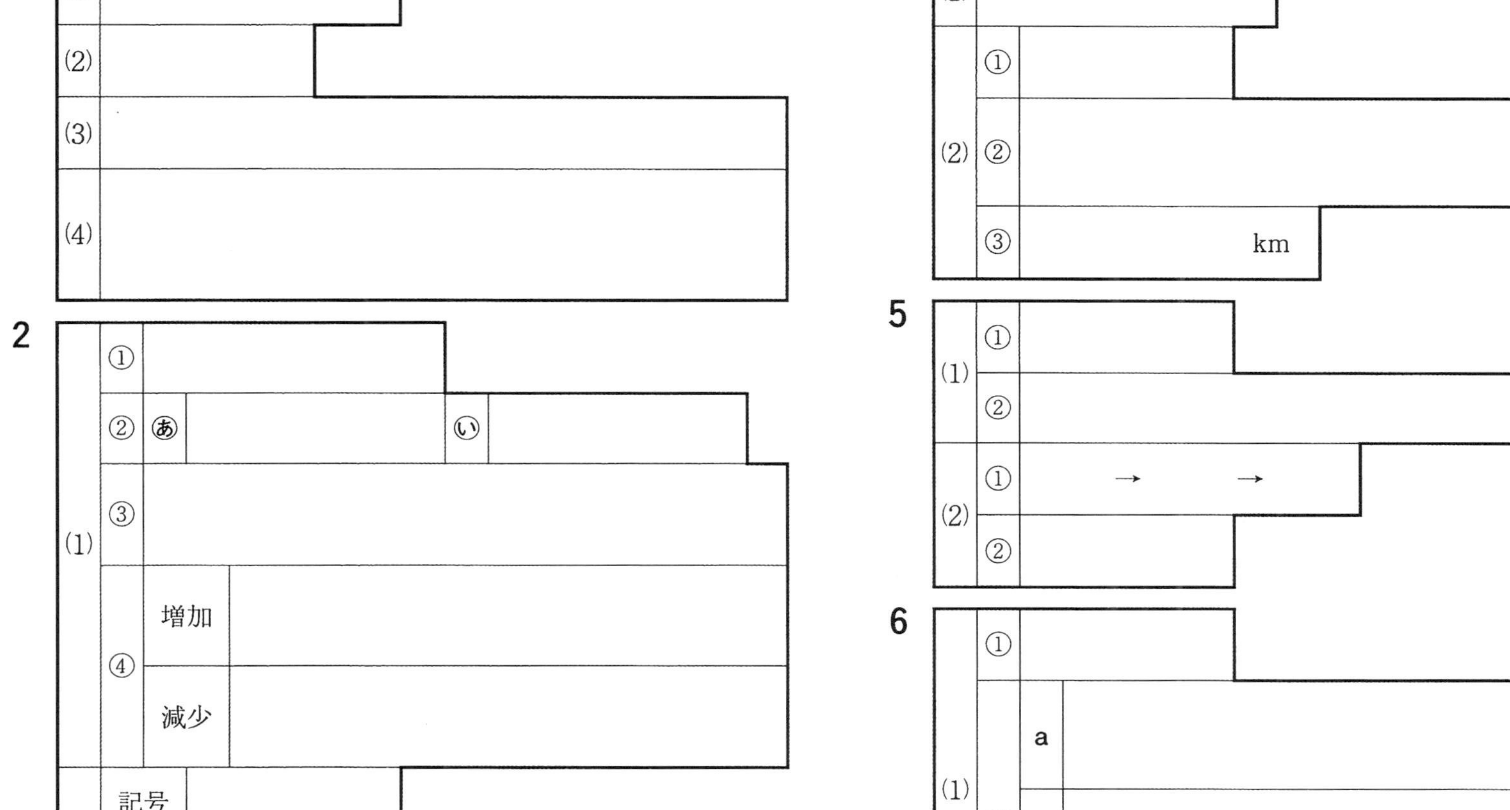

令 和 4 年 度

高 等 学 校 入 学 者 選 抜 学 力 検 査

理　　　　科

【解答用

英　　語　解答用紙

受検番号		氏　名	

※50点満点

1 (1) A[　] B[　] C[　] D[　]

(1) 2点×4
(2) 2点×3

(2) 質問1 (　　) 質問2 ⓐ (　　) ⓑ (　　)

質問3 Because Kenta ＿＿＿＿＿＿＿＿.

2 (1) A[　] B[　] C[　] (2) ⓐ[　] ⓑ[　] ⓒ[　]

(1) 1点×3
(2) 1点×3
(3) 2点
(4) 2点
(5) 2点

(3) [　][　][　][　][　]

(4) ＿＿＿＿＿＿＿＿

(5) ＿＿＿＿＿＿＿＿

3 (1) ＿＿＿＿＿＿＿＿ 2点×2

令和４年度

高等学校入学者選抜学力検査

英　語

【解答用

数　　学　解答用紙

受検番号		氏　名	

※50点満点

○　○

1
(1) 2点 × 4
(2) 2点
(3) 2点

(1)	ア		イ	
	ウ		エ	
(2)		(3)		

2
2点 × 3

(1)	図1
(2)		(3)	

3

5
(1) 2点
(2) 2点
(3) 3点

(1)	秒後	(2)	cm^3
(3)	cm		

6
(1) 2点
(2) 2点
(3) 4点

(1)		(2)	
(3)	(求める過程)		

令 和 4 年 度

高 等 学 校 入 学 者 選 抜 学 力 検 査

数　学

【解答用

国語　解答用紙

受検番号		氏名	

※50点満点

一

- 問一　あ　　い　　う　（んで）
- 問二
- 問三
- 問四
- 問五　40
- 問六

問一．1点×3
問二．2点
問三．2点
問四．2点
問五．3点
問六．2点

二

- 問一　あ　　い　（かな）　う　（めて）
- 問二　と
- 問三
- 問四
- 問五

問一．1点×3
問二．2点
問三．2点
問四．2点
問五．2点
問六．3点

一　解答用紙はこの裏面です。

二　解答用紙に、受検番号と氏名を記入しなさい。

三　解答は、問題ごとに解答用紙の所定欄に記入しなさい。

四　問題は別紙にあります。

(4) **グラフ2**は，1960年度から2010年度における，野菜と果実の，国内自給率の推移を示している。**グラフ3**は，1960年度から2010年度における，野菜と果実の，国内生産量と輸入量の推移を示している。**グラフ3**の**ア**～**エ**は，野菜の国内生産量，野菜の輸入量，果実の国内生産量，果実の輸入量のいずれかを表している。**グラフ2**を参考にして，果実の国内生産量と，果実の輸入量に当たるものを，**グラフ3**の**ア**～**エ**の中から１つずつ選び，記号で答えなさい。

グラフ2

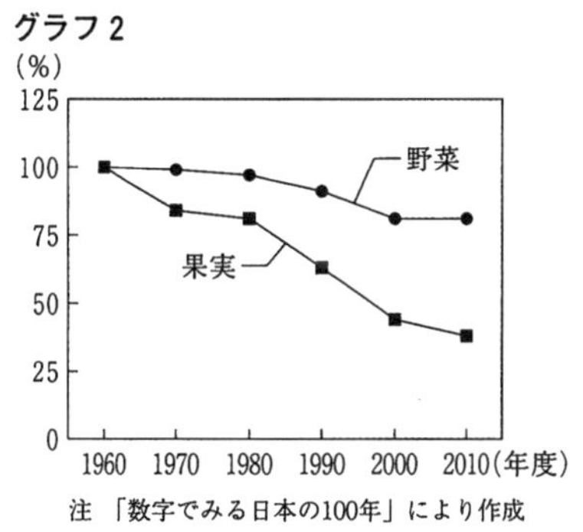

注 「数字でみる日本の100年」により作成

グラフ3

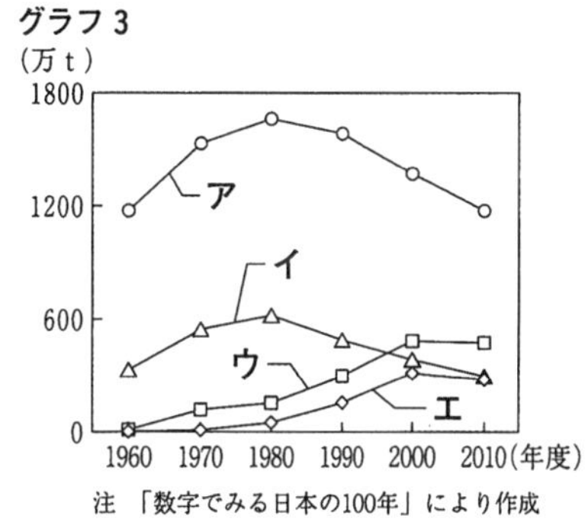

注 「数字でみる日本の100年」により作成

(5) 瀬戸内工業地域に関する**a**，**b**の問いに答えなさい。

a 関東地方から九州地方北部にかけては，瀬戸内工業地域などの工業地域が帯状につらなっている。関東地方から九州地方北部にかけてつらなっている，帯状の工業地域は何とよばれるか。その名称を書きなさい。

b **表3**は，2019年における，日本の原油の，生産量と輸入量を示している。瀬戸内工業地域の臨海部には，石油化学工業の工場群が形成されている。日本において，石油化学工業の工場群が，臨海部に形成されるのはなぜか。その理由を，**表3**から読み取れることに関連づけて，簡単に書きなさい。

表3

	生産量(千kL)	輸入量(千kL)
2019年	522	175,489

注 「日本国勢図会2020/21」により作成

(6) **図3**は，塩田において塩の生産を行っているようすを撮影した写真である。瀬戸内海沿岸では，潮の干満差や気候を生かし，遠浅の海岸に引き入れた海水を乾燥させて塩を生産する塩田が見られた。現在，瀬戸内海沿岸の一部の塩田の跡地では，その気候を生かした発電が行われるようになっている。瀬戸内海沿岸の一部の塩田の跡地で行われるようになっている，瀬戸内海沿岸の気候を生かした発電方法として最も適しているものを，次の**ア**～**エ**の中から１つ選び，記号で答えなさい。また，瀬戸内海沿岸の塩田の跡地がその発電方法に適している理由を，瀬戸内海沿岸の気候の特徴に着目して，簡単に書きなさい。

図3

注 塩事業センターウェブサイトより

ア 火力発電　　**イ** 原子力発電　　**ウ** 太陽光発電　　**エ** 地熱発電

3 次の(1)～(4)の問いに答えなさい。なお，**地図2**は，緯線と経線が直角に交わった地図であり，**地図2**の中のⓐ～ⓒは都市を示している。（9点）

地図2

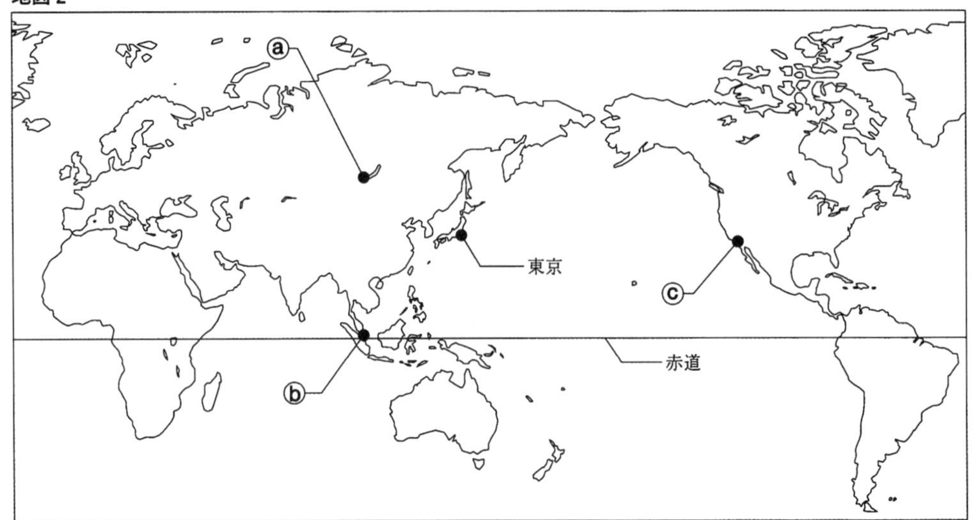

(1) 次の**ア**～**エ**の中から，東京を通る緯線と同じ緯線が通らない大陸に当たるものを1つ選び，記号で書きなさい。

ア オーストラリア大陸　　**イ** ユーラシア大陸

ウ アフリカ大陸　　**エ** 北アメリカ大陸

(2) **地図2**のⓐ～ⓒに関するa，bの問いに答えなさい。

a **グラフ4**の**ア**～**ウ**は，**地図2**のⓐ～ⓒのいずれかの都市の，気温と降水量を示したものである。**グラフ4**の**ア**～**ウ**の中から，ⓐの都市の，気温と降水量を示したものを1つ選び，記号で答えなさい。

グラフ4

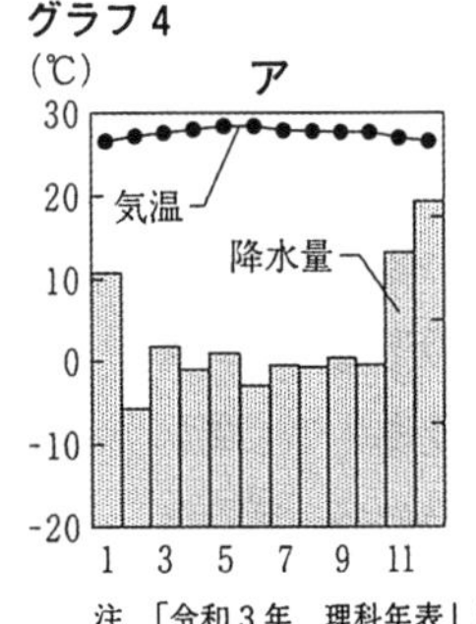

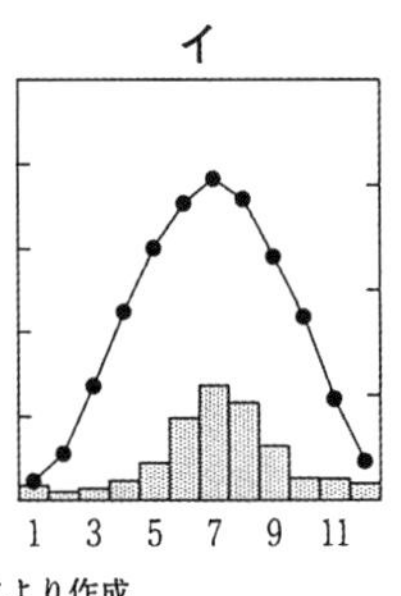

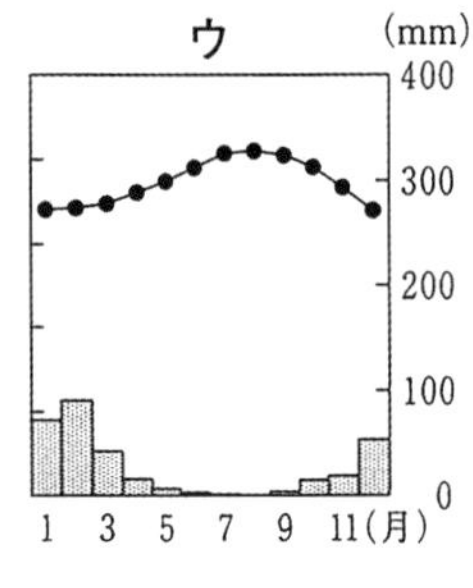

注 「令和3年　理科年表」により作成

b ⓒは，ⓑと16時間の時差がある。ⓑの現地時間が8月3日午前10時のとき，ⓒの現地時間は何月何日何時であるかを，午前，午後の区別をつけて書きなさい。なお，サマータイム（夏に時間を標準時より一定時間進める制度）は考えないものとする。

(3) 東南アジアに関するa，bの問いに答えなさい。

a 東南アジア地域の安定と発展を目指し，東南アジアの国々によって結成された組織の名称の略称は何とよばれるか。その略称を，アルファベットで書きなさい。

b　**表4**は，マレーシア，タイ，インドネシア，フィリピン，日本の，2000年，2010年，2018年における，人口と1人当たりの国民総所得を示している。近年，日本の製造業だけでなく，日本の商業・サービス業も東南アジアに進出するようになっている。日本の商業・サービス業が東南アジアに進出する理由を，**表4**から読み取れることとあわせて，簡単に書きなさい。ただし，**市場**（しじょう）という語を用いること。

表4

	人口(万人)			1人当たりの国民総所得(ドル)		
	2000年	2010年	2018年	2000年	2010年	2018年
マレーシア	2,319	2,821	3,153	3,716	8,753	10,968
タイ	6,295	6,720	6,943	1,968	4,864	6,925
インドネシア	21,151	24,183	26,767	804	3,147	3,773
フィリピン	7,799	9,397	10,665	1,218	2,560	3,723
日本	12,752	12,854	12,720	38,874	45,490	40,529

注 「世界国勢図会2020/21」などにより作成

(4)　農産物は，気候や需要量などの影響を受け，生産量が変化する。穀物は，主に食用や飼料用などに用いられるが，新たな用途が開発されると生産量が増加することがある。**グラフ5**は，1990年から2015年における，米，小麦，とうもろこしの，世界全体の生産量の推移を示している。地球環境問題に関係して生産量が増えている，**グラフ5**のⒶに当たるものは何か。次の**ア**～**ウ**の中から1つ選び，記号で答えなさい。また，Ⓐの生産量が増えている理由として考えられることを，地球環境問題に関係する新たな用途に着目して，簡単に書きなさい。

グラフ5

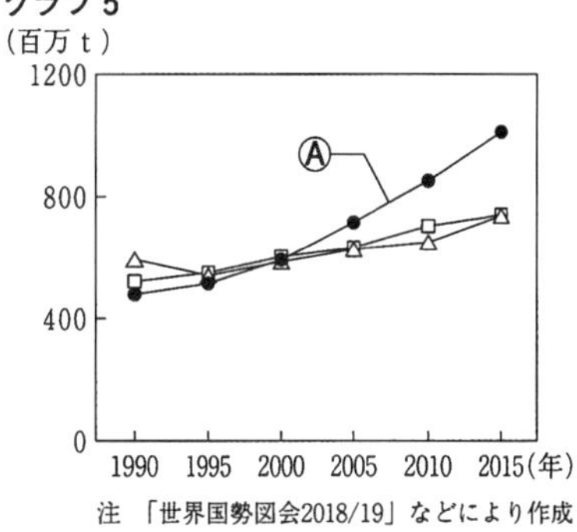

注 「世界国勢図会2018/19」などにより作成

ア　米　　**イ**　小麦　　**ウ**　とうもろこし

4　次の(1)～(3)の問いに答えなさい。(11点)

(1)　次の［　　］の中の文は，日本国憲法第96条に定められている，憲法改正の手続きについてまとめたものである。この文に関する a ～ c の問いに答えなさい。

> 日本国憲法の改正は，ⓐ衆議院と参議院の，それぞれ総議員の（　㋐　）の賛成を得て，国会が発議する。この発議を受けて行われる（　㋑　）で，国民の承認を得ると改正案が成立し，ⓑ天皇が国民の名で公布する。

a　文中の下線部ⓐの議員は，それぞれ選挙で選ばれる。下線部ⓐの議員選挙でとられている，得票数に応じて政党に議席を配分するしくみは何とよばれるか。その名称を書きなさい。

b　文中の（　㋐　），（　㋑　）に当てはまる語として正しい組み合わせを，次の**ア**～**エ**の中から1つ選び，記号で答えなさい。

ア　㋐　過半数　　㋑　国民投票　　**イ**　㋐　過半数　　㋑　国民審査
ウ　㋐　3分の2以上　　㋑　国民投票　　**エ**　㋐　3分の2以上　　㋑　国民審査

c　文中の下線部ⓑは，天皇が，内閣の助言と承認によって行う，形式的・儀礼的な行為の1つである。天皇が，内閣の助言と承認によって行う，形式的・儀礼的な行為は何とよばれるか。その名称を書きなさい。

［次のページに続く］

(2) 経済に関するa，bの問いに答えなさい。

a 次の[　　]の中の文は，日本銀行が行う公開市場操作について述べたものである。文中の(㋐)～(㋒)に当てはまる語として正しい組み合わせを，次のア～クの中から１つ選び，記号で答えなさい。

> 好景気(好況)のとき，日本銀行は国債を(㋐)。それによって一般の銀行は手持ちの資金が(㋑)ために，企業などへの貸し出しに慎重になる。その結果，景気が(㋒)。

ア ㋐ 買う ㋑ 増える ㋒ 回復する　　イ ㋐ 買う ㋑ 増える ㋒ おさえられる
ウ ㋐ 買う ㋑ 減る ㋒ 回復する　　エ ㋐ 買う ㋑ 減る ㋒ おさえられる
オ ㋐ 売る ㋑ 増える ㋒ 回復する　　カ ㋐ 売る ㋑ 増える ㋒ おさえられる
キ ㋐ 売る ㋑ 減る ㋒ 回復する　　ク ㋐ 売る ㋑ 減る ㋒ おさえられる

b 電気・ガス・水道などは，それぞれの地域で供給者が独占状態であることがほとんどである。これらは安定的に供給される必要があり，価格を自由に決めることが許されていない。電気・ガス・水道の料金のように，政府などが決定・認可する価格は何とよばれるか。その名称を書きなさい。また，この価格の決定・認可に政府などが関わり，価格の上昇などを規制する理由を，簡単に書きなさい。

(3) 1990年代から，地方自治に関する改革が行われている。**資料２**は，1999年に制定された，地方分権一括法の施行前後の，変化のようすをまとめたものである。**グラフ６**は，2006年度税制改正の前後の，年収500万円の世帯における，所得税(国に納める直接税)と住民税(都道府県と市町村に納める直接税)の，１年間の負担合計額を，所得税と住民税に分けて示している。**グラフ７**は，1997年度と2007年度の，全国の地方自治体の収入の総額を，自主財源と依存財源に分けて示している。国が地方自治に関する改革で行った，財政面での改革のねらいを，**資料２**から分かる，地方分権一括法を制定した目的と，**グラフ６**と**グラフ７**から分かる，改革の内容に関連づけて，70字程度で書きなさい。

資料２

> ・地方分権一括法の施行前
> 国と地方自治体は上下・主従の関係であり，地方自治体の仕事に国が強く関与したり，国が行うべき仕事を地方自治体が国の代わりに行ったりすることがあった。
> ・地方分権一括法の施行後
> 国と地方自治体は対等・協力の関係となり，各地方自治体が特性を生かし，みずからの判断や責任に基づいた政治を行いやすくなった。

注 総務省資料などにより作成

グラフ６

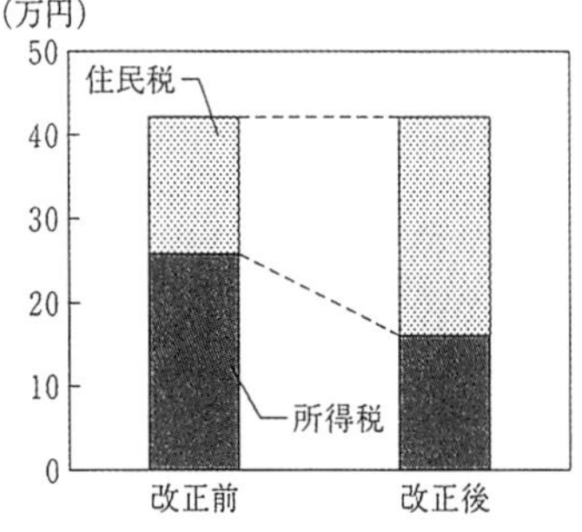

注１ 総務省資料により作成
注２ 所得税と住民税の負担額は，独身者の場合を示している。

グラフ７

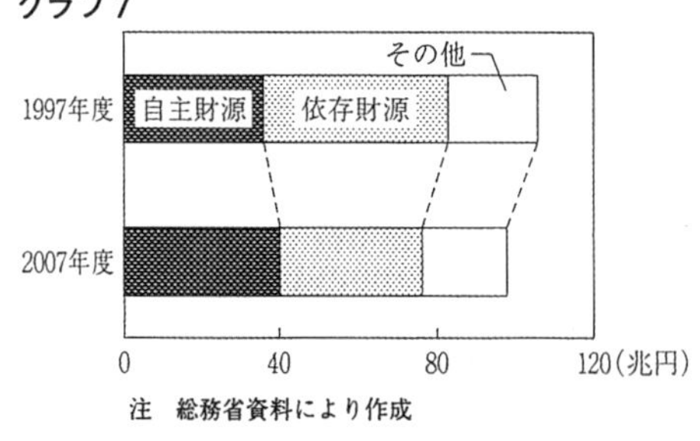

注 総務省資料により作成